我眼中的上海教育

克拉玛依赴上海访学教师优秀论文集

克拉玛依市教育局◎编

上海教育出版社
SHANGHAI EDUCATIONAL
PUBLISHING HOUSE

本书编委会

主　编　鱼东彪　吴金明　沈　满

副主编　吴立平

编　委　（以姓氏笔画为序）

王德鸿　龙吉祖　赵　卓

赵　曼　黄　鹂　魏建敏

主编简介

鱼东彪　男，中共党员，中教高级职称，2015 年 8 月—2018 年 8 月任新疆克拉玛依市教育局副局长(援疆)、上海援克指挥部党支部副书记、教育组长。曾荣获新疆维吾尔自治区“开发建设新疆奖章”。

吴金明　男，中共党员，中教高级职称，现任上海市长宁区老年大学党支部书记。2018 年 7 月—2020 年 1 月任新疆克拉玛依市教育局局长(援疆)。参与“初中学校‘吴越文化’校本课程建设的行动研究”等课题研究。曾获长宁区园丁奖。2020 年在脱贫攻坚工作中做出重大贡献，获长宁区记功荣誉。荣获“第九批省市优秀援疆干部人才”称号并记功一次。

沈　满　男，上海长宁区人，中共党员，中教高级职称，上海市现代职业技术学校校长，现任新疆克拉玛依市教育局副局长(援疆)。曾获全国科普工作先进个人、上海市园丁奖、上海市教育成果一等奖和长宁区第三届领军人才等荣誉。

脚下有路　前方有光

中国近代教育家，曾任北京大学校长的蔡元培先生说过："教育者，非为已往，非为现在，而专为将来。"如何使面向未来的教育者拥有未来思想并具备相应的潜力和能力？这也是新疆克拉玛依市教育局一直在思索的问题。就目前来说，提高教师队伍的专业化发展水平是实现这一目标最为合理、最为有效，同时也是受益群体最为广泛的路径。

基于此，上海智力援克计划——"沪克"访学教师研修项目应运而生，这也是新疆克拉玛依市组织部和教育局对当地教育人才队伍培养的新探索和新尝试。"沪克"访学教师研修项目从 2017 年起，每年实施一期，每期持续三个月，遴选克拉玛依市教育行政部门、教育研究单位以及各级学校亟需重点培养的专业骨干或紧缺专业人才、优秀后备干部等为培养对象，由上海市师资培训中心负责研修项目的课程设计和组织实施工作，旨在为克拉玛依市培养和造就一批教育管理和专业教学方面的中坚人才。

在研修项目的前期调研准备和课程设计过程中，我们结合克拉玛依市的教育现状，并充分考虑当地教育局对培养对象的定位和此研修项目所要达到的预期目标，从四大块内容设置研修课程，包括教研课程、科研课程、教育发展趋势、当今教育的热点和难点问题。整个研修过程分为三个阶段：集中培训阶段、访学跟岗研修阶段和总结交流阶段，采用以问题为导向的体验式培训，以研修学员在工作过程中遇到的实际问题为基础，运用讲座式指引、影子式跟岗、案例式借鉴等模式，引导学员将上海的教育理念和经验与自身实际工作进行对比研究，以此提高学员的理论水平和科研能力，帮助学员增长实践智慧。对"沪克"访学教师的培养实行导师负责制，导师由教育管理和教学经验丰富的管理人员或学术造诣较深的教授、研究员、特级教师等担任。在与导师"影子"式的相处中，研修学员可以进一步了解和掌握本学科领域的学术前沿动态和发展趋势，提高管理水平和科研能力，并完成自己的课题研究报告和论文撰写。

作为本研修项目的负责人和执行人，研修学员们的学习积极性我看在眼里，他们不仅不折不扣地完成既定任务，还会与导师定期深入探讨上海教育的经验和发展趋势，构思克拉玛依教育综合改革这一新挑战的可能性方案和路径。除了在上海市师资培训中心和各挂职教育单位学习外，研修学员们还会积极参加上海市的教育教研活动，抓住每次学习机会，并在上海市师资培训中心搭建的西部地区校长、教师研修论坛等交流平台上发表见解、反馈所得。来自新疆、贵州、青海、云南、西藏等地区的研修学员们同台切磋，相互交流，确保研修过程中不仅有输入更有输出。在一次次的交流中，研修成效形成相对闭环的同时也呈现出螺旋上升的趋势。可以说，每期的“沪克”访学教师研修项目能取得良好效果与研修学员们的努力分不开。

提高教育科研能力不仅是为了能做课题、写论文，更是希冀学员们在开展教育科研的过程中，通过查阅文献、调查研究、讨论对比、深入思考等方法和途径，解决教育过程中遇到的实际问题，从而提高教育质量的广度和深度。“沪克”访学教师研修项目的具体目标之一就是通过研修提高学员们的教育科研能力。在研修过程中，多次开展教科研理论相关的讲座，导师一对一全程指导，同时严格进行过程管理，如就课题的预期目标、研究思路、遇到的问题和困难等问题进行中期答辩，并邀请专家“把脉”，对课题提出可行性建议。通过一系列的研修举措，最终呈现出来的课题质量是可观的。本书收录了2017—2019年“沪克”访学教师在研修期间撰写的教育管理和教学等方面的部分优秀论文，这些是不断探索教育发展的克拉玛依教育人努力的智慧结晶，也是他们对教育可能性探索过程的呈现。

在克拉玛依，面对教育，市组织部和教育局有格局、有规划、有行动，教研员和一线教师有热情、有责任心、有钻研心。相信有这样一群人在努力，克拉玛依的教育一定会越来越好！

章家谊

华东师范大学博士

上海市师资培训中心沪克访学教师项目负责人

目　录

呵护成长，为学生的未来发展奠基

聚焦学科核心素养，注重情境创设，激发学生的学习兴趣，引导学生进行深度学习。

潜心教研花自繁，春华秋实硕果丰

在心底握一份“爱”和“耐心”，将思考、关注、创造带进课堂，用吾辈之言行点亮生命的旅程，实现教学相长。

走在成长的路上

专业结构不断更新、演进和丰富，专业知识不断拓展与深化，专业能力不断提高与充实，教育理念与专业精神不断重构与塑造，教育智慧与专业理想不断提升与建立。

立足课堂，知行合一

课程是学校实施育人的载体，教师要把各类课程中隐含的、固有的立德育人内容挖掘出来，将知识传授、能力培养和道德启迪潜移默化地渗入学生心头。

科研,是一场诗意的修行

深入课题研究,促进专业成长,我们一直在路上,唯有研语的芳华,沉香流年。

呵护成长，为学生的未来发展奠基

龙吉祖，男，汉族，克拉玛依市第十八小学校长。1998 年 6 月毕业于伊犁师范学院数学系。2003 年获市优秀教师，2006 年获自治区说课比赛二等奖，2008 年获市“教坛新秀”，2010 年获市数学学科带头人。2013 年取得新疆师范大学数学教育硕士学位。曾被聘为克拉玛依市第五中学和第十中学教学副校长。2018 年在上海参加了第三期西部校长论坛及上海教育改革成果分享研讨会，并进行了 2 次主旨发言。2019 年 9 月被聘为伊犁师范大学兼职硕士生导师。

上海市延安中学数学课堂教学的分析与启示

克拉玛依市第十八小学　龙吉祖

【摘要】 在新高考即将全面实施的过程中，找到克拉玛依的学校与上海名校在课堂教学上的差距，并加以改进，对提升克拉玛依的教育教学质量有重要作用。本文以上海延安中学高中数学课堂教学为切入点，以数学课例分析为抓手，找出上海市延安中学数学课堂中的优势与不足，给克拉玛依市高中数学课堂教学，甚至理科课堂教学提出建设性意见。因课堂评价标准的多样性，本文对课例的评价有很多局限性，将在以后的研究中加以改进。

【关键词】 高中；数学课堂；对比分析

一、研究背景简介

20 世纪 60 年代，美国心理学家布鲁姆的《教育目标分类学》中将学生学习结果的行为类别分为认知、情感、动作技能三大目标领域。布鲁姆将知识在内容这个维度上分成四类：(1)事实类知识是零散的基础知识，你仅仅知道了这样的一个概念，并不能真正理解；(2)概念类知识是指相互关联的知识，这类知识的重点在知识关联，关联的知识点越多，结构越符合逻辑，越容易理解并应用；(3)程序类知识是思考的过程和方法，是可以迁移到其他学科、其他领域的知识；(4)元认知是对认知的认知，是对自己的思考过程的反思。

结论与过程的关系是教学过程中一对十分重要的关系，与这一关系相关的还有学习与思考、学习与会学、知识与智力、继承与创新等关系。教学的重要目标之一，是使学生理解和掌握正确的结论，所以教学中必须重视结论，但是如果不经过学生的一系列质疑、判断、比较、选择，以及相应的分析、综合、概括等认识活动，即如果没有多样化的思维过程、认识方式，以及各种观点的碰撞、论争、比较，结论就难以获得，也难以理解、巩固。从学习角度讲，重结论轻过程，即重学会轻会学。学会重在接受知识、积累知识，是一种适应性学习；会学重在掌握方法，主动探求知识，善于发现新知识、提出新问题，是一种创造性学习。因此，在重结论的同时更要重视让学生从学会转变为会学。

2008—2015年克拉玛依市汉语言理科高考成绩及总分有波动，但总体基本保持不变，没有多大提升。造成此现象的原因较多，但归根结底最重要的原因是课堂教学低效。上海市延安中学作为上海的名校，无论在教育理念、学校管理上，还是在课堂教学上都很优秀，对该校的理科课堂教学进行研究，可以为克拉玛依市的高中理科教学找到良好的借鉴。

二、上海市延安中学四种数学课堂的教学案例分析

（一）讲授定义、概念类的课

【课例】曲线与方程

1. 备课的关注重点

备课特别注重教学效果和教学效益，教师讲解的时间较多，学生相互学习大都放在课后，教案着重体现解题方法的凝练和难点的多角度突破。

2. 课堂教学的关注重点

引入是概念教学的第一步，也是形成概念的基础。在概念引入时教师立足培养学生敢于猜想的习惯，帮助学生形成数学直觉，发展数学思维，获得数学发现的基本素质，培养学生的创造性思维。由于概念本身具有的严密性、抽象性和明确规定性，所以教师在教学中往往比较重视培养学生的思维逻辑性和精确性，大部分时候以“告诉”为主，让学生“占有”新概念。学生如果能在教师创设的情景中像数学家那样去“想数学”，“经历”一遍发现、创新的过程，那么最终在获得概念的同时还能培养创造的精神。例如，在沪教版高中数学教材“曲线和方程”一课中，授

课教师从动点轨迹出发，揭示出曲线与它所对应的方程由同一个条件所得，本质是反映同一个运动规律，曲线上的点的坐标与方程的解形成了一一对应。然后，对照平面解析几何的发展历史，深入浅出地引领学生逐步生成曲线方程的概念，揭示其本质。无论是沪教版还是人教版的教材，这节课的内容都是学生不太容易理解的。这节课要解决的首要问题是让曲线方程的概念走进学生心里。

第一部分，回顾已有的概念——平面解析几何以及直线方程。直线可以看作是特殊的曲线，回顾直线方程的定义，为学生理解曲线方程搭建台阶。第二部分，结合嫦娥探月卫星轨道、投弹轨迹、光的折射等问题，提出可以从“运动的角度”看待平面中的曲线，让学生的思维活跃起来。第三部分，从简单且熟悉的圆周运动入手，探索动点轨迹的代数表示，引导学生理性思考、严谨表达。虽然学生没有学过圆方程，但圆周运动的几何性质很容易转化为代数方程，再类比直线方程的定义，考虑研究过程的完备性，给学生在情感上做铺垫。第四部分，将特例抽象成一般的曲线，生成曲线方程的概念。

3. 教学分析

一是展示概念背景，培养学生思维的主动性，让学生在获得知识的同时有一种惬意的满足感。二是创设求知情境，培养学生思维的敏捷性，让学生进行“由此及彼”的联想，果断、简捷地解决问题。三是精确表述概念，帮助学生准确判断，清晰概念。四是解剖新概念，培养学生思维的缜密性。思维的缜密性表现在能够抓住概念的本质特征，对概念的内涵与外延的关系有全面深刻的理解，能够充分认识数学知识结构的严密性和科学性。五是运用新概念，培养学生思维的深刻性。思维的深刻性主要表现在理解能力强，能抓住概念、定理的核心及知识的内在联系，准确地掌握概念的内涵及使用的条件和范围。六是分析错解成因，培养学生思维的批判性。针对某些概念的定义中有些关键性的字眼不易被学生理解，容易被忽视，或是某些概念的条件比较多，学生常顾此失彼，不易全面掌握，抑或是某些概念与它的邻近概念相似，不易区别等情况，采用举反例的方式，从反面加深学生对概念内涵和外延的理解，培养学生的批判性思维。

（二）常规的新授课

【课例】点到直线的距离

1. 备课的关注重点

备课从宏观上来说，要将知识纵向、横向串联，构建出完整、系统的知识网络，让学生系统掌握知识，同时激发学生的兴趣，促使学生参与问题探究，引导学生自觉地运用物理基础知识和基本规律，拓展学生的学习空间。从微观上来说，备课要把握教学中的重点和难点，清楚教学活动中哪些地方可能出现问题，解决这些问题的方式可能有哪些，等等。备课时要特别注重教学效果和教学效益，教师要对学生的接受能力以及认知能力进行分析。

2. 课堂教学的关注重点

基于学情，整合教材，重视知识的生成，重视方法的归纳和总结。

3. 教学分析

教师在教学中非常注重以下两点。第一，教学设计。教学设计是灵魂，教学中逻辑非常重要。本节课采用学生自学成果对比展示的方式，由浅入深地展开教学，最后还展示了一篇专业论文《点到直线的距离公式十三种证法》。第二，课堂的表现力。同样的内容，不同教师讲是不一样的，有的教师讲得平淡如水，有的教师讲得精彩纷呈，这就是表现力的差异。那表现力取决于什么呢？可以分为两个维度——外功和内功。外功，即语气、语调、语速，动作神态，肢体语言等；内功，即如何讲解这些内容让学生印象更深、更有兴趣。

另外，教师还很注重学生课前的自主学习。课前的自主学习一方面可以让学生有充足的时间深入研究“点到直线的距离公式”，充分思考、发散、尝试、讨论；另一方面，“选取一种方法完成证明”，让每位学生都能落实本节课的一个重点——公式推导，为课上思维的发散争取了时间。

课前，教师根据学生的自学报告，筛选出三大类常用方法。①构造垂线段，求垂足坐标，求点与垂足间的距离。这类方法思路简单、计算复杂，学生在情感上最容易接受。②几何转化，构造直角三角形或利用面积。这类方法思维巧妙，但受到几何图形的局限，需要分类讨论。③借助向量，其中也对比了向量选择对公式推导的影响，进而得到最佳做法，这也是教材中公式推导的方法。

这种安排，让学生在对比了各种推导方法后，自然而然地认可了教材中的方法，开阔了眼界。在讲解的过程中，学生的数学表达能力也得到了锻炼和提升。另一方面，教师适当点拨、释疑、总结，也让课堂节奏变得明快，且重点突出。

（三）试卷讲评类的课

【课例】数列中的函数思想（高三数学复习，基于错题的讲解）

1. 备课的关注重点

①做好数据分析。讲评课前，教师应做好数据的统计和分析工作，如出错率、典型错误、独特解法等，甚至是每道题的得分率和失分率，以便在讲评试卷时有所侧重。②进行试题分类。教师在备课中，首先要精心分析试题知识点的分布，以及重点和难点；其次要将试题进行分类化归，如将试题按知识点归类、按解题方法归类、按答卷中出现的错误类型归类。这样做，一方面可以让学生对知识点的理解更深刻，另一方面也让教师的讲评课更有针对性，提高教学效率。③确定评讲重点。④对考题设计（即出题人的意图）进行分析，看学生是否达到要求，同时还要指出可能的变化方向，让学生心中有数。⑤讲评前，让学生做好对试卷的分析与自我评价表，教师则把要讲评的试卷做好分析统计后及时发给学生，让学生自己先独立纠错。

2. 课堂教学的关注重点

择其要点，延伸发散，有效讲评，及时反思，对重要的解题思路和方法进行有效的指导和归纳。优化教育思想，做到触类旁通——纠正一例，预防一片；评讲一法，会解一类。

3. 教学分析

第一，试卷讲评有计划性。试卷的改阅、讲评一定要及时，且试卷讲评要有针对性，教师要对学生的普遍性错误及原因心中有数，选取有代表性的问题进行重点讲评，并以此为突破口，举一反三，对症下药，以达到事半功倍的效果。试卷讲评要重视对知识的巩固,这是查漏补缺、巩固复习所学知识的大好时机。第二,虽然试卷讲评课一般以教师的分析讲解为主,但是也不能用“教师一卷讲到底,包打天下”的讲评方式。试卷讲评要突出重点,教师通过对错误及出错原因的分析,“突出重点,突破难点,加强思路分析,讲究对症下药”。另外,试卷讲评要挖掘试题的变式或延伸,注重拓展性,关注一题多解、一题多问、一题多变。尤其应针对一些重要的内容引申出相关的知识点,使学生的知识得到拓宽、加深,帮助学生形成系统、完善的认知结构。剖析错误往往比正面讲解令人印象更深,教师要做好错题剖析,让学生在纠正错误的过程中掌握解题的关键和规律,从而提高学习能力。

(四) 复习类的课

【课例】高二数学期中复习(一)

1. 备课的关注重点

①教材为本,整体复习。课本是复习的阶梯,学习须有“本”可依。复习时应以课本为主线,进行系统的复习,使学生学过的知识由零散过渡到完整,构架起较为完整的知识系统,锻炼学生综合运用知识的能力。②制订看书计划,绘制知识结构网络图(或思维导图),形成完整的知识结构体系。归纳过程中,要有序地从多角度概括和思考问题,找出问题的内在联系。然后根据知识结构网络图去发散和联想基础知识点,以及每个知识点的基础题,让学生学会自我检测。

2. 课堂教学的关注重点

复习课的功能是在巩固旧知识的基础上拓展学生的运用技能,帮助学生强化对已学知识的掌握和运用。通过复习可以让学生更系统地掌握知识,同时填补知识上的遗漏。由于高中理科知识系统性较强,相对独立但又密切联系,运用传统的复习方法很难达到预期效果。本节课重点关注知识结构图、例题的选择、练习题的层次设计。

3. 教学分析

数学复习课的传统教法,往往是通过知识点整理或经典例题分析的方式,对一部分已经学过的知识进行再现、整理和归纳。但如果只是机械重复和简单再现已经解决的问题，就很容易让学生感觉乏味无聊，教师也会感觉课堂索然无味，这样就很难达到预期的学习效果。怎样才能让复习课更有实效性？教师可以用新视角来复习一些章节内容，试图在旧题基础上讲出新意，解决学生在此章节中遇到的问题，通过复习课中的几个例题加以说明数学复习课的创新点；关注学生的解题陷阱，用共通的“麻烦”来重现旧知识；通过自主类比制造新题目，让旧题演绎出新意。

经过观察分析，看出延安中学教师的精讲比较有特色。在延安中学，数学基本每周都有训练，学科课时严重不足。在大多数课堂中，教师都是言简意赅地讲解知识，有少许交流和停顿。虽然绝大多数时间都是教师在讲，但教师讲得很有艺术。

精讲是教师的基本功。教师在教学中遇到启而不发的时候讲，讲得“绕梁三日不散”，给学生留下深刻的印象；在关键处讲，如果有内容会影响到学生对重点知识学习的进程，那教师须及时点拨，否则会因为讲得不及时而浪费学生探索重要知识的时间和精气神；“点石为金”的时候讲，这个时候教师的“神奇”功能就应该淋漓尽致地体现出来；在学生知识的“空白”处讲，“空白”艺术是教师以思维训练为核心，培养学生的独立思考能力和创造能力的有意而为(而对于课堂上要“补白”些什么，教师在备课时就应该根据学情给予充分的估计和准备)；在模棱两可的“朦胧处”讲；在思维无法触及的知识“纵深处”和“拓展处”讲。精讲重在揭示规律，贵在引领方法，难在适合学生。精讲是一种水平，更是一种追求，还是一种境界。精讲需要教师努力摆脱平庸，追求卓越，平时练就精湛的教学艺术。

三、上海市延安中学的师资培养

上海市延安中学创建于1946年，初名上海真如中学。1960年定为市重点中学，1979年邓小平同志亲笔为学校题写了校名。学校拥有一支“师德高尚、理念先进、业务精湛、团结协作”的教师队伍，长期以来学校努力构建并优化以“轻负担、高效益、多类别、分层次、个性化”为特色的课程体系，形成了“数学特色、科技见长、人文相济、和谐发展”的办学特色，充分展现出信任和尊重的文化特色。

上海市延安中学拥有自己雄厚的师资，除了数学名师领衔的校内名师团队外，还引进了不少优秀教师，为延安中学的团队注入了新鲜血液，大大提升了教师团队的实力和核心力量。

对于名师团队成员的专业成长，延安中学更是高标准严要求。学校提出年轻教师成长“十八条”，每学年召开年轻教师工作会议并成立“延安中学青年会”，充分挖掘年轻教师的教学潜力。为了快速提升年轻教师的教学能力与学科素养，延安中学常不定期开展年轻教师公开课。每次公开课都全程录像，并将这些课放到微信平台上，供同行、家长和学生交流学习，极力打造精品课堂。平时的教研活动扎实开展，集体备课、个性讲解，资料校本化，考试交叉出卷，等等。

四、上海市延安中学的学生学习

延安中学的晚自习秩序井然，每三四个班才有一名教师，教师也只主要负责检查考勤。在学生会干部座谈会上，我发现这些学生对自己学校的规定及特色非常了解，对自己应该怎样做有清楚的认识。大部分学生会利用课余时间做好以下几点。

第一，有相对稳定的学习计划。学生各学科的学习普遍都能兼顾，且学习主动性强，发现问题时总期待能在最短的时间内予以解决。

第二，查缺补漏，巩固基础。学生学过的内容感觉像刻在脑海中一样，做过的题目能标注到位，并能采用长时记忆的方式不断循环地复习笔记和做过的练习，能清楚地知道今天比以前多学了哪些新知识。

第三，充满自信，很少有东西可以阻挡他们的学习脚步。不低看自己，不容易为学习成绩所左右，善于反思自己的学习行为，并不断调节自己的学习时间和学习内容，能不断地吸收他人长处为自己所用。

第四，有主动翻看各类参考资料并进行知识对比、吸收和归纳的意识，既能独立思考又能相互交流，一题多解的训练在课堂上已经常态化。

五、对克拉玛依市高中理科教学的建议

（一）对学校的建议

（1）在智慧课堂逐步完善的情况下，从科学性、规范性、可行性等方面制定切实可行的教学管理制度。

（2）以课程为引领，打造一支有奉献精神、业务水平和专业素养高超的教师队伍，多培养师德高尚的名师。营造良好的教研氛围，借助智慧化的手段开展智慧有实效的教研活动。

（3）使组织丰富多彩的活动成为常态化，如理科小竞赛、趣味活动、学生自主管理的社团群等。学校要给学生提供丰富的接触真实社会的机会，让学生爱上学习，有选择的自由，促进学生“全人格”的成长；要帮助学生正确认识人与人的生活，处理好各种关系。

（二）对教师的建议

（1）增强课堂教学的针对性。课堂教学中存在一些关键“点”影响着它的有效性。比如：当学生的问题能得到及时反馈、学生有兴趣的时候，他们学得最好；当学生身心处于最佳状态时，他们学得最好；当学生有更高的自我期望时，他们学得最好；当学生能够学以致用时，他们学得最好；当学生对教师充满信任和热爱时，他们学得最好。如果教师对学生的这些“点”了如指掌，在课堂教学中即可精准“点穴”，收获“奇效”。这里给教师推荐三种策略：第一种是善用地点，如对重要内容的学习可与教室的某些点关联起来；第二种是盯住关键词，创建关键词并和知识关联起来；第三种是善用缩写语，尽量将内容组成新词、谚语或网络流行语，这样可以帮助学生更好地回想信息。这些策略需要教师不断地锤炼和实践。

（2）采用多样化的教学呈现方式。多样化的教学方式不仅能大大提高教师教学的表达能力，而且能将听课变成一种享受。比如，通过分享问题和目标、感谢、辩论以及关注等建立融洽的关系，多样化的教学呈现方式要求教师尽可能地

从有效引起学生的关注、激发学生的兴趣出发，避免单一化呈现给学生带来的生理疲劳和心理疲劳。

（3）课堂教学应注重学生对学习内容的深度加工。课堂教学要留至少50%的时间用于学生对学习内容的深度加工。教师要想使自己的课堂教学成为精品，就应该精心策划问题情境，在教学提问上多加注意。在课堂提问过程中，教师应该巧妙运用两个最重要的停顿时间，即第一等待时与第二等待时。第一等待时，是指教师提出问题后，要有一定的等待时间，不能马上重复问题或指定别的学生来回答问题。第二等待时，是指学生回答完问题后，教师也要等待一定的时间，才能评价学生的答案或提出另一个问题。学生需要对问题进行详细的描述加工才能转化为真正的习得，否则会糊涂甚至忘记，可见对教师的课堂教学艺术来说，这两个等待时并非可有可无的“雕虫小技”，而是化腐朽为神奇的“生花妙笔”。对学习内容进行分类、选择、分析、测试和深化，帮助学生了解自己对学习内容的理解程度，才能保证学生获取正确的信息。

（4）妥善处理课堂问题行为。教师在干预问题行为时，可参考以下四步：①当学生在课堂上失去兴趣或出现问题行为时，教师首先要“提供情境帮助”，以帮助学生中止分心，停止问题行为，继续学习；②如果学生继续分心、继续表现出问题行为，教师可“采取温和反应”，将学生唤回到学习任务中；③如果“温和反应”无效，教师可“采取中等反应”；④如果“中等反应”仍不起作用，教师可转而“采取强烈反应”。教学实践表明，教师在课堂管理中实施四步反应策略，的确比不分青红皂白地“狂下猛药”要科学合理，更加有利于学生的健康发展，以及人本化管理风格的形成。

（5）重视对学生的学习指导，让学生学会学习。大脑拥有多重记忆系统，介入的途径越多，存储信息的途径也会越多。首先，学习指导要分层、分类、分科进行。合适的重复可激发记忆，但重复必须在发生错误修正之后，如互相提问、做比较、故事展示、组队分享；让学习内容变得有意义，如让内容更加情感化、将内容放置于一个更大或更小的背景中、将内容和学生已发生的有意义的事情联系起来、让内容变得稀缺。其次，学习指导要采取多样化的指导方式，如系统传授式、专题讲座式、学科渗透式、规程引导式、咨询诊疗式、示范点拨式、省悟自得式、经验交流式。最后，学习指导要致力于帮助学生形成个性化的学习策略，引导学生做一个成功的、主动的学习者。

(6) 读书是教师最好的修行。教学即创造，从书中你可以获得教育技术的研究、教学方法的探讨、教学本质的理解、教师价值的探索、提升教学质量的策略、转化“学困生”的经验、对未来教育的展望等。

(三) 对学生的建议

2016 年，《中国学生发展核心素养》研究成果正式发布。所谓学生发展核心素养，主要指学生应具备的，能够适应终身发展和社会发展需要的必备品格和关键能力。对于学生的建议有以下几点。

(1) 关注自身的个人成长，形成高度自律。第一，增强对社会结构的了解。社会关系如同胶水般将所有人紧密联系在一起，学生要通过参与具体的学校和班级活动了解社会规则、社交礼仪。第二，增强自我管理，培养归属感和自律意识，学会自我控制，慢慢承担更多的责任，特别是对自己的学习负责。只有树立了对学习的担当意识，才能养成良好的学习行为习惯，奠定乐学、好学、会学的基础。第三，增强对补偿的理解和选择。假如犯错，虽然不能复原已造成的损失，但可以提供补偿，最终实现自律。

(2) 增强对集体的责任担当。团队精神、合作意识是现代人必不可少的基本素质，为集体贡献一份力量、承担一份责任，不仅是每个人的分内之事，更是一种担当。如在活动中了解自己、认识自己、融入集体，把班级当作自己的家，礼貌地相互联系，等等。

(3) 对学习环境负责。参与设计互动性强、有趣的、有个性的且相关性大的环境，让教室和校园变得很舒服，听起来欢乐、闻起来美妙、看起来有趣。

面向未来世界，教育不能故步自封。教育在变革的同时，必须保持定力，不能丧失价值立场——不能丧失国家性和民族性。无论科技多么发达，都需要教师用灵魂和爱为教育注入生命力，唤醒学生心底的自信和成就感。尽管学无定法、教无定规，但教学效果是教育的生命线，教师必须要牢记。只有把握了这一点，教师才能让课堂精彩而高效！

参考文献：

[1] [美]埃里克·詹森.超级教学[M].北京：中国轻工业出版社，2010.

[2] 杨向东，崔允漷.课堂评价[M].上海：华东师范大学出版社，2012.

[3] 黎加厚.新教育目标分类学概论[M].上海：上海教育出版社，2010.

王德鸿，克拉玛依市教育研究所生物教研员，高级教师，克拉玛依市中学生物名师工作室主持人，克拉玛依市生物学科带头人，克拉玛依市优秀教师，领导多项生物教学课程资源的开发。担任新疆中学生生物学竞赛委员会委员、克拉玛依市教育学会第五届理事会理事。

聚焦实验实践，提高学科素养

——上海中学的生物实验教学观察与思考

克拉玛依市教育研究所　王德鸿

【摘要】 生物学是一门集实验性、实践性及科学性于一身的自然科学。生物实验教学是生物教学中一个不可分割的重要组成部分。本次上海研修的重点是观察上海各中学生物实验教学的开展情况，力求通过观察寻找一套可复制、易执行、好操作的实验教学机制，从而推进克拉玛依市学校生物实验教学的开展，进一步提高学生的生物学科核心素养。

【关键词】 生物；实验教学；观察；思考

《国家教育事业发展“十三五”规划》中提出要“进一步发挥实验教学的育人功能、提升学生的实践动手能力和创新精神”。乘着上海“智力援克”的东风，作为沪克访学教师中的一员，我非常有幸近距离地同教育发达地区的生物教育工作者进行了密切接触并重点观察了上海市的中学生物实验教学。希望通过观察，发现上海同行在生物实验教学中的秘籍，以“借他山之石，琢已身之玉”。

在导师李笔耶的带领下，我用三个月的时间走进了上海 10 个区的 19 所中学，听了 29 节课，其中实验课有 9 节。虽然所听的实验课不多，但上海的实验教学仍旧让我眼界大开。

一、我眼中的上海中学的生物实验教学

（一）心跳的感觉——“酒精浓度对水蚤心跳的影响”一课的启示

子曰：“工欲善其事，必先利其器。”先进的实验教学硬件设施，的确能达到事

半功倍的效果，因为先进的技术可以为学生提供鲜明、生动的感性认知，帮助学生从宏观向微观过渡，确保实验的直观性和准确性。

1. 教学过程

在上海市奉贤区实验中学，我听了一节翁晓静老师执教的实验课“酒精浓度对水蚤心跳的影响”。本堂实验课的教学目标是：(1)通过讨论和交流实验方案，关注实验细节，学会设置对照实验与重复实验；(2)通过收集、整理和分析实验数据，提升实验数据获得和处理的能力；(3)通过对实验结果的分析讨论，直观感受不同浓度酒精对水蚤心率的影响，从而关注酗酒等不良生活方式对人体健康的影响。

最初看到本堂课的课题时，我并不看好，因为这是一个非常经典的实验，大量的生物教师进行了许多探索。但听完整堂课后，我被深深震撼了！翁老师通过自己的努力，让大家感受到了不一样的精彩——她用先进的设备改进了实验，更好地优化了学科教学，彰显了学科魅力。

本堂课教学中有一些长期困扰教师的难点。难点一，对水蚤心跳的计数问题。水蚤俗称鱼虫，体长1—3毫米，个体小，而且水蚤心率又快，精准计数难度较大。传统方法是打点计数，但这种方法的误差较大。这时，学校智慧实验室系统就发挥了不可替代的作用。它能把普通显微镜变成基于大屏幕的数码显微镜，既可以拍摄高清晰度的静态图像，也可以录制120帧的高速视频，而且还可以在电脑上以正常速度回放，从而圆满地解决了第一个难题。难点二，实验数据的收集和实验图表的生成也是本节课教学中比较耗费时间的环节。课堂时间有限，如何才能更加高效地处理学生的实验数据呢？翁老师再次利用该系统让学生在各自的电脑上高效完成数据录入，录入完成后，她操控中央控制台，于是在教室大投影上就即刻生成了散点图，高效、直观。难点三，实验的评价也是课堂需要关注的内容。对学生的实验操作、实验结果进行精准评价，同样借助于这套神器。实验过程中，对学生个别异常的实验数据，翁老师在调取学生实验操作过程回放录像的基础上，引导学生分析原因。翁老师用学校智慧实验室系统改革传统实验课堂，整合信息技术与学科教学，大大提高了实验效率和实验效果，科技正在改变着课堂。

2. 启示

（1）设备创新，有效破解水蚤心跳的计数难题。高速录像，慢速回放，解决了学生找不准水蚤心脏以及因水蚤心动过速计数不准的难题。

（2）手段创新，全班同步录入数据。自制 excel 表自动生成图表，有效地提高了课堂教学的效率。

（3）评价创新，有效解决实验评价的难题。基于视频实录回放技术的新型评价方式，突破时空限制，学生随时可以查看自己和同学实验操作的情况，有利于生生互评和师生评价，使评价更精准，且有据可依。

（二）创出新鲜血液——“血压调节”一课的启示

“创课程”这个崭新的名词，是我此行的又一收获。“创课＝想法＋做法”，即将一种新的教学想法转化为教学现实的新方法。创课一般而言有“六创”——创想法、创教材、创设计、创教学、创反思、创发表，“六创”合一可以形成完整的环链。“六创”环链既相对独立，又相互回环、相互印证。我在复旦大学附属中学听了上海市创课程项目一期课程展示（生命科学板块）的“血压调节”一课。这节课将创课同实验结合起来，让人耳目一新。

1. 教学过程

（1）任务布置：介绍高血压的危害，介绍 TI 图形计算器与创新系统等实验仪器，提问如何降血压。(2)任务分析：引导学生提出疑问并解答。(3)新知新技：展示图片，讲解心脏结构以及血液循环系统，引出血压的概念。(4)设计实施：探究问题“利用人工智能心脏模型，探究如何降低高血压”，完成实验报告。(5)交流反思。组织学生分析与交流，形成降血压方案，谈论防治高血压的具体措施。(6)课后作业：优化方案，开展宣传。

本节实验课在创想法和创教学方面体现得较为充分。这是针对高一学生开展的选修课，让学生利用人工智能心脏模型完成相关实验的探究，理解血压的概念，探究降低高血压的方式，并引出降低高血压的具体措施。其中，人工智能心脏模型创意的提出尤为关键，是创新。人工心脏模型由几个部件组成：TI 图形计算器、可以调节转速的水泵、压力传感器、可代表血管的粗细相同或不同的软管和硬管、可代表血液的甘油和水的混合液、清水、可代表心脏的大小不等的容器等。这节课在创教学方面也体现得较好。课堂上较早明确任务，为学生提供技术手段，整块时间留给学生自主探究，减少无效问答时间。走近学生，共同解决实验中遇到的问题，并且实验探究后的交流也比较充分。从问题生成到实验方案设计和实施实验，再到最后的问题解决，较好地体现了学生的主体地位，切实提高了学生设计实验和解决问题的能力。

2. 启示

以学生为中心是创教学的重要特点。在教学中，教师不是主角，学习者发现、发展、享受自己的知识才是目的。“以学生为中心”是对教师更大的考验，因为教师不再是每节课“有备而来”，而是要打“无准备之仗”。在看似随意的课堂中，教师真实有效地帮助学生应对各种困境。这样的课堂教学模式，对教师的知识结构、理论水平、职业素养都提出了更全面、更专业的要求。

（三）接地气，增活力——普通中学实验教学启示

上海市各中学的生物实验设备配置也是不均衡的，市重点、区重点学校在设备配置上要超前一些。教师们能够因地制宜、自制教具来开展实验教学给我留下了深刻的印象。例如，上海市新泾中学的翟楠老师组织学生利用套了两种颜色毛线的塑料管，分别代表动脉血和静脉血，搭建血液循环的模型，标好文字标牌后展示并说明完整的血液循环途径，收到了良好的教学效果。

在上海的课改中，实验一直是生命科学学科关注的焦点，是生命科学学科教学的重要环节，也是学生最喜爱的教学环节之一。目前，上海市的各中学对教材中要求的基础实验均能保证100%的开设。聚焦实验教学，提升学生的生物学科素养是生命科学学科教师的重要使命。

二、临渊羡鱼，不如退而结网

来上海学习是为了更好地耕耘克拉玛依的一方教育土地。在实验教学方面，

我们还有很长的路要走。

（一）克拉玛依市生物实验教学面临的主要问题

1. 教材中基础实验开课率不高

通过调研，反映出课标中要求的基础实验各校开课率均不高，全市平均开课率不足50%。在高考为指挥棒的教学制度下，语文、数学、英语的重视程度尤为突出，有些管理者不重视生物，把生物归为只要背背知识点就可以学会的学科，认为高考不考实验操作，即使考实验题，只要平时讲到位考试答对即可；所以，在很多学校实验课不受重视，能省就省，能不做就不做。当然也有一些生物教师自轻，认为生物是小科目，高考分数也不多，久而久之对自己的工作产生了懈怠心理，不再花时间开展生物实验教学。

2. 教学硬件设施落后，班额大，缺乏专职实验员

部分学校由于经费问题，实验室、实验仪器设备、实验材料等硬件设施不能满足教学需求。实验课与理论课一样都是大班上课，三四十人在一起做实验，人多、空间小，看得多、做得少。由于学生多，教师只能走马观花地指导实验，经常学生还没弄明白怎么回事就下课了。一次实验课下来，教师累得够呛，学生也没学到什么，实验效率很低。在上实验课时，有的学校没有专门的实验教师准备实验，给授课教师增加了准备实验的工作量。

3. 传统生物教学仍占主导地位

生物课大都还是靠教师“一张嘴、一支粉笔、一幅图”来讲授，生物实验得不到应有的重视，实验课往往是通过教师“讲实验、画实验”、学生“听实验、背实验”的方式完成的，忽视了实验在生物教学中的重要作用，忽略了对学生学科核心素养的培养。

（二）解决克拉玛依市生物实验教学困境的策略

1. 将教育资金投入落到实处

各级教育管理部门应加大教育资金的投入，因为即使有的教师想深入开展实验课的教学，硬件落后也是不能实现的。久而久之，教师的主动性就会降低，生物

实验课的开展就会受阻，甚至会被搁置。

2. 更新教师的教学观念，帮助教师加强对学科核心素养的学习

实验教学或许一时看不出教育的效果，但教师要真正认识到实验在整个生物学科教学中的重要地位和作用，要意识到生物学实验本身具有的独特而重要的育人功能。教师是任何教学形式得以实施和实现的关键因素，所以教师必须提高对生物学科核心素养中科学探究、科学思维等理念的认识。实验课的教学对教师的实验能力、处理学生实验过程中出现问题的能力要求更高，所以教师提高自身的专业素质非常有必要。教育的效果具有滞后性，教师不能只看眼前的状态，而要有长远的眼光，力求为实验教学贡献自己的力量！

3. 降低生物实验的成本

生物学课程标准在“课程资源的开发利用”中指出：“应高度重视学校生物学实验室建设，积极营造良好的实验、实践环境。同时也应鼓励学生和教师利用身边廉价的器具和材料，设计富有创造性的实验和实践活动。”在保证实验安全的前提下，教师可以发动学生利用日常生活中的易得物品来代替实验器皿，如废弃的易拉罐、饮料瓶、包装容器等，做到物尽其用，变废为宝。教师要在实验过程中影响、启发学生善于利用和创造，要让学生意识到实验不一定非要到实验室才能完成，其实许多实验在生活中就能做，如探究蚂蚁的通讯。这样既延伸了学习的空间，扩大学生观察和实验探究的视野，又能使学生认同人与生物圈的密切关系。

4. 定期进行检查评估

教研部门可以联合教育局相关科室，每学期定期对各校的生物实验教学开展情况进行检查评估，依靠外力来推动学校生物实验教学的开展。

路虽远，行之将至；事虽难，做则必成。我相信只要有“千里之行，始于足下”的务实努力，明天克拉玛依市的生物实验教学必然超越今天；只要以“九层之台，起于累土”的精神切实起步，明日的克拉玛依教育必将可以比肩上海，我们生物教育同仁的教育梦想就可早日实现。

朱琴，在克拉玛依市第十三中学任教初、高中物理，参加“第六届全国物理教师讲课比赛”获新疆赛区二等奖。撰写多篇教研和德育论文，曾经在自治区德育论文评比中获一等奖。荣获克拉玛依市教育局“优秀教师”“市级骨干教师”等称号。

追求平凡中的精致

——板书与多媒体有机结合，优化中学物理高效课堂

克拉玛依市第十三中学　朱　琴

【摘要】当今，多媒体教学越来越受到教师的青睐，板书设计几乎完全被取代。但多媒体的教学效果有时也不尽如人意，用好传统的板书教学可以弥补其不足。本文就多媒体教学和板书教学的优缺点进行了比较，并将多媒体教学和板书教学相结合应用于中学物理教学中，以期达到更好的教学效果。

【关键词】板书教学；多媒体教学；有机结合；高效课堂

教学方法和手段的创新，对提高学生的学习兴趣，加深学生对知识的理解，培养学生的逻辑思维能力，从而培养学生的学科核心素养有着积极的意义。有关研究资料表明，在人所获得的全部信息中，听觉约占 11%，而视觉约占 83%，其他(触觉、嗅觉等)约只占 6%。因此，教学过程中教师应该重视和视觉有关的教学手段。

2018 年 10 月，我有幸作为沪克访学教师来到上海，进行了为期 3 个月的学习。其间，我关注教师的课堂教学活动特点，观摩了近百节课，重点关注板书和多媒体的使用情况。我所观摩的课堂大致可分为三类。

(1) 常规课。我在上海市延安中学学习期间，跟岗听课三十多节。在这些课上，教师或使用纯板书设计不使用多媒体，或全部使用多媒体没有板书设计，也有的教师是板书和多媒体结合使用。

(2) 培训机构的网课或微课。我借助网络，观摩了很多节网课。通常，这些

网课都是通过幻灯片等媒体来展现教学内容，基本没有板书。

（3）比赛课和公开课。我观摩了“庆祝上海课程改革30年系列活动公开课”和“上海市延安中学教改月”活动公开课，并且通过网络平台观看了近年来全国大赛的获奖课。授课教师无一例外都合理地使用了多媒体，同时也非常重视板书设计。

经过分析和比较，我认为将板书和多媒体有机结合，可以取长补短，使两者共同发挥作用。这是优化课堂教学行之有效的方法。

一、传统板书的优缺点

我在上海市延安中学所听的常规课中，教师较多采用了传统板书教学。每堂课教师都会提前几分钟进入课堂，对板书进行布局，将所要讲授的图画在相应的位置，布局美观合理，一般很少擦除。一节课下来板书是完整的，再结合提前下发的学案，很适合高三第一轮复习的模式。例如，在高三热学复习课板书教学中，教师灵活变幻图形，和学生互动交流，总结出两端液柱随压强变化的规律。

在教学过程中，板书能够逐步建构起知识结构体系，同时展示要点内容。随着教师的讲授、书写，学生观察、思考并参与课堂知识体系的建构。此外，板书能够清晰地体现出教学意图，使所讲内容按顺序依次展开，层次脉络一目了然、重点突出，便于学生思考、巩固记忆和梳理内容。

和多媒体相比，板书具有以下优点。

（1）板书更利于实时地突出关键点和重点内容，可以采用大小字体、彩色粉笔标注、加下划线或加点等，标示方法灵活多变。

（2）板书的存续时间长。板书具有延迟性展示及留存时间弹性大的特点，这可以使它成为学生掌握关键信息点的有效手段。

（3）板书更容易体现出知识之间的逻辑关系。教师能够在与学生互动的过程中，随时修正或重新建构关键知识，更容易使学生集中注意力，特别是在逻辑推导、公式演算等过程中，板书的优势更加突出。

当然，板书也存在一些不足。跟多媒体相比，板书书写时间较长，而且无法按照需要呈现大量图片或动态变化的信息、声音信息等。如果完全使用板书教学，有时会影响教学的进度和效果，尤其是STS类的课型内容，这种不足会更加突显。

二、多媒体教学的优缺点

多媒体教学是通过计算机图形显示以及动画模拟等形成一个全新的声像结合、图文并茂，且清晰、直观、形象生动的教学情境，不仅可以有效地刺激学生的形象思维，而且增加了教学信息量，提高了教学的效率。物理教学中有许多原理、示意图、实物图等，利用多媒体教学可以很好地解决这个问题。与传统教学相比，多媒体教学可以在规定课时内呈现更多的内容。

整体来说，多媒体教学有以下几个优点。

(1) 可以节省书写时间，在相同的时间内提供更多的信息。

(2) 可以形象生动地通过图片反映一些实验装置的具体结构，呈现一些其他方式无法看到的图景，如卫星与航天、原子结构、分子力和分子势能等，使教学内容浅显易懂。

(3) 通过声音和画面的配合，可以使教学内容更加生动有趣，增加吸引力，进而提高学生上课的主动性。

(4) 多媒体可以表现微观、宏观的各种场景，可以重现实验过程，并且可以按教学需要实现快速和慢速播放，通过和传感器结合使用可以实现实验数据的快速采集并统计绘图，利用手机的摄影功能甚至可以进行一些实验。

(5) 可以及时反映生活、科学、技术研究领域内最新的科研成果，及时补充学习内容，例如最近进行的卫星发射过程、北斗系统情况介绍等。

(6) 有利于学生自学，课下进行复习巩固。教师的多媒体课件，包括近年来出现的各类学习软件、微课课件等，给学生的自学提供了很大的便利。

多媒体教学也存在一些不足之处。多媒体信息量大，而且将内容有差别的信息展示在不同页面上，容易造成知识点间联系的分割，使学生难以掌握一节内容的结构框架和内在关系，影响学生对知识内容的理解。另外，教学过程中时常会出现教师意想不到的问题，多媒体课件不方便根据学生的实际特点进行及时灵活的处理，也会使师生交互受到一定限制。

多媒体“短、平、快”，具有高效传递信息的功能，而传统板书教学具有“慢品味、细咀嚼、助消化”的特点。教师应该将两种方式有机结合，形成一种实用的教学模式，将其应用于教学实践中。

三、板书与多媒体有机结合，实现“1+1>2”

在我所观摩的课堂中，很多教师不约而同地采用了板书和多媒体有机结合的基本模式，大致分为三种。

（一）板书屏幕分列式

大多数课堂采用的是板书屏幕分列式。通过板书建立本节课的纲要，然后通过课件将教学内容以音像、图形、文字、动画等形式形象直观地展示出来，同时将课件上传至社交平台，方便学生课后下载复习。下面以“直流电动机”一课为例进行简单说明。

【教学案例】

本节课选自上海市高中物理教材高二第一学期第十章“磁场”。

1. 教学重点：直流电动机的工作原理。

2. 教学难点：换向器的作用。

3. 设计特色：从科学发展史的角度出发，带领学生体验从磁场对电流作用的科学理论变成生产生活中可用动力源的过程，通过电动机装置的研究认识“发明电动机的人们是怎样克服这些难题的”，这样的立意角度很新颖。

4. 教学流程

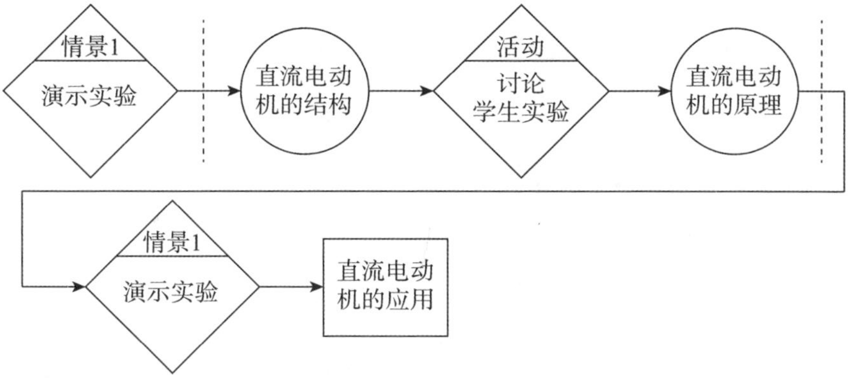

教学内容	情景1：电磁驱动	直流电动机的结构	安培力方向分析	学生实验	直流电动机原理	换向器的作用	实际电机结构
呈现方式	实验＋投影	PPT展示	板书	投影	PPT展示	板书	学生实验

本节课整体以实验贯穿，需要教师具备很强的课堂驾驭能力，既要凸显教学重点，又要给学生充分的思考和实验操作的时间。课堂上，教师利用手机的同步投屏功能，在幻灯片和视频播放之间切换自如，灵活多变，多媒体的使用对课堂教学起到了很好的辅助支持作用。整节课主线鲜明，教学手段完美而不露痕迹，学生在持续的动手、动脑中，思维能力和动手能力都得到了提高。

在这节课的难点处，教师又采用了板书的方法，帮助学生强化理解和记忆。与翻阅速度较快的多媒体相比，板书停留的时间较长，能一定程度上调节理解能力各异、基础储备不同的学生的听课节奏，而且可以快速回忆讲过的内容，给学生留有思考的余地。

（二）板书为主、多媒体辅助式

有些教师在教学过程中多以板书形式呈现教学内容，只在需要时辅以播放视频或多媒体课件。这种形式在常规课中很常见，很多教师已经意识到一些教学内容使用多媒体对课堂教学效果的限制，所以把多媒体呈现放在次要的位置。在高中物理复习课和习题课上,多采用这种方式。

(三)多媒体为主、板书辅助式

在这种形式中,多半采用黑板或白板作为投影的屏幕,投影内容只作为讲解的基础,授课时教师采用粉笔或记号笔在投影上勾画,进行板书讲解。这种做法便于实现一题多解、一图多用,好处显而易见。这种形式的作图规范,可视性强,有较好的艺术性,尤其适合电路连接、受力分析、画图作图题的讲解。

四、存在的困难和建议

板书和多媒体都是实现课堂教学目标的重要手段,在教学过程中各有优劣。我校(克拉玛依市第十三中学)基本实现了各个班级的教室多媒体配置,教室里既有黑板又有白板,有条件开展多媒体和板书设计手段相结合的研究。

(一)目前存在的困难

(1)教师对两种手段结合的教学缺乏重视,归根到底是对教师主导地位的理解不到位,认为只要有投影或有板书就可以。

(2)教师对多媒体特别是多媒体交互白板功能使用不够熟练,认为没有板书用得自如,缺乏尝试。

(3)学校设备老化、缺失的情况没有及时处理,对教学产生影响,比如多媒体数据线有问题、部分配件缺失。

(4)教师对多媒体课件及板书的设计水平有限,影响效果。

(二)策略和建议

课堂教学的手段看似平凡,但要用得巧妙就要花心思去研究。教师要提高自己熟练运用多媒体技术的能力,尤其是对板书设计和多媒体课件设计的能力。只有熟练运用多媒体教学和板书教学的各类功能,将两者有机结合,才能提高教学质量,取得满意的教学效果。教师的专业素质和驾驭课堂的能力直接影响着学生的学习效果。这次学习我收获很大,今后我要持续在教学方法上思考探索,努力提高板书与多媒体相结合的教学应用水平,和周围同事一起研究并推广,相信必然能提高我校物理课堂的教学实效。

陈来兵，克拉玛依市第十三中学高中化学教师，白碱滩区兼职教研员，白碱滩区化学名师工作室主持人。多次获校级优秀教师、优秀班主任、优秀党员称号，2009 年被评为市教育局级优秀党员，2012 年所带班级获市级优秀班集体称号，2016 年所带级部获市级优秀集体荣誉称号，2016 年在自治区化学现场课教学比赛中获一等奖。

基于学科核心素养的高中化学情境教学策略研究

克拉玛依市第十三中学　陈来兵

【摘要】基于学科核心素养的高中化学情境教学，既符合新课程改革发展的需要，也能更好地提升学生的化学学科核心素养，提高课堂教学效率和教育教学质量。本文结合笔者在上海各学校的教学观察和自身实践，总结提出了落实高中化学情境教学的策略和方法，旨在为新课程标准下的课堂教学提供参考。

【关键词】核心素养；情境教学；教学策略

一、问题的提出

笔者结合多年的教学经验和课堂观察，发现当前化学课堂教学中存在以下现象。(1)课堂教学中缺乏与教学内容紧密联系的情境，很多教师对使用的情境素材没有进行认真的鉴别和筛选，教学情境老旧，出现了关联度很低甚至无关的情境引入，这不仅占用了宝贵的教学时间，而且有可能影响学生对知识点的理解和掌握。(2)改革背景下的化学教学课时任务重、时间紧，部分教师选择放弃情境教学，直接进行知识的传授和多次反复的技能训练，希望通过题海战术赢得考试。上述两种现象是现实教学中普遍存在的，其结果是学生可能取得了不错的成绩，但综合能力和核心素养并未得到较好的发展，很容易陷入教师苦教、学生苦学的境地。

《普通高中化学课程标准(2017 年版)》在基本理念中提出：倡导真实问题情境的创设，开展以化学实验为主的多种探究活动，重视教学内容的结构化设计，激发学生学习化学的兴趣，促进学生学习方式的转变，培养他们的创新精神和实践能力。因此，选取真实且有意义的生活素材，创设丰富多样的教学情境，不仅是落实和培育学生学科核心素养的有效策略之一，而且是化学课堂发展的需要。基于学科核心素养的情境教学设计，将生动的情境、深刻的哲学道理穿插于课堂教学活动中，使课堂内容更丰满、充实，对学生学科核心素养的培养和落实有着积极作用。

二、研究的意义

首先，情境教学将学生置于一定的真实情境中进行教学，有利于激发和维持学生的学习兴趣，在创设的情境中不断促进学生思考和质疑，探究知识获得的过程，对知识进行积极主动的建构和迁移，掌握认识化学学科的方式方法，培养学科思维和学科能力。让学生在掌握知识和技能的同时，进一步发展关键能力和智力，学会从化学的角度认识世界，体验生活，树立正确的价值观。

其次，情境教学的实施可以促使教师更新教育理念，由知识为重转向素养培养，提升教师的教研能力，促进教师综合水平的提升，同时可以使教师在日常教学中注重对情境素材的积累、裁剪和修正，进一步提升课堂教学效率，减轻学生的学业负担，为学生的全面发展奠定基础。

三、基于学科核心素养的情境教学策略

（一）以课堂教学为导向，精选情境素材

教师是课堂教学的主导者，在上课前教师应该充分了解教学内容、教学目标以及学生已有的生活经验、学习背景和知识结构，选择能促进学生学科核心素养发展的情境素材，并对素材进行正确的取舍、裁剪和修正，使其符合课堂教学的需要。

1. 从科技前沿的研究中获取素材

科学家最新的研究成果一般都会以学术论文的形式发表出来，教师可查阅与教学内容相关的最新科研成果，将其作为教学情境，引导学生进一步深入思考，促

进学生核心素养的发展。例如我国屠呦呦关于青蒿素的提取研究、国内外关于可充电电池的探索都是很好的情境素材，将这些应用于教学，既能激发学生的学习兴趣，也符合高考的命题方向。

2. 从社会生活实践中获取素材

生活中有许多和化学密切相关的现象，需要我们从化学的角度进行思考、解释和处理，这给教师的情境教学带来了丰富的素材。比如：苹果切开一个口子，过一段时间发现苹果的切口会变成黄褐色，这是什么原因呢？给学生看真实的灭火视频或图片，借此问与化学学科知识相关的问题——灭火器的种类有哪几种？灭火的原理是什么？这些都可以通过教师创设一定的生活情境来促进学生理解学科知识的概念、原理和性质，促使学生灵活运用知识、进行迁移创新。社会生活类的素材，除了需要教师在日常生活中细心积累外，更多可以从新闻报道中获取，具体途径可以是电视、网络、报纸等传播媒体。

3. 从化学实验中获取素材

化学是一门以实验为基础的科学，通过化学实验创设情境可以直接为学生提供感性的认知材料。学生通过自己动手做实验或观看实验视频，将抽象的化学知识形象化、具体化，促进理解能力的提高，提升动手操作能力和应用实践能力。比如，在进行铝及其化合物之间转化的教学时，教师可以引导学生用铝盐与氨水反应制备氢氧化铝再加强碱转化为偏铝酸盐，再加强酸转化为铝盐，让学生自主设计相应的实验方案并进行动手实验，获得直观的实验现象，发展学科能力。

4. 从化学史中获取素材

化学史中包含着化学研究的方法和智慧，并且化学史多数可以用故事的形式展现出来，这就比较容易激发学生的学习兴趣。化学史里有许多化学家发现或研究化学物质的过程。例如，氯气的发现和确认，舍勒在研究软锰矿的过程中将它与浓盐酸混合加热，产生了一种绿色气体并且具有刺激性气味，舍勒受燃素说的影响未能知道这是什么物质，后来戴维通过大量的实验证明了那是氯气，是一种新元素组成的单质。通过化学史来创设情境，让学生从化学的视角分析、解释问题，引导学生以化学科研工作者的身份进行学习，跟随科学家的思维轨迹，体验创造发明的过程，并且学习化学家努力钻研、坚持不懈的精神，促使能力和情感共同发展。

5. 从社会历史文化中获取素材

中国历史文化中的很多内容都与化学有关。“日照澄洲江雾开”这个自然景观考查的知识点是胶体，雾在光的照射下会产生丁达尔效应。《本草纲目》中写道：“烧酒非古法也，自元时始创其法，用浓酒和糟入甑，蒸令气上，用器凡酸坏之酒，皆可蒸烧。”这句文言就涉及提纯的一种操作方法——蒸馏。“酒香不怕巷子深”，从化学角度思考就是分子在不停地运动。从历史文化中选取素材，不仅可以让学生感受中华文化的博大精深，也可以别开生面地从化学的角度让学生在新颖的情境中产生认知冲突，积极主动地思考、交流，进而达到知识内化的目的。

（二）以学生为主体，明晰情境教学环节

化学教学中应充分重视学生的主体地位，以学生为本，关注学生化学学科能力的发展。不同学生在解决问题时的认知方式不同，所展现出的学科能力也不同，因此在进行情境教学时，促进学生学科能力的发展就是要使学生建立稳固的认知方式，在遇到问题时让学生能自主地调动起已有的认知方式去解决，认知方式越稳定自主，学生在面对综合、复杂度高的任务时就越能有条不紊地将知识运用到任务的解决中。因此，以学生为主体的课堂情境教学可以从以下几个环节进行尝试。

1. 创设情境，激发兴趣

化学的概念性知识、事实性知识、原理性知识并不完全是枯燥无味的，这些知识多来源于真实情境，在发展中形成了自身的科学逻辑体系。在课堂上，创设能激发学生兴趣的情境，学生便能全神贯注地积极思考，认真主动地参与学习活动，学生的学习态度也会向想学、乐学转变，对学生化学学科能力的培养可以起到事半功倍的效果。例如，在“氮的氧化物”的教学中，教师可以采用“雷雨发庄稼”这个事例来激发学生的学习兴趣，并进一步让学生思考：为什么打雷能促进农作物的生长？空气中哪些物质发生了反应？这对我们人类的生产生活有什么意义？这样有利于学生在课堂上形成良好的学习态度和积极的情感倾向。

2. 认知方式的建立

孕育知识的土壤是情境，在一定的教学情境中知识才能生根发芽，才能扎根于学生的脑海里并茁壮成长。在有意义的情境中才能更好地促使学生建立起正确的认知角度、认知方式、认知思路，使晦涩的化学知识更加有意义、有价值。例如，在“过氧化钠”知识的教学中，教师利用真实的实验情境，引导学生开展过氧化钠与水反应的实验探究，让学生根据实验现象推测产物的种类，并写出化学方程式，紧接着引导学生从价态的角度分析该反应的类型及电子转移的数目，推测过氧化钠具有的性质。在这个教学过程中，教师首先通过情境引导学生从价态的角度，从静态—动态、宏观—微观的认知角度形成对过氧化钠的初步认识并发展学生的学科能力，随后再引导学生用同样的认知方式思考过氧化钠与水反应的原理、性质。

3. 认知方式的稳固

建立相应的认知方式后，还需要引导学生在更多、更复杂的问题情境中加以应用，使学生不断内化认知角度、形成认知思路，使知识功能化、经验程序化，提高学生认知方式的稳固度，实现对相关知识的系统化认识。例如，在学习“氧化还原反应”的知识之后，教师可以让学生自己举出所学的反应中哪些反应属于氧化还原反应，判断的理由是什么，以及氧化还原反应的实质是什么，或用相应的课堂练习巩固学生建立的认识方式，发展学生的化学学科能力。

（三）以发展能力为目标，合理设置情境教学结构

情境教学是教师有目的地创设具有一定情感色彩的、生动形象的场景，情境是促进学生理解知识、应用知识并迁移创新地使用知识的载体，是促进学生能力发展的一种手段。在教学中，该设置什么样的情境、该以什么样的方式呈现、该遵循哪些原则都是亟待教师思考的问题。对教师来说，为学生创设结构优良的认知情境，有利于学生在头脑中形成有逻辑的思考，促进学生思维的发展。学生的认知从简单到复杂、从具体到抽象、从表层到深层、从已知到未知，是一个循序渐进的过程，因此教师在进行教学设计时应遵循学生思维逻辑的发展规律，设置的问题情境应当严密、有序，一环扣一环，要能真正促进学生理解知识、应用知识和迁移知识，帮助学生构建学科知识结构，提升学生的思维品质。例如，在"富集在海水中的元素——氯"的教学时，教师可以从氯元素在人体中的重要作用出发，拉近化学知识与学生的距离，然后再从学生已有的认知出发，让学生画出氯元素的原子结构并引导学生对氯元素的非金属性强弱进行分析，接着再从氯气的发现和确认这一化学史出发对学生的情感进行熏陶并引入氯气的学习，以战争为过渡开展氯气物理性质的学习，再根据氯元素容易得到电子这一性质进行氯气化学性质的学习。通过教师演示实验——氯气与金属的反应、氯气与非金属的反应，逐渐深入对氯气的学习，这样的情境结构更有利于学生进行深入的思考与学习，有利于发展学生的学科素养，提升学科综合能力。

四、结语

化学课堂中的情境教学，在一定程度上可以更好地激发学生的学习兴趣，使学生在课堂中找到更多问题，并通过自主思考提高思维能力和创新能力，发展学科核心素养。同时，教师在情境的设计和教学实践中也可以不断地发展自己，提升自我的综合能力。虽然情境创设的策略和方法有很多，无法一一总结和提炼，但是只要教师坚持结合不同的教学内容，选择一种或几种最适合的方法开展情境教学，就一定可以不断促进学生学习方式的改变，提升课堂教学效率，提升教学品质。

参考文献：

[1] 赵令红. 基于学科核心素养的化学教学情境素材选取与使用研究[D]. 广西师范大学，2019.

[2] 吕昕颖. 新课标下高中化学情境素材的探索与实践[D]. 辽宁师范大

学,2019.

[3] 赵丽楠. 基于化学史的高中化学案例教学研究[D]. 内蒙古师范大学,2019.

[4] 戈月明. 中学化学问题情境教学现状调查及对策研究[D]. 华中师范大学,2015.

[5] 王伟,王后雄.《普通高中化学课程标准(2017 年版)》中“情境素材建议”内容特点及使用建议[J]. 化学教学,2018(10):15-19+26.

[6] 蒋涛. 运用情境教学提高化学课堂的实效性[J]. 课程教育研究,2017(44):154-155.

陈新梅，克拉玛依市第十三中学政治教师，学科主任，白碱滩区政治学科教研员、自治区政治名师工作室主持人，正高级职称。2017 年获得自治区论文比赛一等奖，2015 年获得自治区讲课比赛一等奖，近年主持和参与七个自治区级、市级课题，2014 年荣获省级优秀科技辅导员，先后获得市级骨干教师、区级师德标兵和优秀教师等荣誉称号。

基于政治学科核心素养培育的课堂教学目标设计实践探究

克拉玛依市第十三中学　陈新梅

【摘要】课堂教学目标是教学活动的灵魂。课堂教学目标是否合理直接关系着教学的成败，影响着教学内容、教学方法、教学媒体、教学评价及教学效果等。要落实学科核心素养，教师首先遇到的问题是在课堂教学目标的制定上如何体现这一培养方向。学科核心素养整合了三维目标后，一线教师在教学目标的制定上还存在一些分歧。基于学科核心素养培育的总蓝图，教师制定课堂教学目标时，要立足课堂教学实践，积极探索，方能准确地把握课程标准，培育具有学科核心素养的新人，实现立德树人的教育目标。

【关键词】核心素养培育；课堂教学目标设计；实践探究

思想政治课作为立德树人的关键课程，在实现育人目标方面发挥着重大作用。教师在课堂教学中，需要从教学设计上体现出对学生学科思维和学科素养的培养。教学设计包括对教材的分析、学情分析、教学重难点分析、教法学法分析、教学过程设计等方面，本文将重点探讨课堂教学目标的制定。

《普通高中思想政治课程标准（2017 年版 2020 年修订）》（以下简称《课程标准》）明确提出本学科的核心素养包括政治认同、科学精神、法治意识和公共参与。要落实这些学科核心素养，教师首先要考虑的是在课堂教学目标的制定上如何体现这一培养方向。本文将从问题的由来、教学目标确定的意义、课堂教学目标的制定和课堂教学目标的实践思考四个方面来进行阐述。

一、问题的由来

2017年新课标出台之前，教师已经习惯依据三维目标制定具体的课堂教学目标，现在核心素养整合了三维目标，那么教师该怎样制定课堂教学目标呢？上海市从2019年9月起开始使用部编教材，笔者在上海各中学观摩了很多课堂教学活动，观察到一线教师对教学目标的制定各不相同，概括起来主要有以下几种。

第一，依据核心素养的内涵，从核心知识目标、关键能力目标和必备品格目标三个方面对课堂的教学目标进行整合。

【课例】“走向共同富裕”教学目标设计

(1) 核心知识：学生了解共同富裕的内涵和走向共同富裕的原因。

(2) 关键能力：通过情境体验、分享交流等方式，培养学生表达、合作探究的能力，培育科学思维及价值认同的信念。

(3) 品格培养：具有人文情怀，能关切人的生存、发展和幸福；具有责任担当、国家观念，提高对社会主义本质的认识和政治制度的认同，有为实现中华民族伟大复兴中国梦而不懈奋斗的信念和行动。

评价：这种课堂教学目标设计的优点是综合本堂课的教学内容，按照核心素养的内涵对教学目标进行重新整合和划分，以学科知识为抓手，明确核心知识、关键能力目标和必备品格目标，简单明了，操作性强；缺点是割裂了知识与素养的联系。

第二，基于教学方式方法来设定课堂教学目标，把实现和落实学科核心素养的路径写入目标达成当中。

【课例】“使市场在资源配置中起决定性作用”教学目标设计

(1) 通过案例探究，在解决问题的过程中理解价格、供求、竞争三大机制的作用，从而说明市场配置资源的优越性。

(2) 通过议题讨论，辨析经济运行中政府与市场的关系，从而理解使市场在资源配置中发挥决定性作用的必要性。

(3) 通过课堂学习,辩证地看到单一市场调节的局限性,体会党和政府在医药体制改革中的作用。

评价:这种课堂教学目标的设定是把教学的方式方法融入教学目标的达成上。设计的优点是方法对应目标,简单明了;缺点是每一个路径(方法)与学科素养的目标达成不一定是一一对应的关系,也可能是一对多的关系或多对一的关系,过于简单化。

第三,围绕核心素养把教学内容融在一起来制定目标。

【课例】"实现中华民族伟大复兴的中国梦"教学目标设计

通过回顾历史和观照现实,明确近代以来中华民族最伟大的梦想,了解新中国成立以来中国共产党建设社会主义现代化国家的目标和步骤,理解中国梦的本质,论证和认同中国梦是和平、发展、合作、共赢的梦,是奉献世界的梦,增强"四个自信",在此基础上,明确青年学生的社会责任和历史使命,为实现中国梦而奋斗。

评价:这类课堂教学目标设计的优点是概括性和总结性强,缺点是操作性不明确。

综上所述,究竟哪种课堂教学目标的表述好,"一千个教师眼里有一千个教学目标(设计)"。在实际教学中,一线教师在教学目标的制定上产生了一些分歧,具体撰写形式五花八门,甚至部分教师对核心素养的目标不知道从何入手。基于核心素养的课程改革与以往的课程改革不同,教师应怎样适应课程改革的新要求,基于学科素养培育的总蓝图,制定课堂教学目标呢?

二、课堂教学目标的意义

教学目标是指在教师指导下学生学习活动的预期结果或所要达到的标准,常说的教学目标一般情况下是指课堂教学目标。2017 年教育部颁布的新课程标准中,提出了发展学生核心素养的目标要求。核心素养在本质上是应对和解决复杂的、不确定的现实生活情境的综合性品质。核心素养培养的过程离不开个体综合运用相关的知识技能、思维模式或探究技能以及态度和价值观等在内的动力系统。在这个意义上，核心素养是“三维目标”的整合，这种整合发生在具体的、特定的任务情境中。

教学目标对教学过程具有导向、调控、激励和评价的功效。在实际的备课工作中，很多教师不是“制定”教学目标，也不是“撰写”教学目标，而是“抄写”教学目标。“制”和“撰”都包含着主动性和创造性，但“抄”就只是简单地照搬复制。由于在备课过程中不重视教学目标，在设计教学时自然不会考虑如何达成教学目标的问题，在教学过程中也不会考虑预设的教学目标是否达成。这样就会导致目标与行动“两张皮”的现象。

手中有课标，心中有目标，眼里有学生。有效教学在很大程度上取决于教师对教学目标的理解与把握，教师对教学目标的理解与把握越好，并且课堂教学紧紧围绕教学目标进行，就能最大限度地减少随意性、盲目性和模糊性，提高教学的方向性、针对性和有效性。

三、教学目标的制定

下面将对比《教师教学用书》（人民教育出版社）中三维目标和学科核心素养这两种教学目标的撰写。

（一）基于核心素养的课堂教学目标设计

部编版必修二《经济与社会》第一课第一框《公有制为主体，多种所有制经济共同发展》的教学目标如下。

（1）在了解人类社会发展基本规律的基础上，结合我国经济社会发展实际，理解我国社会主义初级阶段基本经济制度形成和确立的原因，坚定对我国基本经济制度的认同。

（2）结合我国的国家性质和基本国情，理解公有制主体地位的表现、原因及其重要作用，明确国有经济控制国民经济命脉，对经济发展起主导作用。

（3）明确坚持毫不动摇巩固和发展公有制经济，自觉坚持社会主义初级阶段的基本经济制度，坚定中国特色社会主义制度自信、坚定中国特色社会主义信念。

（二）基于三维目标的课堂教学目标设计

人教版必修一《经济生活》第四课第二框《我国的基本经济制度》的教学目标如下。

（1）知识目标：了解我国基本经济制度的具体内容，理解坚持社会主义初级阶段基本经济制度的意义。理解公有制为主体，多种所有制经济共同发展的基本经济制度符合我国社会主义初级阶段的基本国情，符合“三个有利于”的标准。

（2）能力目标：辨识不同经济实体的所有制性质的能力。

（3）情感、态度与价值观目标：自觉坚持党的基本路线与我国社会主义初级阶段的基本经济制度，坚定社会主义基本经济制度具有不可比拟的优越性的信念。

这两种教学目标撰写的共同点是，都依据课程标准来写，都使用了行为动词，如了解、认识、理解、通过、明确、引导、坚定。最明显的区别是，三维目标按三个维度加以说明，而基于核心素养的教学目标是以每一个框题下的目为单位，把核心素养糅合进去，每一目课堂内容都围绕核心素养来制定目标，使教师能够充分把握每一目的素养培养和要求。

《课程标准》的“教学与评价建议”中明确指出：“本课程的实施，以课程标准为依据，以发展学生思想政治学科核心素养为目标。”“具体教学目标的制定与评价方式的选择应该聚焦学生思想政治学科核心素养的发展，整合知识与技能、过程与方法、情感态度与价值观。这就需要从总体上把握思想政治学科核心素养要素之间的相互关系和各自的独特价值。”

总之，制定教学目标应考虑的要素主要有以下几点。

（1）课程标准。国家课程标准是课程改革的纲领性文件，也是新课程实施过程中教师教和学生学的直接依据。

（2）教材内容的分析。新教材本身就是按学科核心素养设计的，需要教师仔细体味，充分挖掘，进而提出恰当、准确的教学目标。

（3）学生学情的分析。充分考虑学生的认知水平，了解学生的生活经验，这样才能更好地按照课程标准确定教学目标。

四、课堂教学目标的实践思考

（一）学科知识和学科素养的关联

作为活动型课程，中学思想政治课特别是高中课程有着丰富的学科知识，在教学实践中，怎么才能把学科知识和学科素养联系起来呢？在听课中我发现，有的教师为了“落实学科素养”，课堂上开展大量学生活动，为活动而活动的教学冲淡了学科知识的学习，导致课堂上不能完成教学任务，陷入了为素养而教素养的误区。

《课程标准》的“教材编写建议”中指出“知识点的选择和配置服务于思想政治学科素养的目标，凸显课程政治方向的引领”，可见以“核心素养”作为育人目标，并不意味着学科知识和技能就不需要了。核心素养的突出特征在于个体能够应对现实生活中各种具有挑战性的复杂真实任务，在这个过程中离不开个体综合运用相关领域的知识技能、思维模式或探究技能以及态度和价值观等在内的动力系统。有些教师产生“为素养而教素养”的误区的原因是只看到了“核心素养”这一术语的字面意思，而没有理解其培养过程是以学科或跨学科课程的学习为基础的。

总之，教师制定教学目标时，既要克服以知识为导向的课堂教学，又要避免为活动而活动的教学，转向以培养学生素养为导向的课堂教学，以促进学生素养的发展为目标来选择教学内容。通过学科知识的学习，使学生的能力得到提升。

（二）基于“教、学、评”一体的课堂教学目标层次性设定的思考

《课程标准》的“教学与评价建议”中指出“本课程的实施，以课程标准为依据，以发展学生思想政治学科核心素养为目标，力求将学业质量转化为具体的教学要求，体现教学与评价的一致性”（即目标、教学、评价的一致性思想）。《课程标准》中把思想政治学科核心素养划分了四个层级来考查，每一个层级对应不同的学科核心素养。教师应该根据《课程标准》，结合学生的认知规律和差异，按照教学内容由低到高、由易到难，设计具有不同要求、不同层次的教学目标，使每个学生都

能在自己原有的基础上有所发展。如果教师对课堂教学目标进行分层，那么达成目标的途径也会更加清晰。如何在制定课堂教学目标时设定有层次的目标，分清楚每一个目标从低到高的要求和标准，并在教学中引导学生逐步达成尽可能高的目标，对教师来说是一个挑战。

2019年，教育部等五部门印发《关于加强新时代中小学思想政治理论课教师队伍建设的意见》的通知指出，“加强中小学思政课统编教材教法培训，引导教师准确把握小学、初中、高中不同学段思政课课程目标，提升教育教学能力”。统编教材的内容与以往教材相比变化非常大，给一线教师带来的挑战，不仅仅是教育教学方法的改变，更重要的是对教师知识结构和知识体系的重新审视。在统编教材的教学实践中，教师要明确培养学生的核心素养是立德树人的教育要求，教师应立足课堂教学实践，积极探索，潜心研究每节课的教学目标，这样才能准确把握课程标准，塑造具有学科核心素养的新人。

参考文献：

[1] 杨向东.核心素养与我国基础教育课程改革的关系[J].人民教育，2016(19)：19－22.

[2] 刘路.核心素养与三维目标的渊源[J].今日教育，2016(10)：39－40.

[3] 莫雷.教育心理学[M].北京：教育科学出版社，2007.

[4] 中华人民共和国教育部.普通高中思想政治课程标准(2017年版2020年修订)[M].北京：人民教育出版社，2020.

[5] 人民教育出版社课程教材研究所中学德育课程教材研究开发中心.普通高中教科书教师教学用书.思想政治.必修2：经济与社会[M].北京：人民教育出版社，2019.

申运涛，男，湖北省枣阳市人，毕业于新疆大学应用物理专业，教育硕士，现任克拉玛依市独山子第二中学教研室主任，高级教师，高中物理骨干教师，名师工作室主持人。

基于高中生物理学科核心素养的问题教学法实践研究

克拉玛依市独山子第二中学　申运涛

【摘要】课堂是教师的主阵地，如何在物理教学中完成三维目标的同时，有目的、有意识地落实学生的物理核心素养，是当代每一位物理教师必须深入思考的问题。在高中物理课堂中使用“问题教学法”，采取小组讨论合作学习的教学模式，有利于促进学生科学思维的形成和探究意识的培养，也有利于学生终身学习理念的培养，进而发展学生的核心素养。

【关键词】核心素养；问题教学法；小组讨论；高中物理；教学实践

物理学科核心素养是学生在学习物理学科知识的过程中逐步形成的适应个人终身发展和社会发展的必备品格和关键能力，是学生通过物理学习内化的带有物理学科特性的品质，是学生科学素养的重要方面。物理学科核心素养主要由物理观念、科学思维、科学探究、科学态度和责任四个方面构成。在高中物理课堂教学设计中，应有意识、有目的地将培养学生的核心素养作为教学目标来设计考虑。问题教学法属于探究性教学法，在课堂中采取小组讨论合作学习的教学模式，能提高学生的学习兴趣，有利于促进学生物理科学思维的形成和探究意识的培养。

一、基于核心素养的问题教学法案例

通过对名师课堂的研究发现，绝大多数优质课都采用“问题教学法＋小组合作探究”的模式完成教学。教师运用问题教学法开展教学，通过系列问题贯穿整节课，完成教学目标。下面来看一节优质课的教学设计。

【课例】气体性质的应用

情景　展示被压瘪的乒乓球。

问题：有何办法可以将它恢复原状？能否运用所学的有关气体性质的知识来解释其中的原因？

复习：一定质量的理想气体在体积不变时，压强与热力学温度成正比。一定质量的理想气体在压强不变时，体积与热力学温度成正比。

启发：通过以上实例可知，气体的体积和压强与温度相关，可以通过观察气体的体积或压强的变化来确定温度的变化情况。本节课利用气体的这两个性质设计并制作一个气体温度计。

介绍实验仪器：大锥形瓶（容积 300 cm^3）、小锥形瓶（容积 150 cm^3）、粗玻璃管（内横截面积 0.28 cm^2）、细玻璃管（内横截面积 0.15 cm^2）、红墨水。

问题：如何封闭一定质量的气体？

设计气体温度计的装置，请学生分享设计思路。

问题：如何提高灵敏度？

展示学生们制作的温度计，比较它们的灵敏度，挑最灵敏的温度计进行分析。

板书：气体压强不变，

因为：$\frac{V_0}{T_0}=\frac{V}{T}=\frac{\Delta V}{\Delta T}=\frac{S\Delta h}{\Delta t}$

所以：$\frac{\Delta h}{\Delta t}=\frac{V_0}{ST_0}$

取较大的 V_0，较小的 S

启发：根据需要选择仪器，制作温度计。

问题：如何操作能使刻度又快又准？当时的室温取 $T_0=$________℃。

展示学生制作的温度计，比较它们的刻度，进行分析。

板书：液柱移动的高度随温度均匀变化

问题：V_0 指的是什么体积？

问题：制作的温度计有什么不足之处？

板书：不足

测量范围小，受大气压影响

问题：如何改进此温度计？

引导学生设计气体等容变化的温度计。

演示实验：用 DIS 实验演示等容变化时气体压强的变化情况。

启发：图上显示的是压强的变化情况，此压强是随温度变化的，通过观察压强即可知道温度的变化情况。

问题：如何将压强值转变为温度值？

板书：已知气体初始压强为 P_0，初始温度为 T_0。

体积不变

因为：$\frac{P_0}{T_0}=\frac{P}{T}$

所以：$T=P\times\frac{T_0}{P_0}$

用压强值乘以系数$\frac{P_0}{T_0}$即可得到温度值，这样就做好一个气体温度计了。

本节课以问题设计为主线，以科学探究为方法，以过程体验为收获，学生从“被动接受”到“自主构建”，不仅掌握了知识，而且从中学会了科学探究的思想和方法，在不知不觉中提升了物理核心素养。

二、问题教学法实践探究

（一）问题教学法有利于激发学生的学习兴趣

在进行“力的分解”教学时，一位教师设计了这样一个问题情境：手指断钢丝。两个力气非常大的男同学都很难将钢丝拉断，而一个力气很小的女同学却可以用一根手指将绷紧的钢丝从中间拉断。这是为什么呢？这中间又有怎样的奥秘呢？（四两拨千斤，内行看门道，外行看热闹，最后是科学最有力量。）就让我们一起来学习今天的内容。

设计思想：物理教学中教师不仅要教会学生解决模型化的题目，更要启发学生掌握学科思维和方法，学会解决学习生活中遇到的问题，为后续学习和发展奠定基础。

物理学的概念、规律等是人们在大量观察和实验的基础上，经过反复的科学抽象形成的，具有很强的抽象性和逻辑性。这就要求教师在物理概念导入时不仅要科学准确，而且还要选择一个合适的情境或载体，引趣激思，做到恰到好处的导入。创设良好的教学情境，帮助学生启迪思维非常重要。上述案例中力量大的男同学和力量小的女同学的情境有强烈的对比，最后的结果也超出了学生的认知，激发了学生的学习兴趣，为后面讲解合力和分力的大小关系提供了例证。这样的情境使学生印象深刻，而且能让学生学以致用，拓展思维。

（二）问题教学法有利于自主学习

教师课前做了充分准备和精心预设，让学生根据问题自主体验探究，课堂中除了教师预想的结果外还有意外的收获，可以说是精彩的生成。

例如，在“电场中的导体”教学中，一位教师就这样设计问题串：

电场中的导体就是将导体放到电场中，那导体中有什么呢？学生回答：有大量可以自由移动的电荷。电场最基本的性质是什么？学生回答：对放入场中的电荷有力的作用。如果将一部分导体放到电场中会怎么样？学生回答：导体中的自由电荷会定向移动。（教师给予适当的鼓励或表扬）这样的移动可以一直进行下去吗？为什么？学生探究，小组讨论，各组选代表回答。导体置于电场中时，自由电荷受力，发生定向移动，从而重新分布；重新分布的电荷在导体内产生一个与原电场反向的电场，阻碍电荷定向移动，原场不变，新产生的电场增强，直到新产生的场和原场相等时，感应电荷电场与原电场的合场强为零，电荷将不再定向移动（学生将其理解为动态平衡，教师给予鼓励）。这时教师再给出静电平衡状态的定义，水到渠成。

通过上面的例子可以看出，教师通过一连串的问题，将非常抽象、微观的概念很好地讲授给学生。其中电场的性质和导体的特点是学生已有的知识，在此基础上将导体放在电场中得到结果，符合学生的“最近发展区”。只有教师实现了精准导学，学生才能高效自学。学生根据自学指导，发现问题、合理猜想、设计方案、获取信息、处理信息、描述并解释实验结果，与他人合作、交流，培养了探究意识，提高了实验探究和信息处理的能力。学生在这个过程中产生了新问题：自由电荷是否会从导体中“跑”出来？当电场很强时会出现这种情况，也就是尖端放电。这为后面的学习打下了基础。教师抓住契机给予学生肯定，引导学生树立实事求是、不迷信权威的科学态度。

（三）问题教学法有利于提高学生的探究能力

科学探究是物理学科核心素养的关键。科学探究可以更大限度地满足学生自主发展的需要，通过科学探究学生可以获取知识、领悟科学思想、领悟科学家研究自然界所用的方法。

在教学中，有不少课堂只注重形式，为探究而探究，按部就班地探究显而易见的结论，学生缺乏问题意识，探究止于皮毛，无法理解科学探究的精髓，使科学探究失去了应有的价值。教师应结合教学内容，针对关键问题，采取螺旋上升的探究方式，将教学与研究融为一体，引导学生高投入、高认识、高表现的个性化学习，以达到深度教学。下面以“探究感应电流产生的条件”实验为例，讲述如何发挥探究性学生实验的探究教学功能。

	内容	说明
实验目的	探究感应电流产生的条件	将电表选择、电磁铁磁性改变、电路的连接、闭合电路的欧姆定律等内容结合起来
探究点	电路选择	通过分析得出用灵敏电流计接原线圈，其他元件连成串联电路实验效果显著
温故知新	电表选择	根据电流很小选择灵敏电流计
温故知新	滑动变阻器的选择	根据原、副线圈匝数确定滑动变阻器的量程
开放性问题培养学生的发散性思维	减小实验误差	了解副线圈是否插软铁芯、灵敏电流计接错量程所引起的实验误差的原因

（续表）

	内容	说明
归纳总结	产生感应电流的其他方法	说明实验原理和实验结论，查阅资料，借鉴已掌握方法
思考与讨论	磁通量增大、减小灵敏电流计指针偏转方向是否相同？	一节课结束了，但问题讨论还将继续，为下节感应电流的方向的学习做好铺垫

由上表可以看出，同一个探究性实验通常会有多个探究点，由一个实验辐射的发散点也是多方面的，这些都是培养学生创造性思维的良好素材。

让学生学会探究，在探究的过程中成长，通过实验观察和探索活动来发现问题、解决问题，获得知识，增强认识；培养学生的实验观察能力，引导学生掌握科学的方法，学会科学地思考，养成科学的态度。在实验中养成的创新精神是“讲授＋习题”式的教学不能培养的。

通过“问题—探究—解释—深化”的过程，使学生的认识得以升华，让学生真正体会到自然的规律，同时将学生科学思维的培养融入科学探究的过程，提升学生的创新意识。

（四）问题教学法有利于激发学生的创新意识

教育学家第斯多惠说过：“一个坏的教师奉送真理，一个好的教师则教人发现真理。”教师要通过提问、讨论交流等方式给学生留下空白，引发学生思考和探究；教师要通过耐心倾听、允许出错等方式，抓住课堂的生成，激发学生的质疑意识与潜能。这些对培养学生的创新思维有重大的现实意义。

在前面的课例中，学生设计制作温度计是以学生为主体的，教师通过设计一系列问题串来进行教学，这样做充分激发了学生的学习兴趣，使得学生思考积极，讨论热烈。

学生在一次次实验中不断尝试、总结，并认识到温度计的科学本质；在教师创设的问题情境下，学生有较强的学习和研究物理的动机，能提出自己不同的观点，做到实事求是，在合作、交流中能尊重他人，向他人学习；学生对所设计的温度计进行层层深入的改进，使成品越来越准确和方便使用。

三、基于核心素养的问题教学法的基本流程

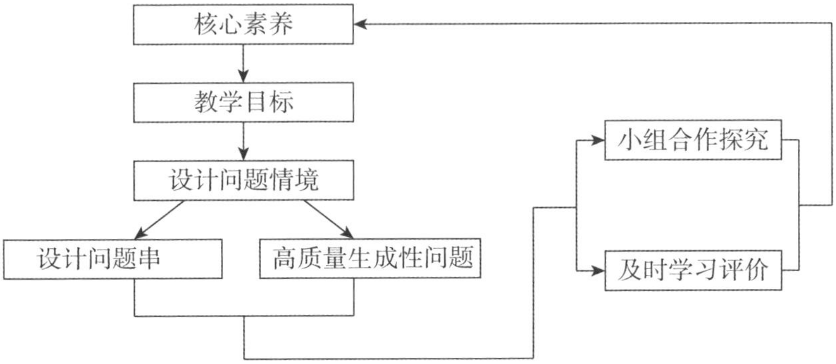

问题教学法的基本流程图

用物理核心素养统领物理教学，在课堂实践中根据核心素养提出的育人目标对课堂教学目标进行设计，做到具体化、可操作。

教师应转变教学观念，以学生核心素养的培养为目标，改进教学方法和过程，关注学生个体知识的建构和应用；围绕教学目标组织教学活动，根据学生的实际情况提出高质量的问题激发学生深度思考，同时设计疑问为学生提供应用科学方法研究问题的机会；用微探究的方式引导学生解决问题，用科学的评教任务促进学生的发展，克服传统教学模式单纯以知识作为教学目标的弊端。物理教学应使每个学生都能通过知识获得素养，培养学生的求真精神和社会责任感，实现立德树人的目标。

参考文献：

[1] 彭前程.积极探索基于核心素养理念下的物理教学[J].中学物理，2016(02)：1－2.

[2] 刘崎.核心素养理念下物理教学的思考[J].物理教学探讨，2016(06)：1－2.

古剑,1983年6月出生,2006年毕业于长春师范大学生物科学专业,高级教师,市级教学能手,市教育学会委员,独山子区科协副主席,独山子区生物名师工作室主持人,现担任独山子第三中学副校长。在2014年度“一师一优课”中“人体对外界的感知”一课获得国家级优课。主要负责的课题“关于构建恋学课堂教学模式”2017年8月获得市科技局课题立项并获得课题研究专项经费5万元。

基于学科核心素养的初中生物教学创新

克拉玛依市独山子第三中学　古　剑

【摘要】新课程改革要求教学要从学生的学习兴趣、生活体验和认知水平出发,发展学生的综合能力。生物学科核心素养是学生在解决真实生物问题时所必须具备的学习能力和学习品格。要培养学科核心素养,就要高度关注教学过程中学生的实践经历,强调学生主动参与的过程,改变传统教学模式,适当进行教学模式的创新。教师应以培养学科核心素养为目标来进行教学。

【关键词】核心素养;教学创新;情境教学

生物学科核心素养包括生命观念、社会责任、理性思维、学科探究四个维度。生物课堂教学需要围绕学科核心素养展开,注重对教学方法的创新,以学生为中心,帮助学生对知识点进行更加深入的理解和认知,提升学生的学习力。新课程标准提出“要让学生形成生物学的核心素养”,这就要求教师高度关注教学过程中学生的实践经历,改变以往让学生被动接受知识和强行记忆、反复强调的传统教学方式,通过积极的方法,转变学生的学习态度和方式,让学生主动参与学习,喜欢探其究竟、喜欢知其所以然、喜欢交流合作等,即以学生为主体,创新教学模式。以核心素养为背景来考虑初中生物的教学,教师可以发现在这种情况下能够更加明确教学方向。在培养学科核心素养的要求下,课堂该如何进行变革,该如何让核心素养落地,是亟待解决的问题。

一、课堂教学创新的突破口

（一）一则寓言故事引发的思考

《乌鸦喝水》是一个寓言故事，通过讲述一只乌鸦喝水的故事，告诉人们遇到困难要运用智慧、认真思考，这样才能让问题迎刃而解。这只乌鸦简直就是智慧的象征。此处不得不提三个问题供大家思考：(1)乌鸦真的能通过这种方式达到解渴的目的吗？(2)在真实的自然环境中，乌鸦容易找到小于瓶口的石子吗？(3)乌鸦在来回飞行中寻找合适的石子又需要消耗多少水分？把乌鸦喝水的故事放到真实情境中，可以看出故事所描述的事件是难以发生的。目前，课堂教学中存在最大的问题就是剥离情境、远离实践，很多教师用成人的思维将知识直接传递给学生，长此以往会把“一群学生教成一个学生”。这个问题该如何解决？笔者认为应当赋予情境、转换思维、个体建构、关联生活。

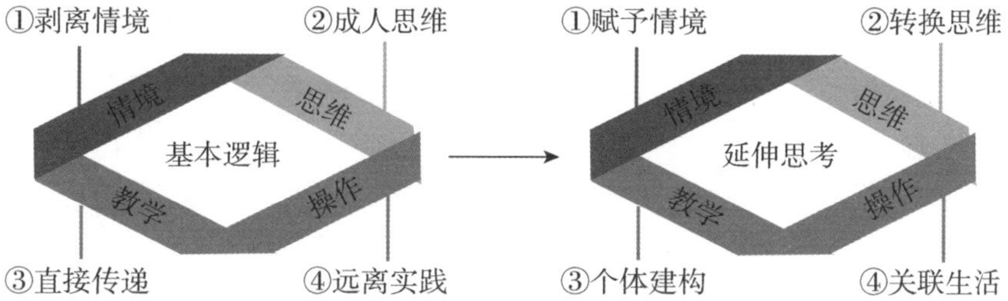

课堂教学创新的突破口

（二）基于情境化的教学

课堂教学的目的就是要把新的知识传授给学生，而怎样传授知识，选择的方式不同效果也大不一样。在传授新知识时可以选择适当的比喻，因为生动形象的语言可以让学生充满丰富的想象力。比如，我在讲“神经调节的基本方式——反射”这一课时，当时正流行电视剧《急诊科医生》，我就从这部热播的电视剧引入：急诊科医生总能在很短的时间内做出准确诊断，他们会随身带三件宝贝，你们说说都有什么？学生的回答有听诊器、温度计、血压仪、橡皮锤等。这时我展示图片并提问:医生口袋里会有一支笔,这支笔是干什么的呢?接着解释道:那是瞳孔笔,当外界光线变强或变弱的时候瞳孔会发生变化,这其实就是人体的反射,医生通过此反射能快速判断病人神经系统的损伤程度。通过情境的设置一下子激发了学生的学习兴趣,让学生觉得生物学知识原来用处这么大,上课效果也会好很多。再比如,学习软体动物"乌贼"的生活习性和形态结构时,如果只是一般化地讲述,不会引起学生的浓厚兴趣。于是我设计了下面的一段语言来描述。

在一望无际的大海中,生活着许多软体动物,其中有一种叫"乌贼"。由于它们需要在水中游泳,沉重的贝壳成了累赘,因此在进化过程中,它们原有的贝壳逐渐退化,最后被完全包在外套膜里成为柔软身体的支柱。乌贼为什么会有如此不雅的称号呢?你看它,瞪着一对大大的、光溜溜的贼眼,用腕足捕捉食物送入口中。当它不太饿时,还可以利用腕足爬行运动,悠闲得像个绅士在海底散步。它们的表皮中有各种色素细胞,可闪耀出不同颜色,这使它们的体色可以变得与海底周围环境的色彩相仿,以此避免被敌害发现。如若变色不能迷惑到敌害,便释放"墨汁",悬浮在水中,使敌害在一团黑幕中什么也看不见,自己便用漏斗喷水推动身体,以 15m/s 的速度逃之夭夭。此速度之快,令鲸鲨也自叹不如。

听完这段绘声绘色的描述,学生对乌贼的形态结构和生活习性的印象将会十分深刻。

(三)优化教学设计,体现生物教学的生活性

从"三维目标"到"核心素养"可以说是一种递进和超越,并非"超出",两者有着高度的内在一致性。学科核心素养以知识为基础,整合情感态度与价值观形成综合性的、内在的学科品质和学科能力,是一种在解决具体问题的过程中表现出来的学科行为。它以学科本质观和学科价值观为核心,逐步形成稳定的思考问题的方法,以在解决问题的过程中获得体验和感悟为目标,既注重知识的掌握,也关注知识与个体需求和社会发展之间的关系。

进行课堂教学设计时,教师要注重学生的全面发展,提高全面优化的意识,应该对教学环节的合理性进行认真思考、反复推敲,以达到提升课堂教学的目的。

首先，教师要改变课堂教学导入的方式，利用现代科技为学生提供适宜学习的环境，帮助学生提高学习生物的兴趣；其次，教师应该对课堂引导方法进行升级优化，教师可以通过展示实物、实验检验、运用多媒体技术、举生活的例子等方法，引导学生理解知识点，帮助学生开动脑筋，尽快达到最佳的上课状态；再次，教师要对课堂训练进行改善，这样能够敦促学生主动学习，培养学生的生物学科核心素养；最后，教师要改善课堂教学的鼓励机制，要采用多种鼓励方式，以此达到鼓励学生的目的，给学生带来自信心，还要督促他们开展合作探究学习。例如，在讲授“细胞生活的环境”这一课时，教师可以先利用多媒体，给学生展示一组图片，然后让学生对图片进行思考。教师可以问学生：动物的新陈代谢和植物的新陈代谢之间的不同之处是什么？然后，让学生互动讨论，表达自己的看法。教师还可以给学生提供相关的阅读资料，让学生自主进行更深层次的讨论学习，比如讨论内环境、血浆组织液和淋巴三者之间的关系。为了提高学生对知识的理解，在教学指引时，教师利用展示图片来进行讲解，可以帮助学生理解并构建学习认知网。课堂学习结束后，教师可以让学生自主总结本节课的收获，以此来巩固学生的学习认知。

（四）课堂教学中要适当留白

一堂课要讲多少？不少教师总是害怕时间不够，一堂课满满当当的，学生没有独立思考的时间，更别说提出疑问表明自己的观点了。在上海学习的这段时间，我听过许多课，发现上海教师的课堂容量要远远大于我们，一堂课相当于我们2—2.5倍的内容。这么多的内容能讲完吗？在我们提出此疑问的背后其实是忽略了学生的自主学习能力。我曾连续听过一位生物老师的课，课上我发现后排的几位学生似乎没有完全掌握当天的学习内容，但等到第二天老师提问时他们竟然都能答出来，这也充分说明这几个学生在课后通过自主学习巩固了课堂上尚未掌握的知识。今后我的课堂改革方向是也要给学生一定的留白时间。比如，在讲细菌这一节内容时，学生了解了培养基的制作和细菌生活必备的条件后，可以拿出10分钟的时间让学生设计实验验证两种不同香皂的除菌能力。如果在课堂上未能完成，可以作为课后作业，在下节课的课前展示。这样看似是浪费了时间，实际上却锻炼了学生的能力,让学生学会在生活实践中运用所学知识。这不就达到了生物学科核心素养中的理性思维和科学探究吗?

二、一道 PISA 测试试题的启示

PISA2006 年外科医生试题(S526:外科手术)

外科手术必须依赖一些专门的手术室设备,它对一些疾病的治疗很有用。

问题 1:在进行手术时,通常需要打麻醉剂来使病人感觉不到痛。麻醉剂通常以气体的形式,通过盖着鼻子和嘴巴的面罩传输给病人。下面的几个人体系统,哪些系统参与了麻醉剂气体的传输?

……

问题 2:手术所用到的外科手术器材为什么都必须经过杀菌处理?

问题 3:病人动完手术后还不能吃喝,所以他们必须要依靠包含水分、糖分和无机盐的点滴来维持生命。有时候点滴内也会加入抗生素和镇静剂。为什么点滴中的糖分子对于手术后的病人很重要?

问题 4:器官移植手术变得越来越平常。下面的图表,是由一家医院提供的,2003 年该医院所移植的器官和相应的数量。以下的结论是否可以从图表中得出?

A. 如果肺被移植了,那么心脏也要跟着移植。

B. 肾是人体最重要的器官。

C. 大部分被移植器官的病人都患有肾病。

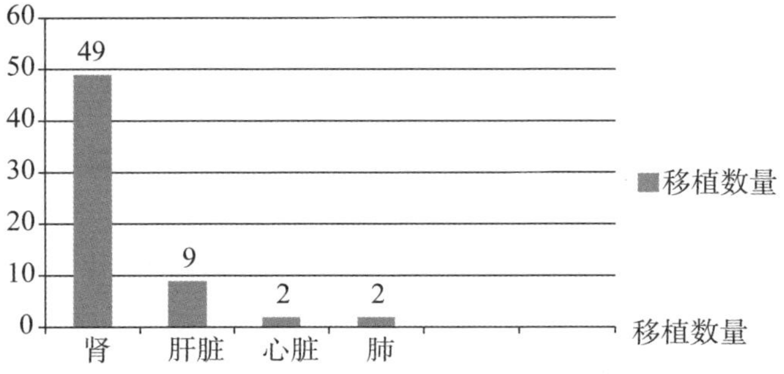

上面为2006年PISA测试中一道关于生命科学的题目。PISA测评(Program for International Student Assessment)是国际上公认的科学素养测评方式，在测评科学素养方面具有较大的优势。这道题考查的内容是生命科学中关于人体各系统的功能，一道题穿插了呼吸、循环、消化系统的相关内容，知识综合程度高。通过这道题和我们生物初中学业水平测试的对比分析，发现两者存在以下差异。(1)初中生物学业水平测试规定了知识考察的具体范围，而试题的情景设置没有规定情景范围，PISA测评则规定了试题情景的具体范围；(2)PISA科学素养试题比初中生物学测试试题更加注重学生能力方面的测试；(3)PISA科学素养测评的评分过程分为评分和计分两个单独的过程。

根据两者之间的差异可得出以下启示。(1)借鉴PISA科学素养测评可以促进初中生物学测试更新理念，加强学生能力的培养，进一步促进学生对未来生活的适应。(2)创新评价内容，促进生物学教学目标的真正落实。(3)借鉴"双位编码"评分标准，采取这种方式不仅能够计算出学生的总分，了解学生的知识掌握情况，而且还能分析出学生回答每道题的思维方式。(4)变革评价标准，PISA科学素养试题并没有给出单一的标准答案，这能促进学生发散思维的锻炼，提高学生的思考能力，进一步激发学生的学习兴趣；另外PISA科学素养测评并不只是将学生的得分进行简单的相加，也会对学生能力进行分析。

教师应该利用多种教学方法，从不同角度出发，改进课堂教学要素，以此促进学生学习的积极性，保障课堂教学的效果，帮助学生培养生物核心素养。总之，核心素养是新课改中强调的培养目标，核心素养和学生的个人综合素养有关，在生物教学中无论是对课程的设计还是实验的安排，教师都应该以培养核心素养为关键来进行教学，以达到教学目标。

三、更新观念，转变教学模式

生物是科学领域的重要学科课程之一，是义务教育阶段相关课程的延续和拓展，其精要是展示生物学的基本内容，反映自然科学的本质。它既要让学生获得基础的生物学知识，又要让学生领悟生物学家在研究过程中所持有的观点以及解决问题的思路和方法。生物学课程要求学生主动地参与学习，在提出问题、获取信息、寻找证据、检验假设和发现规律等过程中习得生物学知识，养成科学思维的习惯，形成积极的科学态度，发展终身学习及创新实践的能力。

培养核心素养对学生的全面发展至关重要，生物教师应更新观念，转变教学模式，从重点关注一个或几个核心素养开始，对教材进行二次开发和整合，创新生物教学组织实施方式，融入情感、态度与价值观教育，使学生逐步形成相对稳定的思考问题、解决问题的思维方法和价值观。从生物教学的视角培养学生的核心素养，需要教师把核心素养与生物学科素养联系起来，把核心素养的要求与生物学科具体的内容相结合，把培养的过程具体而生动地落实到日常的生物课堂教学中，更需要教师不断去发现教学创新的新视角和新方法。

参考文献：

[1] 陈英水，陈欣.基于核心素养的生物个性化教学思考[J].教育科学论坛，2017(01):24-26.

[2] 张海银.基于核心素养的中学阶段大生命科学教育观的若干思考[J].中学生物教学，2017(07):8-12.

[3] 江巧明.基于核心素养的初中生物课堂教学策略[J].广西教育，2016(41):45+49.

李铭雁，现任克拉玛依准东第一小学校长。1994 年参加工作，长期担任语文教学兼班主任工作，积累了大量的教学经验，被准东教育中心聘为准东地区小学语文名师工作室主持人。在工作室中探讨实践古诗词教学“五步法”，与同伴一起品读诗词，探索教学方法，取得了较好的效果。

小学古诗词教学“五步法”浅探

克拉玛依准东第一小学　李铭雁

【摘要】古诗词作为中华民族独有的文学体裁，有着独特的艺术魅力和丰厚的文化底蕴。语文教材是传播古诗词文化的一个重要媒介，古诗词也是语文教材中宝贵的教育资源。本文以义务教育统编版语文教科书小学阶段为依据，采用文献研究法、案例分析法、对照法等多种研究方法，对古诗词的教学方法进行了研究。笔者了解到，一线语文教师对古诗词学习的重要意义都很清楚，但是，如何系统地教好古诗词还存在很大难题。一方面，有些教师本身对古诗词了解得不多，研究不深，不能很好地指导学生学习，有畏难情绪；另一方面，有些教师在课堂上只满足于学生会理解诗意、会背诵、会默写，短短的一首诗不知该如何深挖和拓展，局限性很大。笔者在研究诗词教学的过程中，总结出诗词教学“五步法”。希望能通过此探索给一线小学语文教师提供借鉴和帮助。

【关键词】揭诗题；知诗人；懂诗意；悟诗情；激诗趣

孔子曾说“不学《诗》，无以言”。习近平总书记指出，一个国家、一个民族的强盛，总是以文化兴盛为支撑的，中华民族伟大复兴需要以中华文化发展繁荣为条件。中国古诗词是我国灿烂传统文化中一颗璀璨的明珠，作为中华传统文化的重要内容之一，古诗词在培养学生审美意识，陶冶情操，培养学生的语文素养方面有着举足轻重的作用。2019 年全国普及使用的国家统编语文教材在选材上突出经典性，大幅增加了古诗文篇目，从中可以看出九年义务教育阶段古诗文教学的重要性和必要性。

中华古诗词历经两千多年，内容包罗万象，学习古诗词的方式方法也不尽相同，笔者选择其中的一部分内容总结出了古诗词教学“五步法”，供读者学习和探索。

一、激趣导入，揭诗题

一堂课良好的开端，可以让学生在古诗词课上迅速融入课堂，对将要学习的古诗产生兴趣。恰如音乐声响起所酝酿的情绪，自然导入内容，引起学生的注意，为顺利展开课堂教学奠定基础。课堂导入的方法有很多，下面为常见的几种。

（一）讲故事导入

学生对听故事有特别的偏爱，教师讲一些与所学古诗词有关的奇闻轶事，学生就会很感兴趣。贾岛“推敲”的故事，王安石写《泊船瓜洲》的“春风又绿江南岸”中的“绿”字的提炼，曹植七步成诗的故事，骆宾王咏鹅的故事，王冕写诗咏墨梅的故事，等等。几乎一首诗就有一个故事。教师在课前给学生讲这些故事，会增强学生对古诗文的兴趣；如果有学生知道相关的故事，请学生讲一讲，效果会更好。

（二）猜谜语导入

猜谜语是学生最喜欢的游戏之一。学习《蜂》，可以先请学生猜谜语：一路欢歌嗡嗡嗡，飞来飞去花丛中，别人甜蜜它辛苦，团结合作爱劳动。学习《古朗月行》，出示谜语：缺时一道小弯弯，圆时一个大玉盘，白天躲藏夜晚现，洒下光辉照人间。这样的导入既轻松愉快，又促发学生的思考，学生脱口而出谜底的时候，对自己充满自信，也会对将要学习的知识跃跃欲试。

（三）设悬念导入

好奇是孩子的天性，在课前给学生设置一些悬念激发学生的求知欲，也会有很好的效果。例如，在教学《七步诗》时，告诉学生，“在东汉末年，曹操的儿子曹丕嫉妒弟弟曹植的才能，想要找借口害曹植，下令曹植在七步内写出一首诗来，结果怎么样呢？我们一起到诗中去寻找答案吧”。这样一来，学生在学习中就会格外注意弱者是怎样机智地转危为安的，这对学生了解诗意有很大的帮助。

（四）对比导入

相同的主题内容，不同诗人表达的情感是不同的，教师可以以此为话题，顺次导入新课。例如,学习《长相思》一词的,可以这样导入:"自古以来,思乡之情就是人们咏叹的主调之一。在李白的眼中,乡愁是'疑是地上霜'的皎洁月光;在杜甫的眼中,乡愁是'今春看又过,何日是归年'的对归乡无望的感叹。那么,在清代词人纳兰性德的眼中,乡愁又是什么样的呢?今天,我们就来学习一首纳兰性德的《长相思》。"这样教师就可以自然而然地引入新课。

除上述列举的以外,课堂导入的方法还有描述情景导入、简笔画导入、听音乐导入、儿歌导入等。教师可以依据不同的诗词内容选择合适的方式,为学生的学习开一个好头。

二、背景介绍,知诗人

每一首诗词背后都有诗人当时的创作环境,介绍历史背景可以让学生更清楚地了解作者创作这首诗词时所处的境遇,也可以让学生了解作者在什么情况下创作,或者为什么创作,这样学生在学习诗词内容时就很容易理解其中蕴含的意思,更易于突出所学诗词的重点。

例如,在教学《长相思》时,教师带着学生了解了作者纳兰性德后,就要介绍这首词创作的背景。学生明白了此行的原因是去祭祖和巡视,并不是在行军打仗的途中,也通过线路图了解了此次东巡艰辛而漫长的路线,前后用了 80 多天的时间,因此纳兰性德非常思念故园,词人所表达的思乡之情就很容易理解了。

李白在写《早发白帝城》时,正被流放夜郎,行至白帝遇赦,乘舟东还江陵而作。全诗洋溢的是诗人经过艰难岁月之后突然迸发的一种激情,"两岸猿声啼不住,轻舟已过万重山",在雄峻和迅疾中,又有豪情和欢悦。了解了当时的背景,学生再理解这两句诗时,就清楚了。随着年级的增长,学生还可以理解更深一层的含义:李白当时的处境是天下没有几个人能理解他,而李白认为,任凭你们如何批评我,抨击我,就算是世人恶我之心依旧,可是我在意么?我就像这一叶轻舟,任凭你们如何啼叫,我已经走过了万重山的风景。只有了解了李白当时所处的环境,结合当时的背景,才能真正明白诗的深层含义。

张继的“江枫渔火对愁眠”为什么“愁”，杜甫的“漫卷诗书喜欲狂”为什么“狂”，柳宗元的“孤舟蓑笠翁，独钓寒江雪”如何“孤”“独”，这些深层内容如果只是解释诗句表面的意思，肯定是不充分的，只有联系诗人当时的写作背景，才能更准确地理解诗句及体会诗人的情感。

另外，每一位诗人都有自己相对独特的写作风格，如：李白飘逸洒脱，自由浪漫；杜甫忧国忧民，心系天下；陶渊明寄情山水，悠然自得；王维诗中有画、画中有诗，诗带禅意。每个诗人都有自己的标签，写作风格也大概一致，了解了诗人的性格特点，对理解诗人的作品也会起到重要的指示作用。

三、自主学习，懂诗意

在新课程改革背景下，古诗词教学倡导学生自主学习，培养学生对古诗词的适应性和认知，培养自主探究与应用理论知识的能力。但是，如果全然放手让学生自主学习，缺乏教师的合理引导，学生大多会从诗词表面进行翻译，难以对古诗词有深入的理解。因此，教学中要突出学生学习的主体地位，但教师的主导作用同样也不能忽略。教师可以从以下几个方面引导学生有目标地去学习。

（一）抓诗题

人们常说，题目是文章的眼睛，诗歌也是这样。题目是诗歌的眼睛和灵魂，是富有生命力的东西，因而关注诗歌的题目对确定诗歌的主旨、品味诗歌的语言以及判断诗歌表达的情感都具有十分重要的意义。诗歌从内容上可以大致分为思想类、咏人类、慰己类、怀国类、伤事类、名理类等。学习诗歌时，如果能够判断该诗的类别，就基本能够把握诗歌的内容以及所表达感情的方向。

王昌龄的《从军行》，题目已经告诉我们这首诗属于怀国类，属于边塞诗的一种，由题目可以预测，本诗可能表达忧国、报国、爱国、卫国的某一种或几种情感。如陆游的《书愤》，由题目可以知道本诗的主要内容是书写诗人胸中的愤怒之情。诗人因何而怒？诗中有哪些诗句表现出愤怒之情？带着这些问题阅读诗歌，文章的主旨便会轻而易举地获得。王维的《山居秋暝》，题目告诉我们本诗属于思乡中寄情山水田园的一种。还有贺知章的《咏柳》，柳宗元的《江雪》，韦应物的《滁州西涧》，孟浩然的《宿建德江》，这类诗歌把景物作为描写对象，往往借助景物抒发情感，因此可以在诗歌中体会到借景抒情、情景交融。

有的诗题中有特别的关键字，在全诗中传达了重要的主题。如《春夜喜雨》这首诗的题眼是“喜”字，表现的对象是春雨。诗人盼望、喜爱这样的“好雨”。题目中的那个“喜”字在诗里虽然没有露面，但喜意从全诗中都能感受到。教师抓住这个“喜”字，引导学生感悟诗句，就能让学生与诗人的情感达成共识。

（二）抓诗眼

诗词以语言凝练见长，讲究一字传神，在极为短小的篇幅里表现尽可能丰富的内容，达到“简练”的境界。简练但不简单，言有尽而意无穷，于是就有了“诗眼”。诗眼就是诗词中最能体现题旨、表现力最强的关键词，也是读者探寻诗歌内容的窗口，抓住诗眼就可以从整体上基本把握诗歌，知晓诗歌的情感脉络。所以，学习诗词应尽可能地抓住诗眼，以求正确把握诗歌。

例如，李清照的《如梦令》的最后一句“应是绿肥红瘦”是这首词的词眼。此处词人惜春怜花的情绪也达到了高潮，在这种对春光的留恋与惜别中，委婉地寄寓着对自己青春将逝的烦闷与苦恼。这句含义丰富的情景交融的“彩笔”，成为历代人们传诵的佳句。

品析诗眼要联系诗中的形象把握诗中的思想感情。柳宗元的《江雪》一诗中，“独钓寒江雪”的“独”准确形象地刻画出垂钓者远离尘俗，清高脱俗，傲岸不群的个性特征。联系诗人的写作背景来看，这展示出诗人“永贞革新”失败后连遭贬斥的孤独景况，也展现了作者始终顽强不屈的精神状态。

王安石的《泊船瓜洲》中的名句“春风又绿江南岸”，“绿”字诗思深沉，在这盎然生机中展示出作者当时奉诏回京的喜悦，还流露出作者经历第一次罢相之后，虽被再次征召回朝，但仍有重重忧虑。丰富的表现力的确让人称道，难怪王安石不厌其烦，“凡如是十许字，始定为绿”。

（三）抓诗句

重点诗句自然表达了重要内容，如《春夜喜雨》一诗中的“随风潜入夜，润物细无声”。在无声之处，将雨的连绵滋润之态写得十分传神，把“雨好、人喜”写得含蓄而又生动。诗句不用“洒”或“落”，而用“潜”字，十分恰切形象，准确传递了那种不知不觉的情境。

刘希夷的名句“年年岁岁花相似，岁岁年年人不同”，感慨风物依旧而人生易老。张若虚的“人生代代无穷已，江月年年只相似”与此如出一辙，感叹江月长明而人生短促，但是它却有更深层的含义：人的生命虽然是短暂的，但是人类一代代延续下去，无穷无尽。诗人有这样广阔的视野，才能说出这样富有哲理的语言。如果在学习时只是了解诗人在感叹物是人非、世事变迁，就会削弱了《春江花月夜》中的哲理思考。诗人在感受无限美景的同时，又情不自禁地引出了对宇宙人生的思索：个人的生命是短暂的，而人类的存在则是绵延长久的，因此“代代无穷已”的人生就和“年年只相似”的明月得以共存。这是诗人从大自然的美景中感受到的一种欣慰，奠定了全诗“哀而不伤”的情绪，有着对人生的追求与热爱。这才是此诗被世人称为“孤篇压全唐”的重要原因。

四、创设情境，悟诗情

读诗的最高境界是进入诗词意境，为之动情。这就要求教师不要孤立地指导朗读或单纯地创设情境，而要将两者有机地结合起来。其中，借助于丰富的想象力或依据内容简单地绘图就是比较不错的方法。

《长相思》一词中，先出示“山一程，水一程，身向榆关那畔行”，让学生在理解词意的基础上感受亲友送别的不舍，再让学生发挥想象：你仿佛看到了怎样的画面？让学生感受将士们的勇气与豪情。然后出示“夜深千帐灯”，学生想象到纳兰辗转反侧睡不着觉，走出帐外看到无数灯，感受纳兰深深的思乡之情。最后总结出“山一程，水一程”，这艰难的路途中寄托的是亲友送行的依依惜别之情，“身向榆关那畔行”激荡的是千里行军的豪迈之情，“夜深千帐灯”这壮阔的景象中透露出将士们对故乡的深深思念。这一波三折、一咏三叹的情感，真是让人回味无穷。带着这样的情感体会，再有感情地朗读，学生会有深刻的领悟。

发挥简笔画的作用，从视觉上激发学生的兴趣。在学习张志和的《渔歌子》时，学生根据对词的理解，在黑板上合作作画，用不同的颜色分别画出了青山、白鹭、桃花、流水、鳜鱼、青笠、蓑衣等，那是一幅绝美的山水画，画出了鲜明的色彩和悠远的意境，体现了词人悠闲自在的生活。

在学习《长相思》时，理解"山一程，水一程"如果只是讲解"用反复的手法写出跋山涉水一程一程又一程"，会显得单调。教师若能用简笔画简单地勾勒出一座座连绵起伏的山，水从山涧中蜿蜒流出，不仅板书新颖，更能让学生理解行程的漫长与艰难，记忆深刻。

五、归类拓展，激诗趣

新课程标准指出，语文课程应致力于语文素养的形成与发展，重视语文的熏陶感染作用，要求语文教师拓宽语文学习和运用领域，整合教学资源，培养学生的实践能力，让学生在发展语言能力的同时发展思维能力，激发学生的想象力和创造潜能。由此可见，新课标对语文教学的拓展延伸提出了明确的要求。

（一）同主题诗词拓展

在诗词学习中，有不少古诗词虽然作者不同、背景不同，但表达的情感主题却相同或相似，教师可以采用一篇带多篇的方式进行拓展。例如，学习了白居易的《忆江南》可以引出另外一些赞美江南的诗词，如杜牧的《江南春》、杨万里的《晓出净慈寺送林子方》、苏轼的《饮湖上初晴后雨》等，将它们结合在一起进行赏析。这样可以让学生领略不同诗人眼中的江南美景，既深入了本课所学，又拓展了视野。

还有边塞诗《出塞》、童趣诗《村居》、送别诗《送元二使安西》、借景抒情诗《枫桥夜泊》、思乡诗《静夜思》等诗词类型都可以进行同类型拓展，使课堂容量更深、更广。

（二）以诗解诗

在学习新诗中，有些重要的字词可以借助以往学过的内容来对比或对照理解，降低学习难度。如《春江花月夜》中开头的两句"春江潮水连海平，海上明月共潮生”，诗人由眼前的江水想象到无边辽阔的大海，空间在我们眼前无限放大，一直看到海天相接的地方，看到月亮升起。为什么这里是“生”而不是“升”呢？这时教师可以回顾出示“海上生明月”“池塘生春草”这些诗句，对照引出“升”表示的是一种从低到高的状态，而“生”有生发、出现、产生、从没有到有了等更丰富的含义，所以用“生”这个字表达更加准确。

（三）以诗拓展诗

《长相思》一词学完之后，教师可以进行这样的拓展：这次纳兰性德同康熙皇帝一同东巡祭祖的途中，还写了一首叫《菩萨蛮》的词，其中有一句是“问君何事轻离别，一年能几团圆月？”学生理解意思后教师又问：“如果你是纳兰性德，你会怎样回答呢？”让学生体会到虽然故园有千般温馨、万般温暖，但是作为军人的纳兰性德有自己的职责在肩，国家需要他，他也必须别妻离家，远赴关外。这样在思想上进行了升华，对学生也有正面、积极的引导作用。

通过诗内、诗外不同方法的拓展延伸，扩大了课堂容量，也加深了学生的学习认知，激发了学生学习古诗的兴趣，有助于后续学习更多的古诗词。

此外，诗词的感情朗读指导要贯穿始终，学生通过朗读，把对诗词的领悟用声音表现出来，这是学懂诗词的外在表现。

总之，大量学习并积累优秀的古诗文，欣赏美的韵律和美的意境，了解古人的思想，学习他们的高尚情操，将这些诗词组合到学生既有的认知结构和情感经验中，就能成为学生终身的营养，成为他们精神世界和语文素养的重要构成。这样既有利于“立人”，又有利于“学文”。

对古诗词教学方法的探索是一个细致又长久的过程，本文只总结了小部分内容，提供学习线索，还有大量指导教学的方式方法需要教师继续学习和探索。

潜心教研花自繁，春华秋实硕果丰

许新梅，克拉玛依市教育研究所中学历史教研员，中学历史高级教师，主要从事历史教学教研工作。曾荣获全国教育学会历史教学专业委员会颁发的“优秀教研工作者”称号，积极在国家级核心期刊《历史教学》上发表文章。在研读课标、教材、课题，研究中考、高考，加强对教师的培训和指导方面积累了丰富的经验。始终秉持素养立意、以德树人、智慧课堂的教学教研理念，促进教师专业发展和教育品质的提升。

且将素养心底悟　秋来取经总前行

——探寻历史学科核心素养的落实途径

克拉玛依市教育研究所　许新梅

【摘要】历史学科核心素养成为历史教学关注的焦点。如何通过学习历史课程来落实学科素养，培养学生正确的价值观、必备品格和关键能力，上海市始终在探索的前沿，并形成了通过“主旨内容”和“史学思想的模仿与迁移”来落实学科素养中的唯物史观、时空史观、史料实证、历史解释和家国情怀的基本模式。同时，在2017版新课标框架和新课改的要求下，上海市初中学业水平考试于2018年又有了新的变化。上海高考实行“两依据，一参考”的新高考改革方案，为全国其他地区提供了借鉴，也为我们打开了教、学、考之间的新窗口和新思路，一定程度上也把核心素养的要求细化在平时的考核和新高考中。

【关键词】历史；核心素养；学业质量；测评

《普通高中历史课程标准(2017年版)》明确提出了反映历史学科特征的核心素养，五大核心素养(唯物史观、时空史观、史料实证、历史解释、家国情怀)进入历史教师的视线，对历史教师提出了新课题和高要求。虽然高中新教材还未启动，但教师们依据新课标探讨历史学科核心素养的热情和尝试已经开始。各种培训和各类期刊有关历史核心素养的相关内容也不断地熏陶和滋养着历史教师，但要能真正领会并落实到课堂教学中还有一定的困难。于是，带着如何落实历史学科核心素养、学业质量如何评价等诸多问题，笔者踏上了为期三个月(2018年10月7日—2019年1月6日)的上海访学研修培训之路。

这次沪克访学教师研修项目的主题是“探寻上海教育成功秘密，助力克拉玛依基础教育综合改革”。上海师资培训中心和上海市长宁区教育学院承担了培训任务，也为沪克访学教师制定了周详的研修方案，可谓理论学习和跟岗实践相结合，通识讲座和走进课堂互辉映。

一、莫让浮云遮望眼，理论学习无止境

常说:莫让浮云遮望眼。十几年来的常规教研活动，主要进行的就是听课评课、课标和教材的研究、中高考试题的分析、校际间的联合教研、各类教学活动的评比、课题研究等。虽说这些都是教研员研究的主要工作和方向，但笔者也在尽心尽力地做好每一项工作，活动结束后也在及时地反思和不断地改进。笔者还通过翻阅专业教学书籍和浏览教学网站来提高自己的业务能力，但还是有种“黔驴技穷”“书到用时方恨少”的感觉。感谢克拉玛依市委和教育局组织的上海培训学习，使我开阔了眼界，拓展了思维，也认识到了问题所在，有种“只缘身在此山中”“拨开迷雾见晴天”的感觉。

在理论学习和通识培训中，上海师资培训中心为我们请来了基础教育界经验丰富的名人大咖和专家团队。他们结合上海基础教育的发展历程和上海课改 30 年的成果，先后给我们带来了五场精彩纷呈的讲座，主要内容有教学研究、教学管理、论文写作、教学前沿理念、有效教学、名师成长经验、课题研究方法、学业水平综合评价、中考和高考改革带来的学校教育新变化等。其中，笔者印象最深的是上海市教委教研室纪明泽教授的讲座。

纪教授从教育为谁培养人，培养什么人，怎样培养人，靠谁培养人入手，说明上海基础教育深化改革的基本思路是重基础、重能力、重实践、重个性化、重信息化和重国际化，进一步全面贯彻党的教育方针，推进素质教育，落实立德树人根本任务。在深化课程改革中，纪教授强调了教材建设是国家事权，是国家意志的体现。义务教育阶段在全国使用的统编历史教材就是一个很好的例证。在深化教学改革中，纪教授强调了课程标准的重要性和学科素养的培养。在深化评价改革

中，纪教授强调了认识学业综合评价和学业水平考试给中考、高考带来的学校教育教学新变化，以及用绿色指标引领学校、教师、学生的全面发展。2018 年，恰逢上海课改 30 年。作为上海 30 年来教育改革的亲历者和见证者，纪教授从顶层设计的角度剖析了上海高考改革经验及高中教育的发展，全面分析了上海在“办人民满意的教育，办学生喜欢的学校”道路上的不断努力。

上海一直都是课改的前沿阵地，有着“上善若水，海纳百川”的包容。可以说，笔者也曾不止一次来过上海，但对上海基础教育和新高考的情况还是第一次如此近距离地通过专家讲座有了初步了解。这次学习使笔者认识到教师专业成长不仅需要广泛阅读和深度思考，更要潜心研究、精心总结和用心表达。这也是历史学科核心素养对教师提出的高要求。因为新时代历史教育要实现学生素养落地的关键在于教师，教师自身素养的高低很大程度上影响着学生素养的养成。

二、秋来取经总前行，跟岗实践出真知

在丹桂飘香的上海，作为沪克访学教师的笔者肩负着全市历史学科教研的重任。本着全心全意俯身学习和服务教学教研的指导思想，笔者跟着长宁区教育学院初中历史教研员黄怡华老师开始为期三个月的实践学习，努力探寻着上海教研成功的秘诀和历史核心素养落实课堂的途径。

（一）遇上海教研如沐春风

这次跟岗学习的地点是有特色的长宁区教育学院，也是曾在克拉玛依市教育局挂职的渔东彪副局长的就职地。长宁区教育学院是教育人才高地、教师教育中心、教育研究中心和教育咨询中心。这次研修笔者的主要任务是跟着初中历史教研员黄怡华老师参加她及市里组织的系列教研活动，通过听课、评课、磨课、集体备课、命题磨题、听教师专业发展讲座、走访学校等形式，了解上海历史教研活动的基本情况和核心素养的落实。

2018 年是上海课程改革的 30 年，为此，上海市教委在全市范围内举行了各种类型的大型教学教研活动展示。我们有幸先后参加了“初中学段市区校教研转

型的实践探索”展示活动，“历史课堂教学展示活动——把握课程内容主旨的价值与路径”等，这些活动使我们对上海的教研有了初步的印象。一些新的名词和观点也冲击着我的思想，如工具的运用、兵团作战、教研没有秘密但有奥秘、教学的临床研究是教研员的定位、建立共同体、转型就是提高质量。这说明了教研不仅包括听课、评课、研究课标教材和课题等常规活动，还要参与教师队伍建设，将教研活动的成果转化为教师教育课程，促进教师专业发展。这些观点解决了我们教研中的些许困惑。

笔者认为更具有指导意义的是上海课改30年中的中学历史专场“把握课程内容主旨的价值与路径”研讨活动。活动有四大环节，分别是四节优质课的教学展示、专家对教学所展现的把握课程内容主旨的路径及成效进行综述点评、黄浦区教育学院资深历史教研员任琍的主题讲座“把握课程内容主旨的区级教研探索”和上海市历史教研员於以传的主题讲座“把握课程内容主旨的价值与路径”。这些课例和主讲内容显示了一个重要的核心，就是教学一定要根据课程标准拟定内容主旨，这就是我们常说的教学立意。上海的各所中学都统一要求历史教师在书写教学设计时，首先要拟定内容主旨，就是用一句话或一段话概括出本课教学的中心，即预设的通过这堂课的学习，学生在课堂上所学的内容与其之前和以后的学习内容相通的核心概念。

内容主旨是基于课程标准制定的，是教师在备课前对这节课重点的把握，也就是我们常说的“一堂课一个中心”“教学要有灵魂”。内容主旨的书写需要教师在充分备课后，驾驭所讲内容，言简意赅地提炼出总结性的语言，并写在教学设计中。这些内容虽然学生看不到，但是对教师把握这节课的核心起着至关重要的作用。上海历史教研团队在前人的基础上，于2007年底就提出“把握课程内容的主旨”，并在思考与实践层面凝练出四条基本经验：一是基于课程标准的要求，遵循史学规范，贴近学生的最近发展区；二是从关注内容的细致周全转向关注内涵的把握，注意课程目标和学科核心素养的落实；三是以归纳提炼的观念，激活教师的统摄力和创造力；四是在唯物史观指引下形成知识、能力、方法结构。实际上，上海很早就在探索历史核心素养落实的途径，并在探索的过程中找到了适合本土的实施策略——“把握课程内容的主旨”。

同时，对教师规范的书写教学设计也有统一的规定，包括内容主旨、教学目标、重点难点、教学过程、板书设计、作业设计、资料附录七方面。在听课的过程中，我们发现教师们的教学设计都能按照统一的要求进行规范的书写。这些规定与克拉玛依市的教师书写教学设计要求基本一致，最大的不同就是内容主旨的提炼。这种基于课程标准的内容主旨如何提炼，上海市历史教研员於以传老师从四方面进行了阐述，即单元—课文整体架构法、破题法、寻新法和史学方法统整法，总结了把握课程内容主旨的基本路径，为我们提供了可以操作的基本方法。

（二）悟学科素养如饮甘醇

作为教研员，听课、评课是服务指导教师课堂教学和专业成长的方式之一。“特别会听课、评课”“评课细致激情四溢”是笔者对黄老师的直观感觉。无论是新教师的常规课还是要开的精品课，黄老师都会在听课前帮助教师寻找各类教学资源，黄老师也会在脑海里提前设计一番，甚至是在听课时灵感突发，都会帮助教师迅速在手机上查阅相关资料。记得天山二中的陆敏老师在讲统编教材七年级上册第十四课《沟通中外文明的“丝绸之路”》时，陆老师的主题名曰：诗与远方。在讲到张骞出使西域时，黄老师突然想起 2017 年发行了一套名为《张骞》的特种邮票，图案分别是凿空西域、开辟丝路、张骞像。这里面的题材故事可以运用到教学中，也对学生关注时事以及爱好的培养有一定的帮助。小小的邮票里隐含着大大的历史故事。黄老师的评课也可谓是：一听一评总关情。

之前上海都是专用沪版历史教材，2018 年是上海初中起始年级使用统编教材的第一年。为此，黄老师制订的工作计划就是基于史学思想方法的运用，重点做好统编教材的各类专项培训，通过专家讲座、课例研究、工作坊研讨、教学实践、评课交流、网络课程的开发与落实等形式，引领各校教师对统编教材的政治方向、核心思想、编写体例、主要内容进行深入探索，促进教师读懂教材、吃透教材和用好教材。不管使用的是什么版本的教材，上海市很早就统一要求各区的历史教师在教学设计中一定要体现“史学思想方法的模仿与迁移”。通过史学思想方法，挖掘教材文本内涵，把握课程内容主旨，有效提升教学实效，使学科素养落地。这一点刚好和历史学科素养中的“史料实证”不谋而合。上海市历史教研员们统一要求各区的历史教师每节课都要在教学设计和课堂教学中体现“史学思想方法的模仿与迁移”。

克拉玛依市使用统编教材是比较早的，跟着全国 2016 年秋季开始，2018 年初中义务教育段已经全覆盖。虽然对统编教材的使用进行过各类全员培训，做到了“不培训，不上岗”，但教师在思想上凭经验用旧教材教的想法还是很普遍。主要原因是基本认识和史学方法不到位，更多的是没有高屋建瓴地为教师们设计一个规范的统一模式，所以，教师们的教学设计就会“百花齐放”，各具特色。笔者认为，以历史学科核心素养的落实为契机，学习上海的经验和方法，使教师在教学设计上有规范操作可以借鉴。

其实，随着历史核心素养的提倡，克拉玛依市也进行了以核心素养为主题的教研活动。2018 年 9 月 20 日，北京师范大学克拉玛依附属学校陈静老师以人教版高中历史必修三第十五课《新文化运动》为题讲了一节公开课。陈老师以沈嘉蔚先生的油画《宽容》中的人物为轴，展示了油画中的三组人物；以“批判与宽容”为标题，在教学立意上有所突破，富有寓意；设置史料研读和问题，将新文化运动的活动基地、主要内容和背景融入进去，并逐一分析，体现了学科素养中的“史料实证、唯物史观、历史解释”。以合作探究的方式引导学生客观、多元化地看待这场运动的性质，进一步突出了“批判与宽容”的主题，在历史解释的过程中感受家国情怀，给在场师生的脑海里留下了深刻的印象。笔者认为，克拉玛依市教师的整体素质还是很好的，只要设计一个基于新课程标准要求下的历史学科统领全市的教学设计操作模式，与克拉玛依市继续教育中心携手同行、通力合作和多方培训，我市的历史教师也会成为正面人格、精于专业、服务学生的优秀教师。

上海历史教研以“内容主旨”和“史学思想方法”融合了历史学科核心素养的五方面，强调了学科素养的落实。历史教学是一个整体，历史学科核心素养也是相互关联、有学科特质的，不可能拆分成独立的五个部分对学生进行单独培养。《普通高中历史课程标准(2017 年版)》提出："……要认识到历史学科核心素养的五个方面是一个相互联系的整体。在教学过程中，教师既要注重对某一方面学科核心素养的培养，也要注重学科核心素养的综合培养。"上海市使用的"史学思想方法"就是以关键问题为核心，巧妙地将"内容主旨"和教学方法的多样化综合运用到五个核心素养中。在问题解决的过程中，落实了学科素养中的唯物史观、时空史观、史料实证、历史解释和家国情怀，培养了学生正确的价值观、必备品格和关键能力。

（三）寻命题操作明确方向

如果说历史核心素养备受关注，其实质更多的还是历史学科在新时代所固有的特质，也是历史学科传统所倡导的。但 2017 版的高中历史新课标中提出了"学业质量"概念，就将学生的学习成就与核心素养及其表现挂上钩，把教和学联系在一起，通过学业水平合格性考试和等级性考试，实现考试与教和学的结合。所以"学业质量"的提出，尤其是上海新高考制度变为"3＋(6 选 3)"模式、学业水平考试、综合素质评价和自主招生四者的结合，就为我们打开了教、学、考之间的新窗口和新思路，一定程度上也把核心素养的要求细化在平时的考核和新高考中。

那么，上海地区历史学科在学业质量上是如何考核的？命题是如何具体操作的？其实，之前上海的高考历史试题一直都是以新颖著称，自己单独命题，独立录取。随着新高考改革的实行，从 2014 年开始上海和浙江成为第一批新高考改革的试点。上海实行的是"两依据，一参考"的多元评价机制的新高考改革方案："两依据"是在普通高中学业水平合格考试的基础上，依据语数外的高考成绩，依据选考科目的等级考成绩；"一参考"是高中学生综合素质评价。2017 年上海高考不再分文理科，高考总成绩由两部分组成。一部分是全国统一高考的语文、数学、外语成绩。其中，数学不分文理科，外语科目提供两次考试机会。另一部分是高中学业水平考试成绩。其中包括思想政治、历史、地理、物理、化学、生物等 14 个科目，每门都"学完即考""一门一清"。考生在报考时只需选择 3 个科目成绩计入高考总分，即实行“3＋(6选3)”的选考模式。语数外每科150分，共450分，等级考每科70分，共210分，总分660分，与全国卷在考试方式上有很大差别。

上海历史学科实行的是在普通高中学业水平合格考试之后，如果学生在组合选择中选历史学科，则要进行普通高中等级性考试，并计入高考总分。试卷由上海市教育考试院历史命题组组织教师统一命题，统一组织考试，统一阅卷。仔细研究上海的学业水平合格性考试试题和等级性考试试题，笔者发现它们呈现的方式有很大的不同。以2017年历史试题为例，试题以“回到历史学科、回归历史特性、考查历史素养”为命题指导思想。

表1　2017年历史考试试题分析

名称 / 题型	合格性考试	等级性考试	考试时间
单项选择	80分，40题，每题2分	40分，20题，每题2分	60分钟
综合分析	20分，以材料和图文呈现	60分，以材料和图文呈现	60分钟
满分	共45题，满分100	共28题，满分100分，折合等级分	
特点	基于课标的基础型课程	基于课标的基础型课程和拓展型课程	

在与黄老师的交流中，笔者大致了解到初中义务教育阶段的情况是：全市统一在八年级参加学业水平考试，主要考查七年级和八年级所学的中国史和世界史，包括古代史(沪版教材)。笔者对2013—2018年上海市初中学生学业考试历史试卷分析可知，试卷满分100分，60分钟完成。试题分为两部分，闭卷部分40分，答题时间20分钟，开卷部分60分，答题时间40分钟。试题图文并茂，以综合大题的形式呈现，有填空、选择、小问题等，考查学生对时序的记忆、对地图的认识、对史料的理解，尤其突出对史学方法的考核。虽然上海初中学业水平测试和使用的教材与我市不尽相同，但仔细研究这些试卷，寻找出题的方式和规律，也许会对我市即将要进行的中考自主命题或全市统一考试命题有很大的启发和帮助。

三、区域资源可共享，专业发展能致远

在上海访学的过程中，笔者先后参加了不同区域不同类型的研讨活动，有华师大教师的培训资源，有上海师资培训中心有关新教师岗前培训讲座（从见习教师规范化培训看教师的可持续发展），有在青浦区进行的上海基础教育主力“新秀”教师教学展示与教学论坛（新秀教师在课堂），有上海教育综合改革成果分享高端研修（新高考、新教育）等。这些研讨活动，都聚焦在核心素养落实的背景之下的探索，使笔者不仅对上海新高考有了进一步的了解，还对新教师岗前培训的严格和不同地区教师专业发展的途径有了初步的认识。

常说：核心素养的落实离不开课堂教学。有趣、有料、有意思的课堂是教师阅读积累的散发地。因此，教师只有通过阅读，才能使教学有新突破，课堂教学有新意。历史教师应该阅读哪些书，导师黄老师在一次围绕“教师专业自觉与专业成长”的研讨活动中谈到要“一以贯之地多读垫底书籍，夯实专业基础，并要深挖学术之井，拓展知识面”，并为教师们开出了系列书目，强调“聆听高端讲座，汲取史学营养；阅读经典书籍，厚植人文学养；聚焦教学科研，滋育理论修养；开发精品课程，提升创新习养；关注学术热点，深固育人涵养”，指出了阅读积累的方式方法。除了平时的闲暇阅读外，更重要的是历史专业方面的阅读。有经典的历史学及历史教育著作、高品质的历史专业杂志等，其中的史学大家们的教学观点、优秀的教学案例等，能使我们汲取养分，开阔视野，升华思想。所以，阅读是教师专业成长的最佳路径。

“申城回笔若近远，冬雨润泽期至还。”为期三个月的沪克访学研修活动已接近尾声，笔者本着“善学者其如海”的执念，在探寻上海教育成功秘诀和历史核心素养落实的途径中，参加的系列研训活动，不管是各类专业成长的高端讲座，还是听课、评课、磨课、命题磨题、集体备课和跟岗实践，都通过“内容主旨”和“史学思想的迁移与模仿”，聚焦在课堂教学和学业质量监测上，而这两项的提升和卓有成效，与教师专业上的精准阅读和提高自身素养密切相关。所以，关注教育教学改

革趋势，改变课堂教学的方式，提高教师专业精准阅读的兴趣，命制一份高质量的适合学情的试卷，是历史学科核心素养落实的有效途径。

"行者无疆，思者无涯。"上海的访学研修虽已结束，然而教育教研之路的学习永无止境，在课堂教学中落实历史学科核心素养的话题任重道远，也将是我们未来教学教研的核心。

参考文献：

[1] 王加丰.再谈"史观"问题 [J].中学历史教学参考，2018(9)：10－15.

[2] 中华人民共和国教育部.普通高中历史课程标准(2017 年版)[M]. 北京：人民教育出版社，2018.

房新江，克拉玛依市教育研究所中学语文教研员，高级教师。多次担任新疆维吾尔自治区现场课比赛评委，承担新疆高中新课程培训讲座，参与新疆高中学业水平考试命题。曾获全国中学语文教学专业委员会“创新写作教学研究与实验”观摩教学展示一等奖；曾被评为“全国优秀教师”“克拉玛依市教学能手”等。在《中学语文教学参考》等期刊发表论文。主编《初中古诗文快车道（统编教材）》，由上海交通大学出版社出版发行。

统编初中语文教材名著导读教学策略研究

——以《骆驼祥子》为例

克拉玛依市教育研究所 房新江

【摘要】名著导读既是现行统编初中语文教材内容体系的一个板块，又是教师以名著阅读为抓手积极推进整本书阅读的一种方法。为了充分认识名著导读的内容组成和助学系统，本文以统编初中语文教材七年级下册《骆驼祥子》为例，将名著导读纳入语文课程中，通过创设阅读情境，运用教学策略，丰富阅读手段，进行整体性阅读推进和个性化阅读指导，帮助学生建构阅读体验，积累阅读经验。

【关键词】整本书阅读；名著导读；助学系统；阅读策略

一、整本书阅读与名著导读

（一）整本书阅读是新一轮课程改革语文教学的重要内容

叶圣陶先生在20世纪40年代就提出“把整本书作主体，把单篇短章作辅佐”的主张。随着时代和语文教育的发展，整本书阅读的地位日趋突出，已是当下语文教育关注的热点。“提倡少做题，多读书，好读书，读好书，读整本的书”“解决当前语文阅读的功利化、碎片化、浅表化等问题”，已成为语文教师们的共识。

《义务教育语文课程标准（2011年版）》明确提出：“要重视培养学生广泛的阅读兴趣，扩大阅读面，增加阅读量，提高阅读品位。”统编初中语文教材着力构建由教读、自读到课外阅读“三位一体”的阅读教学体系。教师要认识其独特的教学价值，在教学中制定恰当的教学目标，明确清晰的阅读主题，运用合适的阅读策略，建立系统的评估标准。对于初中学生的阅读量，《义务教育语文课程标准（2011

年版）》在第四学段（7—9 年级）的阅读目标与内容中提出：学会制订自己的阅读计划，广泛阅读各种类型的读物，课外阅读总量不少于 260 万字，每学年阅读两三部名著。这一国家课程标准的规定对初中整本书阅读具有宏观指导性和规定性。

读整本的书是初中学生完成国家课程标准规定的阅读量的必然手段，整本书阅读教学也应当是重要的教学内容和必要的教学方式。一方面，学生在教师指导下完成单篇阅读的“学得”和整本书阅读的“习得”，不断改进阅读方法并内化为阅读能力；另一方面，在扩大阅读面的同时，进一步加强整本书和现实生活、学习经验之间的联结，掌握不同文本类型的阅读方法，进而形成个性化、持续性的阅读习惯，服务于学生的终身发展。

（二）对名著导读的认识

1. 名著导读要突出“导”和“读”的结合

阅读和写作构成统编初中语文教材的内容主体，教材内容还包括口语交际、综合性学习、名著导读、古诗词诵读等。名著导读既是统编初中语文教材内容体系的一个板块，又是教师以名著阅读为抓手积极推进整本书阅读的一种方法，是围绕统编初中语文教材指定的名著篇目开展的课堂与课外教学活动。名著导读重在导读。导读的核心就是教师要引导、指导学生通过多种阅读行为对经典名著进行个性化阅读和理解，两者相辅相成，缺一不可。名著导读是“导”与“读”之间的有机结合，以教师“导”的方式优化内容点拨与方法策略指导，以学生“读”的方式实现对名著的内容理解与文学审美能力的提高。

因此，名著导读作为正式的语文学习活动之一，要保障一定的教学课时，使之内嵌于语文课程中。教师要注重阅读初期的指导、阅读过程的促进、阅读成果的分享和总结，课堂内外的阅读相互交叉、渗透和整合，从而帮助学生建构阅读经验，实现阅读能力、方法与习惯的有机融通，培养语文核心素养。

2. 名著导读将课外阅读真正引入课内阅读

温儒敏教授指出，“完整阅读要引导学生从单篇阅读到静下心来完整地读几本书”。名著导读由课内阅读延伸至课外阅读，通过课内“教读”习得阅读能力，

“自读”锻炼自主阅读，进而达到课外的自由阅读。课内的导读、精读、研读，或点拨，或引申，或答疑，或交流；课外则是完整阅读、延伸阅读，逐渐形成坚持阅读的习惯。名著导读最根本的目的是激发学生阅读兴趣，要搭建利于学生自主阅读的支架，让学生喜欢、愿意读书，进而让阅读成为一种生活方式。

二、统编初中语文教材名著导读的内容组成和助学系统

（一）名著导读的内容及选文特点

统编初中语文名著篇目体现课标要求，围绕语文要素和人文主题，每册安排两部名著，旨在培养学生阅读整本书的能力和兴趣，所选名著以课程标准推荐书目为主。编写时注重阅读方法的引导，围绕精读、跳读、快速阅读、选择性阅读等具体方法进行编排。同时，推荐两部与单元阅读方法相契合或与主要推荐名著类型相似的自主阅读篇目，进行阅读能力迁移，为学生提供更多选择空间。

以统编初中语文教材七年级下册名著导读《骆驼祥子》为例，在读书方法指导上，有针对性地介绍圈点批注法，提供“给祥子写小传”“探寻悲剧原因”“话说‘洋车夫’”“品析‘京味儿’”四个探究专题，并推荐学生阅读罗广斌、杨益言的《红岩》和柳青的《创业史》。

（二）统编初中语文教材名著导读的助学系统

名著导读由名家点评、内容简介、阅读方法指导、专题探究、精彩选读和自主阅读推荐六部分组成。本文以七年级下册名著《骆驼祥子》为例，具体如下。

（1）名家点评：撷取名人名家对该名著的两则点评，从老舍作品的写实手法、语言特色以及人物的典型意义和社会意义等方面凝练、概括《骆驼祥子》的文学价值。附录的封面富有形象感，突出祥子的身份，也给导读提供教学素材。

（2）内容简介：从作者背景、内容主题、写作特色和影响地位等方面做简要介绍。在导读中，总括了《骆驼祥子》的主题，对祥子这一主要人物形象的人生轨迹和性格特征做了整体概括；并从小说的其他人物群像勾勒出故事发生的社会环境；突出小说独特的京味语言特点。

(3) 阅读方法指导:从语文要素的角度提供不同的阅读方法指导,着力解决“用什么方法读”的问题,并有针对性地指导、示范。《骆驼祥子》导读重点介绍了圈点批注法,举例说明这一方法在历代文人读书中的运用,强调圈点的要点、批注的角度、圈点批注符号的使用,并给出批注示例,有理论说明和方法指导,还有案例呈现,便于学生学习内化为自己的读书习惯。

(4) 专题探究:这一部分是研读的抓手,也是教材编写者提供的名著导读支架。提供若干与名著内容主题相关的专题,引导学生开展自主合作探究,进行研究式阅读和鉴赏式阅读,把学生的自由阅读、浅层阅读引入深度阅读、个性化阅读,让学生真正走进名著。《骆驼祥子》导读分别从人物经历、人物悲剧根源、人物形象、语言特色四个角度提供探究方向,从主题内容到艺术形式,提高学生对文学作品整体感知和局部探究能力。

(5) 精彩选读:截取名著中的经典片段,采用延伸阅读方式,由一篇到整本,由部分到整体,实现阅读广度与阅读深度的有机结合。《骆驼祥子》的精彩选读片段着重展现了“洋车夫”这一群体的社会地位、生存现状、生活恶习等,将祥子和这一群体进行对比,突出年轻祥子强壮、吃苦和买车的梦想。这一部分内容展现了小说的社会环境,揭示了车与祥子命运的关系,为人物命运的发展奠定基础。

(6) 自主阅读推荐:采用“一拖二”的形式,一部名著再加上两部自主阅读推荐名著,为学生名著阅读提供选择性,鼓励学生自主阅读,培养学生课外阅读的积极性和阅读兴趣,迁移和强化阅读能力。《红岩》和《创业史》两部现代作品,都具有一定时代特征,有助于拓宽学生阅读视野,培养学生正确的人生观和价值观。

三、名著导读的教学策略和实施——以《骆驼祥子》为例

(一) 定计划,有效利用导学任务单

选定好名著的版本,教师根据教学进度和所选名著的特点,整体规划通读全书、自主阅读、研读交流、评价反馈等活动,制订阅读进度计划,明确各阶段的

阅读能力训练重点，指导学生根据计划合理安排时间以及分阶段完成阅读任务。制定并使用导学任务单，用表格的形式记录自己的阅读过程，为过程性评价提供依据。

《骆驼祥子》共21万字左右，初中学生阅读速度每分钟不少于500字，需要7小时才能读完整本书。按照学生每天阅读时间20分钟计算，需要21天。教师可根据阅读阶段、阅读任务，采用导学任务单，以阅读任务来驱动阅读活动，既能保证阅读量，又能进行阶段性指导监督。

（二）讲方法，运用圈点批注自主阅读

统编教材重视读书方法的指导，不同文体、类型的名著所选用的方法不同，阅读训练点也不同。圈点勾画出文章的重点、难点、疑点，或自己深有体会之处；批注则从内容结构、写作方法、语言特色等方面提出自己的见解。圈点批注可以呈现出学生个性化阅读的思考过程。

（三）重课型，导读、自读、研读相结合

读整本的书，更多的是学生课外自读。导读课，要激发学生阅读兴趣和阅读期待；课外自读，利用任务驱动；课堂研读，则注重交流分享，拓宽阅读的广度和深度。

《骆驼祥子》导读课，或利用名家评论激趣、设疑；或重点讲解圈点批注法，使学生理解并使用各类批注符号和文字批注方法；或引入思维导图，用结构化的方法归纳并整理名著的人物关系和情节发展的过程。

研读课，则是在通读、自读基础上的进一步深化，通过任务驱动，组成项目学习小组，深入文本合作探究。围绕名著阅读的核心问题，师生、生生之间进行交流研讨展示，让阅读成果可见。

1. 以“祥子和车的故事”为研读主题

采用选点成线式，抓住作品的情节主线，选择作品中的精彩片段，品读赏鉴。祥子的命运、心理以及环境描写都与车有关，得车与最终失车的过程就是祥子由勤奋到堕落的过程。通过具体细节对比阅读，体会作者如何运用巧妙的情节设置，在前后的强烈反差中体现人物的转变，从而揭示“起”与“落”产生的原因，进而挖掘作品的内在意义。选准切入点和鉴赏点，教师就能创造性地节选名著精华，引导学生深入鉴赏，通过朗读语段、语言赏析、主旨探究、手法分析等教学方式，联系全篇，激发学生的阅读期待。

2. 以“人物群像”为研读主题

小说中不同阶层的多个人物构成人物群像。人物群像能够反映一定时代背景下的社会生活和广阔的社会背景。在错综交织的人物关系中，既避免了单一人物的脸谱化，也有利于在人物相互映衬下揭示不同人物的阶层属性，使人物不仅具有其典型意义，也有一定的社会意义，从某个层面反映出人物的共同心理。更有意义的是，在运用思维导图、表格等工具梳理人物群像关系时，阅读就成了“自己在说，自己在想，自己在做”的事，读书能力在潜移默化中不断提高。

3. 以“小说的京味语言”为研读主题

语言风格是作家创作风格的集中体现。京味语言，是指作品中运用的北京口语、方言和俚语，如儿化音、“爷、您”等称呼词、“瞎摸合眼”等方言词、“打一巴掌，揉三揉”等惯用语。这些语言的使用，营造出真实的生活气息，展现出富有地域色彩的人情风俗，也再现了不同阶层人物的文化心理和人物性格，体现出京派小说的特点。对不同作品语言风格的把握，也有助于学生体会作家的写作心理，给学生做示范，即选择具有“地方味”的文学作品时，要自发关注这类语言的表述，体会人情风俗对表达作品主题的作用，自觉提高文学语言的感受力。

4. 以“中文本和英译本结尾的不同”为研读主题

“夏夜的清凉，他一面跑着，一面觉到怀抱里的身体轻轻动了一下，接着就慢慢地偎近他。她还活着，他也活着，他们现在自由了。”（英译本《骆驼祥子》）“他坐在地上，地上有些干草与松花。什么声音也没有，只有树上的几个山喜鹊扯着长声悲叫。这绝不会是小福子的坟，他知道，可是他的泪一串一串地往下落。”（人民文学出版社《骆驼祥子》）译文改编的结局是否合理？在对比阅读中，学生能强烈地感受到人物的悲剧性，走向对作品内涵深处的思索。教师应补充介绍英译本改编的背景和作者小说创作背景的不同之处，引导学生认识文学创作手法要服务于作品的主题表达，进而丰富文学鉴赏知识，提高作品鉴赏力。

5. 尝试情境活动式研读

可以选取精华段落，配乐朗读，并说明选取音乐和朗读处理的原因；可以给一段文字配上图画，附上创意解说词；或截取一个相对完整的情节，绘制连环画；或根据某一情节编演课本剧……这也是汇报分享课的形式之一。在分享阅读中，不断深化阅读效果。

无论是激趣导读或精华导读，还是主题研读或读书汇报交流，都是为了加强名著作品和学生的联结，帮助学生逐步接触作品。这个联结过程，首先要挖掘作品的“阅读点”，搭建作品与师生之间的桥梁；其次要发现作品元素内部之间的关联，将个人感悟与作品进行融合，借助学习资料进一步丰富和强化阅读体验，丰富阅读感受。

（四）混合式学习，多层面、多维度提高阅读效率

混合式学习是在互联网背景下产生的一种学习模式，它将学生在学习一门课程或科目时的各种模块结合起来，形成一种整合式的学习体验。

混合式学习与整本书阅读的属性相契合。运用混合式学习模式的整本书阅读不只在课堂上进行阅读和讨论，而且将阅读延展到家庭、社区等任意空间，灵活采用线上、线下相结合的学习方式，既重视课堂上由教师指导、引导的阅读学习，也促发学生课下自由自主阅读；既可以发挥互联网的优势，进行线上阅读打卡、资源分享、讨论交流，利用微信公众号发表学生优秀的阅读心得等，拓宽整本书阅读的渠道，又可以深化线下课堂的专题阅读、研究阅读。

名著既是“以文化人”的文化载体，也是“立德树人”的价值载体。名著阅读教学需要充分发挥教师的主导作用，大力创设整本书阅读的情境，让学生产生主动的阅读动机，有兴趣地“读起来”；进行整体性阅读推进和个性化阅读指导，有计划地“读下去”；引导学生选择合适的阅读方法和技巧，消除与经典的隔膜，有目标地“读进去”；帮助学生获得更为丰富、多元的阅读体验，增强阅读经验，促进学生养成良好的阅读习惯，有感受地“读出来”，使学生得到文学审美的熏陶，丰富自我精神世界，完成文化的传承。

参考文献：

［1］温儒敏.“部编本”语文教材的编写理念、特色与使用建议［J］.课程·教材·教法，2016(11)：3－11.

［2］温儒敏.温儒敏语文讲习录［M］.杭州：浙江人民出版社，2019.

［3］吴欣歆.培养真正的阅读者——整本书阅读之理论基础［M］.上海：教育出版社，2019.

［4］徐鹏.整本书阅读：内涵、价值与挑战［J］.中学语文教学，2017(1)：4－7.

［5］中华人民共和国教育部.义务教育语文课程标准(2011年版)［M］.北京：北京师范大学出版社，2012.

张永江，克拉玛依市教育研究所中学化学教研员，市级“张永江中学化学名师工作室”主持人。曾获全国高中化学优质课大赛二等奖；曾被评为新疆维吾尔自治区第二届中小学教学能手；曾在中国教育学会2018年课堂教学展示与观摩活动中担任评审专家。

区域推进中学化学实验教学的实践研究

克拉玛依市教育研究所　张永江

【摘要】随着课程改革的推进，课堂教学改革更加关注学生核心素养的培养，突出强调创新精神和实践能力的培养，这就需要通过学生具体的探究活动来实现。整合区域教育资源，提高化学实验探究的效率，优化化学课堂教学，整体提高区域内学生的化学学科核心素养。

【关键词】区域推进；中学化学；实验教学；核心素养

《义务教育化学课程标准(2011 年版)》和《普通高中化学课程标准(2017 年版)》指出，中学化学教学要“有利于学生体验科学实验探究的过程，学习科学实验探究的方法，加强对科学本质的认识，增强创新精神和实践能力”，让学生“经历对化学物质及其变化进行探究的过程，进一步理解科学探究的意义，学习科学探究的基本方法，提高科学探究能力”。核心素养教育视野下的中学化学实验教学不仅要夯实学生在化学实验知识与能力方面的基础，还要重视学生在中学化学实验中的实践探索能力、实践创新能力和综合素养发展，进而真正地践行新时代背景下化学学科核心素养教育的发展规划。在中学化学教学中，充分利用化学学科“以实验为基础”的基本特征，挖掘和开发化学实验在探究性学习中的功能，对培养和提高学生的实验探究能力和化学学科核心素养具有重要的意义。

一、教师应具有“用实验学化学”的理念

化学的学科特征决定了实验在教学中的重要地位。化学实验能创设生动活泼

的教学情境，激发学生学习化学的兴趣。教师转变教与学的方式，帮助学生理解和掌握化学基础知识和基本技能，开展化学实验探究，启迪学生的科学思维，培养科学的态度和价值观，对提高学生的创新精神和实践能力有着特殊的教育价值。美国科普教育家沙哈施利在他的论著《化学演示实验：化学教师手册》里提出，每一个化学实验都能增强学生对于化学行为的理解，任何时候化学实验本身的表达都要比我的语句、板书或者幻灯片上的措辞更富表现力。化学教师要善于从教材中挖掘适合的实验内容，有计划地为学生开展探究实验提出要求和创造条件，引导学生开展探究实验，从而实现学习观念和方式的转变。化学实验不仅是化学学科发展的重要基础，还是化学教育特别是基础化学教育的核心内容和基本方式。化学教师不仅要会做化学实验，更要会利用化学实验并带领学生用化学实验学化学；不仅自己要能研究实验，更要引导学生学会如何用实验探究化学。其中，初中化学是基础教育中化学教学的启蒙阶段，需要通过演示实验、学生实验和家庭小实验等，来帮助学生获得生动丰富的事实性知识和正面积极的情感体验，以便进入化学科学的殿堂。这将有利于促进学生综合能力的发展，其长远意义是无法估量的。

二、现阶段中学化学实验教学存在的问题

为进一步加强学生创新精神与实践能力的培养，深化教育转型变革，夯实教学常规管理，督促各校按照课程标准开足、开齐、开好实验课，提升学校实验教学工作的质量和水平，克拉玛依市人民政府教育督导室于 2019 年 4 月对全市中小学实验教学工作开展了专项督导检查。通过走访、调查问卷和实地查看，梳理出现阶段学校在化学实验教学管理中存在的主要问题如下。

（一）特殊实验药品和专职实验员配备不到位

一些特殊实验药品无法进行有效补充，因此只能保证常规实验的顺利进行。化学实验的开设受以上客观实验条件的限制较为突出，这是影响我市实验开课率不足的一个重要因素。

部分学校缺乏化学专职实验员，从而导致实验准备的周期变长，实验室药品、

仪器及资产管理缺乏系统性和延续性。学校配备的兼职实验员的日常教学工作量较大，所以在实验准备上的时间很有限，他们并不能满足日常的化学实验需求，导致实验准备不到位。

（二）教师实验观念有待加强

分组实验开设情况不理想，除了客观原因外，还与学科教师的实验理念有很大关系。笔者在与教师的座谈交流中发现部分教师实验教学意识落后，中高考教学的功利性太强。

（三）评价标准不清晰

全市缺乏统一的中学化学实验评价标准，导致实验开设变成学校和教师的主观判断，不利于实验教学的有效开展。

三、区域推进中学化学实验教学的路径规划

区域推进中学化学实验教学应当整体规划，有序推进，其顶层设计源于课堂教学一线，解决制约课堂教学效益的问题，将设计转变为教师和学生的行为。基于发展学生学科素养的课堂，应该以自我反思、交流碰撞为灵魂，以追求学生综合素质发展为目标。

当前，克拉玛依市开展区域推进中学化学实验教学实践研究的软硬件条件和环境都非常好。一方面，有市教研所的专家提供理念指导；另一方面，克拉玛依市第一中学在教育转型中积累了丰富的实验教学经验，同时几所转型学校在实施课程教学改革中也积累了不少经验。教师与学生的热情都很高，区域内还有优秀研究团队的引领，相信我市中学化学教师的教学教研水平将跃上一个新的台阶，为我市率先完成国家课程改革设定的发展计划和任务奠定基础。

区域中学化学实验教学实践研究的运行分为三种形式推进，具体如下。

（一）网型推进机制

网型推进机制是指由市教育研究所牵头，各区、各校积极配合，形成对中学化学实验教学的整体认同。同时，协助学校健全实验教学组织管理，包含组织保障

和制度建设。指导学校实验教学组织实施，着重督导检查学校实验教学的管理、组织及实施，如学校演示实验、学生分组实验。走访调查学校实验教学管理存在的主要困难、问题及解决措施，对学校开设的校本类实验课程进行指导。

（二）面型推进机制

面型推进机制是指各个学校结合自身实际为实验教学条件提供保障，包含功能用房及设备设施配置与管理、实验教学队伍建设等。学校化学学科组认真制订实验教学计划，结合学校学情制定和开设符合学生特点的校本类实验课程。

（三）交叉推进机制

区域联动，每学期组织一次市级"化学实验教学"展示交流活动，不断完善机制，对优秀的做法进行推广。实行各校间的优势资源互补，取长补短，建立合作。

四、区域推进中学化学实验教学的研究策略

结合区域实际，整合区域教研力量，利用全市化学教育优秀资源，形成详细的中学化学实验教学区域计划并有效落实。结合教学实际，对部分实验进行合理、有效的改进，以促进实验教学的进一步发展，提高教师的创新、研究能力。分析上述实验教学存在的问题，笔者认为全市建立一套统一的中学化学实验评价标准将有利于中学化学的进一步发展。

（一）理论研究

能否将化学实验教学摆在化学教学的重要位置，建立与新课程标准相适应的实验教学模式，更新观念是关键。因此，要充分发挥实验教学在素质教育中的功能和作用，首要的是更新观念，正确认识实验教学的功能和作用。教师还需要利用教研活动和继续教育培训进一步学习专业理论，分析并钻研教材、课程标准，先从思想上武装自己的头脑，真正明确实验教学的目的和意义。

（二）实践研究

协调各校加强实验员配备和管理，选拔责任心强、有一定专业理论水平和实验教学经验、能独立完成中学化学学科的所有实验、能指导教师实验操作的专职

化学实验员是保证开展好化学实验教学的必要条件。从总体来看，克拉玛依市各校中具有专职化学专业水平的实验员并不多，大部分学校的化学实验员配备不足。缺乏专职、专业化学实验员势必会影响实验教学的开展。随着新课程改革的实施，化学实验内容大量增加，这就要求化学实验员应具有更强的责任心和敬业精神以及良好的专业素养，与化学教师相互配合，充分创造条件，使化学实验得到落实。

（三）评价研究

让化学实验更好地培养学生的化学学科核心素养，需要做好日常的实验教学评价。建立基于《义务教育化学课程标准（2011 年版）》和《普通高中化学课程标准（2017 年版）》的克拉玛依市区域实验教学计划，结合区域实际，整合区域教研优秀师资力量，结合我市实际情况，形成详细的中学化学实验教学区域计划，包含学生分组实验目录、演示实验目录、补充实验目录等。区域内各个学校从学校层面和学科层面进行实验教学计划的学习与研讨，深化对中学化学实验教学的理解，进而将之转化为具体的行动。

区域推进中学化学实验教学的实践研究符合克拉玛依市教育教学实际需求，与我市加速推进教育转型、大力提升教育品质、全面实现教育现代化的教育理念相吻合。我市建立符合化学课程标准的中学化学实验教学区域制度，并通过日常教研活动、名师工作室活动等有效落实。同时，提炼并总结出中学化学实验教学学生分组实验、教师演示实验的基本模式，打造区域骨干教师研究团队，培养一批理论水平高、专业素质强的中学化学教师队伍，这将有助于引领我市中学化学实验教学教研水平跃上一个新的台阶。

参考文献：

[1] [美]巴萨姆·Z.沙哈施利.化学演示实验：化学教师手册[M].王冠博，马玉国，译. 北京：北京大学出版社，2013.

[2] 姚林娜.中学化学实验研究[M].北京：科学出版社，2013.

[3] 周中森.建构式生态课堂的区域推进[J].上海教育科研，2013(7)：73－75.

羊晗曦，克拉玛依市克拉玛依区教育局教研室小学数学教研员，克拉玛依市教育学会小学数学专业委员会副主任、理事会理事。她长期耕耘在小学数学一线课堂，坚持与学生平等对话的教学方式，以孩子的眼光看数学、做数学，让学生以操作、交流的方式经历数学学习的过程，促进学生数学思维的发展，形成以“学”为主的教学特色。

克拉玛依区小学数学一、二年级综合性评价实践与思考

克拉玛依市克拉玛依区教育局　羊晗曦

【摘要】2016年，克拉玛依区16所小学一、二年级全部取消单一卷面测试，将学生的综合性评价分为过程性评价与形成性评价两部分。综合性评价让每一位学生实现自己与自己比较，每一次成长都是自己的“+1”成长，享受数学学习过程中的挑战与快乐。

【关键词】综合评价；过程性评价；分项式评价；二次评价

评价是学科教育的重要工作之一，是对教师的教和学生的学的教学过程及结果进行价值判断并为教学决策服务的活动，具有诊断、激励和调节作用。近年来，国内部分区域关于一、二年级评价方式均有所变革，如2012年浙江部分学校取消一、二年级期末考试；2013年深圳部分学校取消一、二年级期末考试；2013年8月上海市教委宣布一、二年级不得进行书面考试。

多年来，克拉玛依区在小学数学评价工作中对三至六年级的评价关注较多，而对一、二年级的评价关注不够。一、二年级期末评价与三至六年级一样，采取单一的卷面测试（评价等级的标准不同）。2014年，为了改变克拉玛依区“一卷定一生”的单一评价现状，全面了解学生的数学学习历程，培养学生的动手实践能力、数学表达能力和数学思维能力，在区教研室的引领下，以第十二小学、康城小学等4所学校为试点，开展“探索多样评价方式，探路多元评价途径”的小学数学一、二年级综合性评价实践研究。2016年，全区16所小学一、二年级全部取消单一卷面测试，实施综合性评价。全面实施综合性评价以来，从学生、家长、教师层面的

反馈来看，从起初的质疑到现在的赞成，从原来的置身事外到现在的参与建议，评价的观念正在逐步趋于统一——为了每一位学生的发展。学生的综合性评价分为过程性评价与形成性评价两部分。其中，过程性评价细分为平时作业与学习习惯两个模块；形成性评价细分为计算、问题解决、实践操作及自主特色四个模块。形成性评价可根据学生需求进行二次评价。综合性评价不仅是取消一次考试的减负，而是通过细致的分项让学生有更为全面、立体的多元评价。

一、注重过程性评价，以评导学

传统的卷面测试重在体现学生的学习结果，对学生在学习过程中所经历的思考、情感、习惯等无法评价。结果只是一系列思考后的呈现方式，倘若我们只重视结果，而忽视学生的学习过程，那么教师就无法知晓学生生动而富有个性的内心过程，也就无法及时、准确地促进不同学生的思维发展。因此，数学学习的评价既要重视结果，也要重视过程。

（一）学习习惯的培养是一、二年级的重要任务

学习习惯是过程性评价的重要内容。育人不仅仅是学科知识的传授，学习习惯、自我认识、合作共享等方面的培养也是各学科教师的共同责任。例如刚入学的一年级新生的握笔姿势、坐姿、听课、回答问题、提出问题等学习习惯需要每一位任课教师重点培养。只有在一、二年级拥有良好的学习习惯后，学生才能在高年级进行自主学习，拥有终身学习的能力与意识。学习习惯评价包括书写姿势、课堂表现与小组活动三项内容（一年级至二年级上学期是两人小组，二年级下学期是四人小组）。教师通过定期观察学生的学习情况，给予“等级评定＋描述性评价”的具体评价。

学习习惯评价重要的不是结果，而是过程。在一学期的评价观察中，教师要通过发现问题、引导鼓励、督促改正的多次反复，让学生逐步走向更好。

（二）平时的学习过程是评价学生学习情况的重要依据

良好的作业习惯让学生终身受益。为了在一入学就让学生有按时保质完成

作业的意识，我们将平时作业作为过程性评价的重要内容之一。平时作业包括预习作业、课堂作业、家庭作业以及错题订正四项内容（预习作业与家庭作业是指非书面类的口语表达或查阅相关资料等形式的作业）。根据学生作业的完成以及改正情况分为 A、B、C、D 四个等级。各校在等级制定与评价标准上会根据学校学生的实际稍有不同。

在平时的过程性评价中，教师做了大量的评价统计工作，同时根据班级实际情况的不同适时进行调整与完善，以期全面关注到每一位学生和每一个细节，在引导与呵护中陪伴每一个孩子成长。

二、丰富形成性评价的形式，以评乐学

多元化的形成性评价要针对学生的特点，实现多角度、一对一评价，肯定不同的学生在数学上获得的不同发展。形成性评价根据学生的学习内容设定不同的模块与形式，根据学生的学习能力设定不同的等级，根据学生完成的时间设定不同的时长。形成性评价主要分为计算、解决问题、实践操作和自主模块四个分项。

根据一、二年级学生的年龄特点，我们把主题分项式评价作为形成性评价的主要方式。主题分项式评价根据年级统一的情境主题，设定相应的分项闯关环节。闯关前，学校会统一发布主题闯关的相关细则，学生与家长需要仔细阅读，制订自己的闯关计划。在闯关评价的当天，学校将闯关现场布置一新，充满童趣。学生可以邀请家长陪伴，带上自己的闯关评价卡共同参与。

（一）形成性评价分项 1——计算

数学能力是数学核心素养的一个重要组成部分。运算求解是数学关键能力之一。计算能力是学生必须掌握的基本技能。根据《义务教育数学课程标准（2011 年版）》（以下简称《课程标准》）对第一学段计算技能的基本要求，学校制定出基于课程标准的评价试题与评价等级标准。计算能力主要以书面测试和即时评价为主。

下面以康城小学的一年级（第二学期）计算评价为例。

1. 时间:6 月 20 日上午 10 时开始,整点和半点各一场,12 时最后一场。

2. 具体内容:100 以内的加减法(两位数加减一位数)。

3. 要求:全部学生,单人单桌,10 分钟完成 69 道题。教师计时,学生答题,教师批改。

4. 评价标准:正确题数≥62 为"优";62>正确题数≥54 为"良";54>正确题数≥45 为"合格";正确题数<45 为"待进步"。

(二)形成性评价分项 2——解决问题

常规的解决问题评价侧重纸笔形式的应用题测试,只能看到正确与否的结果,看不到错误的思维过程。所以,在解决问题的评价过程中,我们采取语言表达的形式,让学生说出自己思考的过程。数学表达也是数学的关键能力之一。数学表达是合理运用数学语言(包括文字语言、图形语言和符号语言)分析、表达数学对象和解决数学问题的过程,并能在交流中阐明自己的数学观点、见解等。数学表达对低年级学生来说是既重要又比较困难的问题。因为低年级的教学内容文字呈现较少,大多用图画的形式呈现,这就要求学生要能看懂图形,并且能把图意、解决思路表达出来。

解决问题的试题命制是有难度的。所谓问题,对学校来说,不是简单地模仿就能解决的;可以是一种情景,其中隐含的数学问题要学生自己提出、求解并解释;具有趣味和魅力,能引起学生的思考并向学生提出智力挑战;不一定有终极答案,不同水平的学生都可以由浅入深地给出回答。基于此,解决问题的试题命制必须凸显所学内容的思维层次,要求学生在解答的过程中说明思考过程,建议设计开放题。解决问题模块一般以 3 题为一组,根据能力设定不同等级。学生测试时自由选择等级,答完后给予评价等级(题目一次命制多套,学生抽签选题)。评价结束后,教师会将所有题目和答案及不同的解答过程进行展示,引导学生反思自己当时的作答情况。

下面以实验小学的一年级(第二学期)解决问题评价为例。

1. 和家乐超市有两种火龙果,白心火龙果每个 8 元,红心火龙果每个 15 元,妈妈各买了 1 个，总共花了多少元？

2. 和家乐超市做促销活动，一款书桌原价 98 元，________，现在多少元？

3. 54－20＋5＝39(个)，请你说一说，这个算式可能解决生活中的什么问题？

解决问题模块正是通过不同思维层次的题目，倾听学生不同思维层次的声音，给予不同形式的引导，让学生学会数学的表达，看到不同的思路。

通过两年的培养，学生升至三年级时，在合作学习中普遍都能且敢于、善于采用多种方式(举例、假设、证明、对比等)表达自己的想法。

（三）形成性评价分项 3——实践操作

心理学家皮业杰认为，儿童的思维是从动作开始的，切断动作与思维的联系，思维就得不到发展。因此，在数学教学中，要加强操作与实践，使学生在自主探索过程中，不仅真正理解和掌握基本的数学知识与技能、数学思想与方法，还能获得广泛的数学活动经验。对小学生来说，实际操作是最直接也是最直观的一种学习方法，通过动手操作能帮助学生深刻理解算理、感知概念，使抽象的知识具体化。而实践操作评价则是将卷面的静态评价变为实际操作后的动态评价。

学校可根据实际情况具体操作，有的采取即时评价，有的采取长时评价。

例如第十二小学采取长时评价。实践操作的试题也分为教材要求的操作试题、教师命制的操作试题和调查设计类试题三部分。

综合评价前一个月，教师将教材内的实践操作试卷发给学生，通过每天的作业布置，引导学生每天在家进行有计划的练习。有的学生在家还会和父母一起动手操作试卷中的每一个题目。为了很好地展示自己，学生会在家中反复练习，从而达到熟练程度。当临近综合评价的半个月时，实践操作评价可以开始了。准备好的学生可以通过提前预约的方式进行考试预约，在教师规定的时间内进行一对一评价，教材内的试题与教师命制的试题分别进行抽签、操作，并用语言进行解释。

考虑时间的问题，有些调查、设计类的实践操作放在周末，学生在家完成，最后用汇报单上交成果，如人民币的调查、七巧板的设计等。

（四）形成性评价分项4——自主模块

自主模块的评价内容由学校自主确定。根据学校的实际情况，或评价数学校本课程，或评价其他能力模块。通过给予学校一定的自主空间，让学校充分展示学校的特色。

例如康城小学自主模块的评价内容为校本课程数棋；第十二小学则是让学生在一定时间内命制一份指定规格的单元试卷，在复习知识、整理错例的过程中培养学生自主学习、自我反思的意识。

过程性评价与形成性评价的所有结果是一张综合性评价单，以“等级＋评语”的形式呈现。当家长与学生看到综合评价表中的各分项等级时，更多的是关注学生在哪些方面还需改进，而教师的评语也指明了相应的改进方向与方法。

三、推行二次评价，以评促学

《课程标准》指出，教师应允许学生经过较长时间的努力，随着数学知识与技能的积累，逐步达到学段目标。在实施评价时，教师可以对部分学生采取延迟评价的方式，提供再次评价的机会，使他们看到自己的进步，树立学好数学的信心。由于学生所处的文化背景、家庭环境和自身思维方式不同，学生在数学学习的发展上必然存在差异。部分学生测试成绩不理想，很多是应试经验不足、心理压力大等原因造成的。当学生对第一次的评价结果不满意时，教师允许学生进行第二次甚至是第三次评价（根据年龄特点，一般一年级有三次评价机会，二年级有两次评价机会）。

二次评价的评价流程与一次评价一样，只是评价内容会有所变化（每一个能力板块的评价内容教师都会准备2—3套试题，便于二次评价使用）。当学生提出二次评价的意愿后，可以选择立即进行二次评价，也可以与教师预约时间。评价内容由二次评价时抽签决定。二次评价的每一次结果都会记录，最多3次，以最好的一次为最后的评价结果。

教师对学生进行二次评价就是让学生明白：学习的快慢是允许存在的，一次评价的失败并不意味着数学学习的好坏。在这个过程中，教师本着尊重每一个学生的意愿，允许学生通过自己的努力逐步达到要求，通过不断超越自己，实现最终的卓越。

对参与评价的教师、家长和学生来说，他们在进行二次评价的过程中有如下感受。

在闯关式评价中允许学生进行二次闯关，以评价为手段，以考察为目的，让学生在宽松的环境下，为实现自己的梦想而努力拼搏。

——康城小学数学组

这样的考场氛围很轻松，像做游戏一样，我们很喜欢。　——学生语

这种游园式的期末评价符合一年级小朋友的年龄特点和心理特点，是非常有意义的尝试，也希望学校能推出更多新颖的评价方式。　——家长语

综上所述，由“一卷定一生”的单一分数式评价转变为多维度体现学生能力发展现状的综合性评价，在学生发展目标上呈现不同的表现。（见表1）

表1　单一卷面评价与综合性评价的各项表现对比

	单一卷面评价	综合性评价
表现描述	同样的分数无法体现具体能力的差异。	各个能力维度的一对一测试更精准地分析出学生薄弱的具体知识点及能力点。
主体关注	关注到自己与他人的能力差异，强化竞争意识。	学生与家长更关注自我学习能力，让孩子拥有更多可能。
复习方式	完成大量习题与测试，强化知识点的掌握与熟悉程度。	减轻不必要的学业负担，学会梳理知识，正确面对自己某一知识点或能力的不足。
评价目标	强调知识获得的结果。	基于每一位学生的发展，既注重知识的结果，也注重知识获得过程中学习能力的培养及学习习惯的养成。
评价功能	只有一次评价机会，对学习的结果有决定性的诊断功能。	多次评价机会，使学生获得对知识点本身进行更多理解与内化的机会，同时发挥评价的激励功能。
参与情绪	焦虑	快乐

四、上海一、二年级评价的若干经验

2016年，上海市教委为了引导基层学校和广大小学数学教师准确把握《课程标准》的内容和要求，促进学生健康、可持续发展，制定并下发了《小学低年段数学学科基于课程标准评价指南》（以下简称《评价指南》）。《评价指南》强调以课程标准为基本依据，突出为了改进学习的评价，倡导评价的校本化实施。从学习兴趣、学习习惯、学习成果三个维度进行评价，并对评价方式提出了建议。要求学校在进行评价实施时，整体制订评价计划，注重对学习过程的评价，把握不同评价方式的特性，合理选择评价方式。对学习态度、学习习惯的评价，主要通过日常观察、作业分析、过程记录等方式获取信息；对学业成果的评价，主要通过口头测验、书面测验、操作解答和作业分析等方式获取信息。对过程与方法层面的诊断，积极探索探究活动、社会实践、作品展示等表现性任务的设计，分析学生在完成具体任务时的表现，充分发挥评价促进学习的作用。

五、关于改进综合性评价若干问题的思考

结合上海一、二年级的评价经验，反思我们的实践研究过程还有一些不足之处，在后续的实践中可以尝试在以下几方面做进一步的改进探索。

（一）根据一、二年级不同的评价目标，分别制定更合适、细化的评价维度

一、二年级学生虽然在年龄上只差一岁，但在能力上体现的差异还是较大的。因此，对一、二年级的评价，应根据学生的年龄特点及能力培养目标确定不同侧重点的评价目标。例如：一年级上学期的评价维度侧重学习兴趣与学习习惯的培养，形成性评价由等级制改为达标制，做好幼小衔接；一年级下学期开始注重培养学生语言表达能力和操作能力的评价；二年级上学期在个别分项评价中可以有适当少量的书面测试，以检测基础知识的掌握情况，同时注重培养学生合作能力。通过不同阶段设定不同的培养目标，关注学生在学习过程中的变化与发展。

（二）细化过程性评价学习习惯维度的评价分项

学习习惯的培养是个长期的过程，一、二年级是习惯培养的重要阶段。与上

海学习习惯维度的评价对比可知，我们原有的学习习惯维度的评价分项还不够全面。可纳入交流习惯、操作习惯、合作习惯等重要学习习惯的评价，采用日常观察、操作解答、过程记录、作业批改等多种形式，进行评语描述性过程评价。

（三）评价标准的量化体现以校为本

以校为本的评价实施主要是为了体现以生为本的评价目标，每一项评价标准都是为每一位学生量身打造的，突出学生主体的进步与发展，强化评价的激励功能。区教研室为了引导各校做好评价工作，可以提供适应一般学校的评价范例给学校做参考。学校在具体评价的实施过程中，应根据本校学生的实际情况制定相应的评价标准，设计具有校本特色的评价工具。学校可结合本校学生特点，逐步形成不同评价维度的表现水平标准，但最高表现水平标准的要求不得超过数学学科课程标准的要求。

在这场一、二年级的评价改革中，看似取消了一次传统的单一纸笔测试，实则是用更多更为细致的评价分项和发展的眼光来评价学生。取消，并非仅仅为了减负，而是用一种更为个性化的方式对学生学习的知识及能力进行全方位评价。其实，学生一、二年级的学习，不仅需要引导与陪伴，更需要鼓励与宽容。过早通过单一的方式给孩子贴上标签，会让孩子过早地在数学学习中失去更好的发展可能。综合性评价的目标不是给予学生一个现状的分类结果，而是给予学生一个向好的成长过程。变革后的综合性评价使得评价功能由考核走向发展，评价目标由模糊走向具体，评价形式由单一走向多元，评价结果由分数走向等级。评价过程本身关注学生主体的发展，关注学习过程的习惯养成与情感体验，关注知识获得过程中的思维能力发展。

评价始终是个热点问题。无论怎样，在这条改革的路上我们始终本着基于发展学生的评价目标，让每一位学生不断超越自己，每一次的成长都是学生自己的“+1”成长，享受数学学习过程中的挑战与乐趣，让评价实现从“黑色考试”向“绿色评价”的真正转变。

参考文献：

[1] 上海市教育委员会教学研究室.教学与评价的风向标——上海中小学各学科核心素养研究[M].上海：上海科技教育出版社，2018.

[2] 张奠宙.数学教育研究导引[M].南京：江苏教育出版社，1998.

杨生军，克拉玛依市克拉玛依区教育局小学科学教研员，克拉玛依市卓越教师工作室主持人，克拉玛依市拔尖人才。1998 年毕业于昌吉师范专科学校物理教育专业，同年 8 月到克拉玛依市第十一小学任教。始终专心钻研教材，逐步积累经验。2010 年兼任克拉玛依区小学科学兼职教研员，2011 年成立克拉玛依区小学科学名师工作室，2015 年起任克拉玛依区教育局小学科学专职教研员。

基于实践的小学科学有效性教学策略

克拉玛依市克拉玛依区教育局　杨生军

【摘要】小学科学教育的核心是提升学生科学素养，同时新的教育改革中“有效教学”被广泛认同。要实现小学科学的有效教学，需要认真钻研教材，把握教材中活动的科学本质；需要根据地方、师生情况合理调整教材内容，发挥好教材的引导功能；需要关注学生前概念，找准教学切入点，把握重难点，提高针对性；需要把学习放在一定情境中，利用任务驱动，提高学生学习的积极性；需要对教学器材进行改进，提高科学课实验教学效率；需要利用教学评价，促进师生共同发展。

【关键词】小学科学；有效教学；策略；实践

小学科学的核心目标就是帮助学生形成良好的科学素养，在科学素养视角下，优化小学科学教学。那么，促进学生科学素养提升，路在何方？有效教学是20世纪以来极具代表性的教育思潮，是目前国际社会比较认同的教学理念。一般来说，凡是能够有效地促进学生发展、实现预期结果的教学活动，都可称之为有效教学。

一、认真钻研教材，精心备好课，促进教学有效性

新课程强调“用教材教”，但是这个“用”，要建立在深入理解教材编写意图、把握具体活动的科学本质、理解活动设置的目的、掌握该活动在整个教材体系中的地位的基础上，否则就容易走入忽视教材引导作用、背离科学性的误区。

（一）对教材中的活动进行理论分析，促进对科学本质的理解

作为教师，笔者赞成“活水论”，教师自身知识结构需要不断汲取、替换。这些

理论知识，能指导教师站在高位对教材活动进行审视，剥离出活动的科学本质，使教学更能达成培养科学素养之目的。否则就容易忽视一些活动背后隐藏的科学本质，造成错误认识。如认识空气成分的实验：用去底带盖的塑料瓶扣住水中燃烧的蜡烛，等蜡烛熄灭后，根据瓶内进入的水量，认定空气中含有 1/5 的氧气。首先，蜡烛主要是碳氢化合物，和氧气燃烧后，生成二氧化碳和水。这一过程虽然消耗了瓶中的氧气，但是有新的二氧化碳气体生成。其次，当用瓶子往下扣时，火焰的加热使周围空气受热膨胀扩散，瓶子扣住的热空气本就少于正常温度下一瓶子的空气量。这两点都会导致蜡烛熄灭冷却后进入瓶中的水量不会正好是 1/5 体积。所以，用它来说明空气中氧气约占 1/5 是缺乏依据的。进一步用唯一差别是蜡烛火焰大小的两只蜡烛做这个实验，的确发现两只瓶子中进入的水量是不同的。如果不加分析，核心概念就是有问题的。学生越认真，就会离科学素养越远。

（二）根据实际对教材进行分析，整合取舍，激发科学志趣

用教材教，还要体现地方特色，符合教师和学生特点。对教材中的一些内容需要进行甄别，根据学情，可以适当调整，发挥教师自身特长，以求教学效果最大化。

例如法布尔课程展示课《寻找虫虫》，就利用了学校植物园（即法布尔实验室，学生常在里面劳作和观察花鸟鱼虫）资源。因为学生已经有了非常丰富的前经验，只是缺乏科学的比较、分类归纳等认识虫子的方法。那么，课堂上就从观察昆虫开始，怎样让孩子们更加深入地仔细观察呢？章鼎儿老师曾举过一个例子：问题刚抛出时，学生立即举手，这说明孩子们没有思考，或者是还没有深入思考。教师先不着急，让学生想一想，能说出五条的举手，大多数孩子手放下了。这时再进行细致的观察，并比较谁发现得多。这会大大激发学生的观察热情，促进学生细致观察的发生，每个学生都找到了五条，甚至更多。观察虫子也可以借鉴这个方法，让学生在平时对虫子观察的基础上更深入一步，认识提高一层。除去直观感受到的身体结构外，再进一步观察每部分上还长有什么、数量是多少、有没有明显的分节等。为后面学生归纳昆虫概念做好铺垫，可以避免让学生运用昆虫特点判

断一些虫子是否昆虫时，只能说出身体结构，只能通过虫子身上有什么进行判断，而不能具体到触角长在哪里、三对足长在哪里等认识。

（三）注重教材的引导作用，培养科学思维

教材中的活动，大多是经过严格筛选的，有其设置的科学性。要对每个活动进行分析，把握其编排意图，对不明确的内容不要随意更改或删减，先尊重教材。

四年级《力在哪里》一课中有一个不太起眼的活动：比较拉动苹果和拎起苹果所用力的大小。教学中，很多教师不太重视这个活动，尤其是测量拉动苹果所用的力是多少的活动。其实，这个活动除了练习使用弹簧测力计测量力的大小外，还隐含着一个重要意图：认识提起重物和拉动重物所用的力是不同的。当匀速拉动苹果时，弹簧秤所显示的力是苹果在平面上运动时受到的阻力，即摩擦力，这就为学习测量摩擦力大小埋下伏笔。这个活动进行好了，在学习如何测量木块和桌面之间的摩擦力时，学生就很容易发生知识迁移，联想到用弹簧测力计在桌面上匀速拉动木块来测量摩擦力的方法。所以，看似简单的活动也应该慎重对待。

二、利用前概念，提高教学效果

《人是如何学习的》一书中描述了一个“鱼就是鱼”的故事。这个故事告诉我们，每个人都有自己的认知系统，大脑中映射出来的都是经过自己认知加工过的东西。认知心理学研究表明，学生对任何新事物的学习，都是一个在原有认识基础上不断顺应和同化的建构过程。

教学实践也证明，学生头脑中的不少前概念会促进科学概念的建构与掌握。只要教师把这些资源变成学生理解新知识的“生长点”，就能显著提高教学效果。

（一）利用前概念找准教学切入点，推动探究深入

充分关注学生前概念，能帮助教师了解学生已经知道了什么，还存在哪些问题，关键突破口在哪里，从而找准教学切入点。冬季学生常见到洗澡时镜面挂满水滴的现象，也有在秋冬季节容易出现雾，冬天说话会出现“哈气”等经验。《抓住水蒸气》教学中，让学生对着冷的镜片哈气，观察镜片上的变化，充分利用学生既熟悉又不明所以的日常经验，准确找到教学切入点，在课堂中玩思学结合，进一步推动探究活动深入开展。

（二）利用前概念把握教学重难点，推动思维深入

了解学生前概念，就可以知道哪些学生对这一事物还缺少体验或者了解，哪些学生还存在错误认识，学生学习时可能会怎么想、怎么做，可能出现什么问题、遇到什么困难等。例如《铁轨会变长吗》一课，目的是通过探究、体验，使学生认识“固体有热胀冷缩的性质，不同固体，热胀冷缩的本领不同”这一概念。学生通过前面的学习已经知道液体和气体有热胀冷缩的性质，但固体因为膨胀太小不易发觉而容易被忽视。所以教师设置了线、面、体三个层次的固体热膨胀概念进阶来帮助学生理解。首先，认识线状的金属丝受热后会向两端延伸；接着，认识面状金属片的物体受热后也会向外扩展；最后，通过经典的铜球实验，认识球状物体受热后体积也会增大。通过层层递进构筑起完整的概念，帮助学生在前概念基础上发展和建立起清晰的科学概念。

（三）利用前概念提高活动设计的针对性

了解学生前概念的不同情况，就可以有针对性地设计不同的活动，帮助学生建立科学的概念。如学生已经了解磁铁能吸引钉子、回形针等一类物品，但对磁铁不同部位的磁性强弱关注较少。很多学生认为磁铁各部位的磁性强弱是一样的，有的认为中间磁性最强。为了丰富磁极概念内涵，教师专门设计了“哪里先吸住”“哪里吸得最多”的活动，帮助学生完善对磁极性质的认识。尤其是环形磁铁，学生认为环形磁铁的磁极在圆环上。先通过用大头针靠近环形磁铁的圆环部分，观察大头针会不会被吸附在圆环上；再通过把圆环扔在大头针堆里，拿起观察，让学生清晰地看到大头针都被吸附在圆环两侧平面上，圆环四周几乎没有大头针，从而丰富学生对磁极性质的认识。

三、创设学习情境，增进教学有效性

情境认知是建构主义学习理论的重要组成部分。情境认知认为，所有的思

维、学习和认知都处在特定的情境中,不存在非情境化的学习。把学习放在一定的情境中,更能引起学生对相关知识的回忆,引起认知和情感的共鸣。实验是一项基础的科学活动。通过创设实验情境,科学课可以发挥其得天独厚的优势。在课堂教学中,教师要善于采取灵活多变的实验方法,巧妙地安排新异有趣的实验,创设寓教于乐的情境,激发学生的学习兴趣。

例如认识透镜折射作用,教师课前安排了一个“激光灯打靶”的游戏:设置一个靶心,在靶心前依次放置一个盛水的烧杯、凸透镜、凹透镜,请学生隔着烧杯、凸透镜或凹透镜用激光灯打靶。学生马上被吸引了,在玩打靶的过程中,充分体验了当光从空气进入水中和从空气进入玻璃中传播方向的改变。甚至有的学生还发现了光线偏折角度与光线照在烧杯、透镜上位置的关系,越靠近边缘,光线偏折越厉害;有的学生通过移动烧杯、透镜与靶心的距离,发现了激光灯光点经过烧杯或者凸透镜照在靶心点上的光点缩小了,经过凹透镜照在靶心上的光点变大了。在实验中,学生主动性、创造性以及学习的效果大大提高。

四、改进器材或实验方法,保障教学效果

科学是一门以实验为基础的学科,实验器材直接决定着数据的获取和有效程度,决定着作为证据的可信度。在实际中,很多配套器材存在质量不理想或不够科学的问题,例如弹簧不呈现拉力与伸长量的关系、温度计测温不准确。所以,教师要在实验前提前做“下水实验”,以确定所使用器材合格、合理,否则就需要对其加以改进。例如认识鼓面的振动,传统的做法都是在鼓面上撒些小豆子,通过观察敲击鼓面时豆子的跳动来推测鼓面在振动。但在实践中发现,敲击一下,豆子就跳动一下;敲击停止,豆子也跟着静止。振动是指在平衡位置附近的往复运动。教师通过反复实践后采用如下方法:在鼓面贴一面小镜子,用激光灯光线照射在镜子上,当敲击鼓面时,就可观察到因镜子振动而引起光点的晃动,甚至可以观察到光点晃动幅度的逐渐衰减,很好地解决往复运动的问题,学生比较容易得出“鼓发声时,鼓面在振动”的结论。

（一）为提高效果进行改进

科学实验课基本都配备了实验器材，但也存在配套实验器材不理想的情况，那就需要想办法进行改进，使实验效果更加明显。

例如认识真空不能传播声音，传统实验是使用一个又厚又重的大玻璃罩，扣住放有闹铃的底盘之后，抽掉罩子里的空气，再听闹铃声，需要用到抽气机，比较麻烦。为了增加实验的效果并降低难度，笔者对这个实验进行了重新设计：在一只圆筒内铺上厚厚的松软海绵，在海绵上放置一枚小小的音乐芯片，让音乐芯片发声后，用连接有单向阀和一支 60 毫升注射器的盖子盖住圆筒，音乐声还很清晰，当拉开注射器活塞，使圆筒内空气变得稀薄，音乐声就逐渐减弱，几乎听不到了。整个装置小巧，效果明显，很轻松就能实现学生的分组实验。如果再配上分贝检测装置，那么学生对真空不能传声的认识会更加深刻。

（二）为更符合科学原理进行改进

教材中的有些实验是不够科学的。这时，就需要教师及时改进，使其更加符合科学原理，体现出科学课的科学性。例如对定滑轮的研究，学生实验中测出的数据显示弹簧秤的拉力都要略小于钩码的自重，不能支持“定滑轮不省力也不费力”的结论。通过对其进行分析可知：弹簧秤是挂在定滑轮另一侧向下拉的，这样使用，弹簧秤自重克服了一部分钩码的重力，所以当拉动弹簧秤时，拉力自然就小于钩码自重了。数据还显示，随着钩码数量的增加，这种影响在逐渐减小，也证明了上述分析的正确性——弹簧秤的重力不会改变，当钩码重力达到一定程度，弹簧秤的重力可以忽略不计时，才符合正确的规律。所以，该实验为了更加符合科学性，一方面可以对弹簧秤的材质进行改进，使其重力远远小于一个钩码的重力；另一方面可以增加开始实验时钩码的数目，使钩码重力远远大于弹簧秤的重力。

五、运用教学评价，改进教学效果

多元智力理论认为每个人都同时拥有九种智力，只是在不同人身上以不同的方式和不同程度组合存在，所以每个人的智力都各具特色。因此，学校里没有所谓“差生”，关键要从多个角度评价、观察和接纳学生。

（一）评价应该推动活动持续开展

“不用爬树能力去评价一条鱼”，是上海市实行《基于课程标准的评价》的基本原则。教师要学会“蹲”下来看学生，有时也需要把学习和评价的主动权交给学生，鼓励他们在学习中发现自身才能并很好地展示出来。在学习《种子的萌发》时，学生根据是否能依据种子萌发条件，正确选择合适的材料进行绿豆种子的萌发实验，对种养习惯进行自评，并把评价结果填写在课堂学习任务单上。学生以5—6人小组为单位，互相展示与交流绿豆种子萌发的观察日记，根据持续观察记录的天数，对观察习惯进行互评；根据观察记录绿豆种子萌发过程关键变化的情况，对记录习惯进行互评。自评互评与学习任务结合的方式，推动了长周期探究的顺利开展。

（二）评价应该促进学生全面发展

评价与教学过程相互交融，从而促进与保证学生的发展。

上海市基于课程标准的评价指南中提出，自然学科建议从学习兴趣、学习习惯、学业成果对学生学习过程展开评价。这三个维度涵盖了科学素养的内容，有利于促进学生综合能力的发展。例如《空气在哪里》一课涉及捉空气、感觉空气、找空气，对应的都有评价内容。捉空气，我能捉住空气吗？如果捉到了，给自己一颗星。感觉空气，我感觉到空气了吗？是怎么感觉到的，是用眼睛看，用耳朵听，用皮肤感觉？如果我有两种或两种以上的方法，给自己奖励一颗星。找空气，这些物品中有空气吗？海绵、吸管、石块、粉笔、辣椒，预想实验结果，然后说一说，说对了并记录完整，请小组评价员或教师给自己奖励一颗星。最后是应用，就是怎样检验自行车车胎是否漏气。如果能说清楚或解释清楚，也是由小组评价员或教师奖励一颗星星。通过三个维度的全程评价，来促进学生绞尽脑汁想办法用自己的感官去感知空气，要调动学生的积极性，开动脑筋，促进评价目标的落实。这样的评价，促进了观察习惯、记录习惯的养成，推动了科学概念的形成，实现了科学实践和整个课堂的探究性学习。

（三）在评价时应该更加注重表现性评价

科学课强调学生通过实验、推理、问题解决以及与其他同学和教师交流来进行积极学习。因此，大多数实施科学探究式教学的课堂可以把一些活动与表现性评价有机结合起来。如《形形色色的叶》的评价，学生首先回忆经验，通过说、画等初步比较叶的不同，接下来用工具观察，发现更多叶的不同。这里涉及语言交流、图画记录、图表统计、工具使用、合作交流等多项技能。教师把评价融入教学过程，使用"等第＋评语"相结合的方式，根据学生的学习历程，通过交流访谈的评价方式，针对学生"观察叶的不同"的具体表现，有针对性地使用评语，以鼓励学生进一步的观察。教师通过学习单记录的评价方式，针对学生小组"用不同方法比较叶的大小"的具体表现，有针对性地使用评语，以激励合作表现良好的学生小组，树立小组合作的榜样，促进小组合作意识的形成。

充分发挥评价的功能，不仅能够促进学生的全面发展，也能促进教师的专业化发展。

参考文献：

［1］顾志跃.小学"科学"学与教的研究［M］.上海：上海三联书店，2011.

［2］韦钰，［加］罗威.探究式科学教育教学指导［M］.北京：教育科学出版社，2005.

［3］徐敬标.有效教学——小学科学教学中的问题与对策［M］.长春：东北师范大学出版社，2007.

［4］中华人民共和国教育部.义务教育小学科学课程标准［M］.北京：北京师范大学出版社，2017.

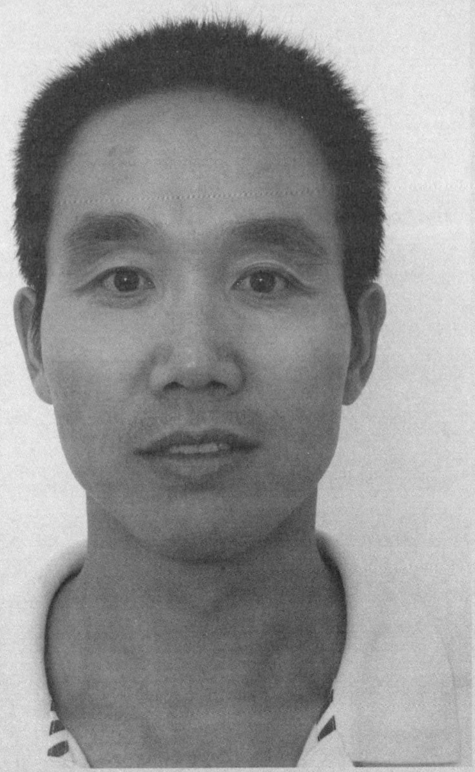

蔺先杰，克拉玛依市第一中学物理教师，高级教师。2013 年 7 月，克拉玛依电视台做人物专访：专题片《良师益友》；任 2017 届高三物理教研组组长，带领的物理团队在自治区一模、二模考试中，平均分分别超第二名 15.4 分、17.9 分，高考成绩各项指标均为 A；2020 年 8 月，参加了由北京大学物理学院主办的“北京大学 2020 年物理培优教学论坛”。

高中物理特长生培养模式探析

克拉玛依市第一中学　蔺先杰

【摘要】随着高考改革的推进和自主招生制度的不断完善，中学课程也将进行分层、分类，向多样化的方向发展。在大学先修课程不完善的情况下，五大学科竞赛依然是中学培养学科特长生的主要形式，竞赛成绩是具有自主招生资格的高校选拔人才的重要参考依据。物理竞赛对基础学科人才的早期发现和培养具有很大的贡献。本文从完整的物理课程体系、完善的拓展课程、科学的培训计划、特长生的综合素质、拓展教师的专业素养等方面探析物理特长生的培养模式。

【关键词】特长生；课程体系；拓展课程；综合素质

一、引言

2003年，教育部开始推行自主招生，结束了此前高校只能在每年同一时间招考的历史。2012年，《教育部关于进一步深化高校自主招生选拔录取改革试点工作的指导意见》对自主招生招收对象给出具体规定："招收的主要对象是具有学科特长和创新潜质的优秀学生。"在高考改革不断推进和自主招生制度不断完善的背景下，学科特长生的培养成为重点中学的重要课题。

目前，绝大多数学校的学科特长生的培养还处于初级阶段。不同学校培养学科特长生主要采取两种途径。第一，学校根据学生成绩对学生进行分班，分为平行班和实验班，通过实验班的教学培养特长生。这些学校基本上都以课程标准和高考考试大纲为依据，对实验班进行教学，培养出的学科特长生与高校自主招生所指的特长生还有很大的差距。第二，极少数具有优质生源的学校在平行班和实验班的基础上组建了奥赛班，通过奥赛班的教学培养特长生。这种做法在培养对象上更具有针对性，但奥赛班平时的教学内容仍然会受到课程标准和高考考试大纲的限制，特长生在平时的学习过程中长期处于“吃不饱”“吃不好”的状态，这对特长生的发展极为不利。有必要指出的是，我国长期使用整齐划一的教材，学习的可选择性较差，这就埋没了许多特长生的天赋，人才资源的浪费很严重，因此为特长生配备相对成熟的教材势在必行。那么怎样的培养模式更有利于特长生的成长和发展呢？本文结合克拉玛依市和上海市在培养学科特长生方面的做法，对物理学科特长生培养模式进行实证性探析，以期为克拉玛依地区物理学科特长生的培养提供参考依据。

二、完整的物理课程体系是物理特长生发展的基础

2013 年，克拉玛依市第一中学全面实施教学综合改革，物理学科构建了完整的课程体系。高中物理学科课程体系如下：

物理Ⅰ(必修)：人文与社会方向的学生(未来发展对物理要求不高)；

物理Ⅱ(必修)：工程与经济学方向的学生(未来发展对物理要求较高)；

物理Ⅲ(必修)：数理方向和物理学习能力较强的学生；

物理Ⅳ(选修)：参加自主招生、奥林匹克竞赛的学生；

物理Ⅴ(选修)：数理方向和物理学习能力很强的学生。

学科课程总共分为五层，学生根据自己的兴趣、意愿和学科的建议，选择适合自己的课程学习，实现了分层、分类。在这样的分层选择中，每一届总有 10%—15%的优秀学生选择物理Ⅲ、物理Ⅳ、物理Ⅴ中的一门、两门或三门。这样的课程体系满足了学有余力学生的学习需求，对他们自身潜能的挖掘具有积极的意义。

课程体系构建的宗旨是为了每一个学生的利益，为了每一个学生的发展。这样的课程体系能否顺利实施，从短期来看，需要高考和竞赛的检验。从 2013 年以来，我校已经毕业 2016 届、2017 届两届学生，高考成绩都比较突出。竞赛方面，2016 届、2017 届、2018 届中，每届获得省级二等奖的学生有 30 人左右，省级一等

奖累计7人(2013年以前人数为0),2018届1名学生以省级第一名的成绩进入省队。

三、完善的拓展课程是物理特长生发展的保障

物理学科依靠完整的课程体系,虽然在省级赛区取得了不错的成绩,竞赛成绩也接近新疆最高水平,但与全国水平还有比较大的差距。2018届我市省级第一名的学生在全国决赛的成绩是185分,全国银牌、金牌、国家集训队的分数线分别是220分、270分、287分,该生与银牌分数线有35分的差距。面对这样的差距,我们并不悲观,只要我们有完善的拓展课程,我们完全有可能缩小差距。

在第一中学中,物理Ⅲ、物理Ⅳ、物理Ⅴ属于拓展课程,现在每一层拓展课程的内容还不够完善。笔者在第一中学已经完整实施了一轮物理Ⅲ、物理Ⅳ的课程,对物理Ⅴ也进行了系统的学习。来到上海后,笔者研究了延安中学竞赛课程的实施方案,全程跟踪了高一、高二的竞赛课堂;并研究了上海市在竞赛培训方面做得最好的机构的竞赛课程实施方案。通过对比,笔者发现第一中学在物理Ⅲ、物理Ⅳ、物理Ⅴ教材的选择上存在比较大的问题,这正是制约我校学生向更高水平跨越的主要原因。

目前,第一中学的物理Ⅲ用的是秦建云主编的《高中物理原理与方法:力学》《高中物理原理与方法:电磁学》《高中物理原理与方法:热学、光学、近代物理》。但该系列教材缺少配套的习题训练,如果没有适量的题目作为练习,学生只能达到理解的程度,不能灵活运用所学知识解决问题。为了弥补这项不足,借鉴延安中学的做法,可以为该系列教材配套舒幼生、钟小平主编的《高中物理竞赛培优教程》,这样物理Ⅲ的课程内容就比较完善了。

到目前为止,关于物理Ⅳ和物理Ⅴ教材的选择,学科没有给出统一的标准,由各年级的任课教师自选。这样容易出现选择的随意性,如果教材选择方向走偏,就会给学生的学习造成很大的困难和损失。其实,关于物理Ⅳ难度的教材选择,上海市已经普遍达成了共识。所以,借鉴上海的做法,物理Ⅳ复赛难度的教材可

以选择程稼夫主编的《中学奥林匹克竞赛物理讲座》《中学奥林匹克竞赛物理教程:力学篇》《中学奥林匹克竞赛物理教程:电磁学篇》,该系列教材是目前为止最具权威和实用性的系列工具书。物理Ⅳ决赛难度的教材可以选择舒幼生主编的《奥赛物理题选》或《物理学难题集萃》,或可选择郑永令主编的《国际物理奥赛的培训与选拔》。参考上海各重点中学的做法,物理Ⅴ可以选择的教材是郑永令等主编的《力学》《电磁学》。

综上,这样的选择使得拓展型课程的内容既充实又完善,给特长生配备了完善的课程资源,为他们的进阶学习指明了方向。

四、科学的培训计划是提高培训效率的关键

(一)选拔物理特长生

1. 原则

对物理学科充满浓厚、持久的兴趣,具有扎实的数学功底,每人主修一门拓展型课程。

2. 选拔时间及要求

初次选拔人数:30人左右,高一上学期第一学段考试后,选拔要求是对物理学充满兴趣。

第二次选拔人数:20人左右,高一上学期第二学段考试后,选拔要求是高中物理学水平优秀。

第三次选拔人数:10人左右,高二上学期开学,参加全国竞赛后,选拔要求是竞赛层次的知识水平优秀,实验能力强,心理素质好。

(二)制订培训计划

1. 总目标

高中物理竞赛目的是促进中学生提高学习物理的兴趣,改进学习方法,增强学习能力;发现具有突出才能的青少年,以便更好地对他们进行培养。

高一:培养兴趣,掌握高考水平的物理学知识,有利于高考。争取让尽量多的

学生能进入复赛，能获省级赛区一等奖。

高二：培养兴趣，掌握复赛、决赛水平的物理学知识，有利于竞赛。争取尽量多的学生获省级赛区一等奖，有学生进入冬令营及集训队。

2. 教学内容

高一：按原甲种本教材要求完成全部高中物理教学内容，基本完成大学自主招生要求的物理教学内容，掌握实验的基本方法和技能。

高二：系统地完成竞赛大纲要求的物理教学内容，培养思维能力；加强大学普通物理内容的学习以及普通物理实验的操作；进行难题、决赛题的训练；进行赛前强化训练。

3. 教学时间

高一每周 5 课时，以教师讲授为主；高二每周 6 课时，以学生讲练为主。

五、提高学生的综合素质是特长生培养的重要任务

（一）培养学生的自学能力

物理竞赛大纲规定的内容远远超出中学教学大纲的范围，因此在平时教学中，教师要有计划地培养学生自主学习的习惯，循序渐进地提高学生的自学能力。高一上学期的辅导阶段，由于学生自学能力较弱，教师可以先讲课，再引导学生自学教材，对知识进行整理、比较、分类、归纳。高一下学期的辅导阶段，教师可先给学生提供较详细的自学提纲，引导学生自学，然后再对重难点进行讲解。高二则只需给学生推荐适当的教材，提出大致的学习要求，学生自学归纳知识结构，遇到疑难问题可以跟同学、教师共同讨论解决。

延安中学对学生自学能力的培养方法值得我校借鉴。到了高二，物理竞赛班的课都是由学生来上的。教师事先与每个学生沟通好，明确每个学生上课的具体内容。学生在课后要花大量的时间准备自己的课，时间可能是几周，也可能是一两个月。从开学到现在，高二竞赛课主要由三位学生轮流承担，一位学生上完了电磁感应，一位学生上完了电路，一位学生上完了力学中的动量和角动量、热学，

现在正在学习静电场部分的内容，他们上课的难度已经达到能做竞赛复赛题目的程度。学生在上课讲解的过程中，会充分暴露自己的思维过程，好的地方学生之间可以借鉴，有争论的地方可以辩论、指正。在这个过程中，大家的能力都得到了提高。

学生有了较强的自学能力，便如虎添翼，能脱离教师自主学习物理Ⅳ的进阶课程以及物理Ⅴ的大学先修课程。因此，自学能力是特长生培养要完成的重要任务之一。

（二）培养学生的思维能力

在特长生的培养中，教师要把重点放在思维能力的培养上，有意识地渗透科学思维方式和科学研究方法。避免题海战术，选择经典题型做例题，尽可能一题多解，配套类似题型做练习，做到讲、练、考统一。要把典型问题当作物理知识来对待，因为典型问题的解决一定包含重要的物理思想和方法。培养学生将物理问题转化为数学问题的能力，培养学生运用数学知识解决物理问题的能力，提高学生运用物理知识解决实际问题的能力。

（三）培养学生的实验探究能力

2017年的联赛复赛理论改为320分，实验改为80分，虽说分值比往年加倍，但理论与实验的分值比例没有发生变化。在真正的比赛中，为了争取赛区一等奖或者进入省队，实验从来都是非常关键的。因为在水平相当的情况下，理论无法拉开太大差距，而不会做实验，其结果往往是毁灭性的。官方公布的比赛指定实验都是从大纲规定的34个实验中挑选出来的，基本上每年不同，但可以重复。

实验赛的实验内容虽然被大纲所规定，但是在实际考试过程中，试题通常会在标准实验的基础上进行变化。例如：用与标准实验不同的方法测量；用类似的方法测量不同的物理量；考察“选做”“研究型”“拓展”内容；考察“黑盒子”等设计性强的实验。在操作不出现错误的情况下，按照卷面进行评分。因此，对学生书写实验报告、绘制数据图谱的能力和规范要求较高，即全面素养考察，而非记住如何做实验。学校有条件的情况下，尽量利用学校的设备，每周进行训练，使学生养成做实验、写报告的好习惯。

（四）培养学生良好的心理品质

教师要引导、激励学生奋发向上，培养学生长期专注做一件事的能力，培养学生不怕困难、勇于挑战的精神和不断探索的良好品格。在教学中，教师要有意识地进行物理学史的教育，如通过科学家十年磨一剑、几十年如一日的案例渗透情感、态度、价值观教育。

教师要打造一个身心健康成长的团队。在进阶学习过程中，很多难点问题是学生们分工查阅资料，然后相互交流、讨论解决的。在实验中，常常以小组为单位，合作完成实验。学生学习用书、笔记等都是可以相互交流的。这样的做法形成了团队合作的精神，而这种精神对以后的工作、科研都有重要影响。

教师不要轻易给学生定位，要从发展的角度看待每一个学生，每一个特长生都是一个独特的个体。教师要让学生知道人是有能力差异的，有的差异是可以通过勤奋来弥补的，有的差异就是天赋，无法弥补。要让学生学会接受别人比自己强，竭尽全力地挖掘自身潜能。

六、特长生的培养需要高素质的拓展教师

（一）学科专业知识储备

拓展教师必须具备原甲种本高中物理知识体系相关的数学知识和物理竞赛大纲中涉及的大学物理知识。物理竞赛解决问题的方法大多属于高中与大学知识的衔接点，所以要比较熟悉大学教材，精通高中教材，并以竞赛大纲为纽带，将高中知识与大学知识结合起来，适时适度地进行竞赛指导。

以“天体运动”为例，按“基础—巩固—提高”顺序设计教学流程。

高中教材：开普勒定律和万有引力定律。

竞赛大纲：开普勒定律、椭圆轨道的有关计算，大学教材中的角动量守恒定律。

第一步：学习万有引力定律、开普勒定律及在圆周运动中的应用（高中内容）；

第二步:推导引力势能公式;第三步:用微元法和开普勒行星运动第二定律推导出与角动量守恒定律相似的规律;第四步:补充角动量守恒定律。

(二)物理竞赛中常用解题方法的教学

从表面上看,通过几个典型例题向学生介绍方法的运用并不困难,但是要使学生掌握并能灵活地运用并不是一件容易的事。高中物理竞赛是以知识为载体的能力竞赛,要求参赛选手能在透彻分析物理过程的基础上建立科学模型,选择适当的解题方法,以达到顺利解决实际问题的目的。就建立科学模型和选择适当的解题方法而言,后者难于前者。即使对指导教师来说,为科学模型选择一个符合题目物理情境的解题方法也是一件不容易的事。指导教师做不好,学生很难受到画龙点睛的点拨,综合处理问题的能力就难以提高。

学生在运用原有解题方法解答新问题时遇到困难,此时揭示原有方法的局限性,并探索、创新出新的解题方法,解答新问题;学生在解答新问题的过程中,也可从不同角度、不同深度探索出解答新问题的不同方法,从而实现方法的创新,培养学生的创新思维能力。

物理竞赛辅导中方法创新的特点是:第一,运用新的、概括水平较高的一般性方法替代原有适用范围较窄的方法,如质点系的牛顿运动定律、非惯性系的牛顿运动定律;第二,提出新的比较简洁方法,如对称法、等效法、微元法;第三,运用不同思维方式提出新的方法,如极限思维法、逆向思维法。

解题只是手段,通过解题,锻炼透彻分析问题、灵活融会贯通知识和解决实际问题的能力。精妙的解题方法技巧是创新思维的火花,教师应当在学生的解题思维过程中予以恰当的点拨,起到茅塞顿开、画龙点睛的作用,千万不可把解题技巧以知识的形式灌输给学生。营造一种"敢于质疑,畅所欲言"的学习氛围,使学生在质疑中思考,在讨论中提高,激活思想,激发灵感,切实感受到学习物理的乐趣,避免枯燥、单调的学习方式。

(三)多元辅导方式相结合

1. 高一入门阶段:建立"教师为主导,学生为主体"的教学模式

注重启发心智,激发学生学习的积极性,安排任务,组织学生自主学习,并采

取课堂集体讲授和个别答疑相结合的方式解决学生自学过程中的疑难问题。定期对学生进行不同形式的知识检测，督促学生按时完成学习任务。学生根据教师制定的标准及时纠正偏差，自我评价学习效果，及时总结，反思前一阶段的学习内容。形成“发现问题—解决问题—再发现问题—再解决问题”的良性循环，营造一种开放自主的教学氛围。

2. 高二进阶阶段：建立“教师布置任务，学生备课、讲课”的教学模式

学生首先独立完成教师布置的任务，教师再进行评估并反馈给学生，然后学生轮流上讲台讲授，最后再针对疑难问题进行自由讨论。

总之，物理特长生的培养是一个系统工程，涉及学校、课程、学生、教师之间复杂的关系。在新高考制度改革和高校多元选拔人才的背景下，学校有义务寻找特长生培养模式。科学的特长生培养模式有利于及时发现人才，并对其进行正确的培养；有利于特长生脱颖而出和高校选拔优秀人才。

参考文献：

[1] 程稼夫.中学奥林匹克竞赛物理教程·力学篇(第2版)[M].北京：中国科学技术大学出版社，2013.

[2] 江华.高中物理竞赛辅导中分层教学的实践与探究[J].科学教育，2012(5)：40－43.

[3] 全国中学生物理竞赛委员会.全国中学生物理竞赛专辑(2016—2017)[M].北京：北京大学出版社，2017.

[4] 师瑞霞.高中物理竞赛辅导中的有效性教学反思[J].青少年日记(教育教学研究)，2012(10)：10.

[5] 汤福生.浅析新课程标准下物理特长生的培养策略[J].课程教育研究，2015(17)：163.

[6] 叶善祥，屈善玲.浅谈如何培养物理特长生[J].中国校外教育，2010(S2)：552.

陈钰茹，克拉玛依市第八小学数学教师、课程校务部主任，克拉玛依市骨干教师，克拉玛依市教学能手。上海著名校长、合作学习研究专家、学校管理咨询专家郑杰校长"克拉玛依市快乐合作研习社"负责人。从教以来，始终以"在快乐中学数学，学快乐的数学"为教学信仰，开展适合学生终身发展的数学教育。坚持走在课堂改革的探索之路上，致力于"合作学习"在课堂教学中的研究，并为克拉玛依市克拉玛依区的"合作学习"教学做推广工作。

以课堂观察为抓手，提高听评课有效性的实践研究

克拉玛依市第八小学　陈钰茹

【摘要】听评课是教学和教研活动的重要内容之一。听评课是参与者相互提供教学信息，共同收集和感受课堂信息，并在充分拥有信息的基础上，围绕共同关心的问题进行对话交流，以改进课堂教学效果、提升教学质量、促进教师专业能力提高的一种教研活动。以课堂观察为抓手，研究听评课操作体系，指导教师在听评课中建立合作伙伴关系，保持适当的张力，发挥各自的优点，努力达成共同目标就显得尤为重要。

【关键词】课堂观察；专业听评课；合作同行

通过问卷调查，笔者发现82.2%的教师愿意和非常愿意通过合作促进自身专业发展，78%的教师完全认同和比较认同同事之间的专业交流，47.9%的教师选择与同事结成伙伴促进专业发展的方式。因为课堂是构建教师之间合作伙伴关系的重要场所，所以课堂教学研究成为重要的关注焦点之一，课堂观察成为教师合作实施教学研究的一种重要方式。

一、表面现象问题及背后原因

经过实践，笔者发现指向听评课转换的课堂观察有研究、有技术、有合作。首先，课堂观察指向课堂教学问题的发现和解决，是一种研究课堂教学的重要方式。其次，课堂观察需要运用课堂教学的数据和信息来评判课堂教学活动，是一种由数据驱动的研究。最后，课堂观察需要多方持续的合作，不仅是观察过程中的合

作，还是观察前和观察后之间的合作，是一种合作的研究，为教师合作提供了一个重要的载体。

通过对教师队伍听评课状况进行分析，笔者发现存在以下三种情况的问题。第一，无合作的任务。教师们为了听课而听课，没有共同研讨的问题。听课教师在走进观课教室后才知道要听的是什么内容，或者一节课都与学生一样在学科知识里学习。第二，无证据的推论。教师们在评课环节中对讲授课堂进行多方面的评价，如教学环节、重难点突破，但是所有的结论没有证据，凭经验而谈。第三，无研究的实践。在听评课中，有研究的中心问题，也围绕问题进行课堂实践观察，但是评课时没有研究和分析。基于以上几种现象，以课堂观察为抓手，探索听评课的操作体系就显得尤为重要。

二、听评课前准备些什么

课堂观察有三个纬度：第一个纬度，学生的学习，看学生的学习是否有效；第二个纬度，教师的主要教学行为与教学文化；第三个纬度，学科性质。语文课就要像语文课，数学课要有数学课的特色，可以抓住几个关键节点，开发工具，进行观察。

（一）教师角度的思考

教师是课堂教学的组织者、引导者、促进者，他从课程出发，以有效为目标，组织教学。为了提高教师听评课的基本能力，一般从课堂教师行为进行课堂观察，研究教学目标的制定和达成情况，研究教师提问、教学手段的选择是否构建真正发生学习的课堂。所以在听评课之前，听课者要对授课者的教案进行分析，了解教学目标、教学环节、教学手段、教学效果，做到心中有数。

在评价量表中，体现需要观察的几个维度。(1)预设的课时目标是什么，目标是根据什么预设的，预设得怎么样。(2)预设哪些教与学方法，生成哪些教与学方法，这些方法有没有引起学生对本学科学习方法的关注，效果如何。(3)预设哪些资源，意图是什么，生成哪些资源，利用的效果如何，向学生推荐哪些资源，现实性和有效性如何。(4)预设、生成哪些(课堂、课外)练习，是怎么布置的，作业与课堂教学的内容有怎样的关系。

（二）学生角度的思考

学生是整个学习活动的主人，学生的学习状况、学习效果是评价一节课是否是节好课的标准之一。所以，对课堂教师行为进行观察的同时，还要关注课堂教师行为下的学生学习情况。（1）学生课前准备了什么，是教师布置的还是自己做的，准备得怎么样，有多少学生做了准备，学困生是否参与其中。（2）有多少学生能倾听教师的讲课，能倾听多少时间，对哪些感兴趣；有多少学生能倾听同学的发言，有多少人没认真听；倾听时，学生有哪些辅助行为（笔记、阅读、提问），有多少人。（3）课堂中有哪些互动行为，有多少人参与，学困生的互动习惯怎么样。（4）课堂中学生可自主支配的时间有多少，有多少人参与，学困生的参与情况如何；学生自主学习的形式有哪些，学生的自主学习是否有序。（5）学生是否清楚这节课要干什么，有多少学生能用自己的话解释、表达核心知识和概念，有多少学生能用学到的技能和方法解决新的问题。

（三）观察量表的制定

1. 课堂观察量表

课堂教学通常分为讲授型和合作探究型，根据教学手段的不同，设计的课堂观察量表也不同。基于对教师角度和学生角度的思考之后，笔者结合具体的教学内容以及教学形式制定不同的观察量表。

比如讲授型，课堂观察的重心包括教学环节设计、教师提问以及学生的学习情况和互动情况。（见表1）

表1　讲授型课堂观察量表

观察点	表征	描述
活动任务	1. 教学目标是否符合课程标准?	
	2. 教学内容设置是否符合学生学情?	
	3. 问题难易程度是否恰当?	
	4. 问题设计是否有合作空间?	

（续表）

观察点	表征	描述
互动状态	5. 有多少学生能认真倾听教师的授课？	
	6. 有多少学生能倾听同学的发言？多少人没认真听？	
	7. 有多少学生能积极与其他同学共同完成任务？	
	8. 提问对象（向教师提问或学生互相提问）有哪些？各有多少人？	
	9. 分享交流时，学生是否敢于承认不足，坦诚接受不同见解？	
	10. 教师追问、转问、用学生话语中的关键词回应学生时，能否引发学生深入思考？	
	11. 教师归并、比较、用整理出来的要点回应学生时，能否引发学生深入思考？	
	12. 教师的强调或点评是否到位？	
	13. 学生总体课堂参与情况（人数）如何？	
	14. 教师是否关注特殊学生（学优生、学困生等）？	
	15. 课堂学习氛围是否融洽、协调？	
总体描述		

再比如教学手段以合作探究型为主的课堂，则要从教师课堂提问和环节把控以及学生合作学习等方面进行观察。（见表 2）

表 2　合作探究型课堂观察量表

一级指标	二级指标	评分细目及说明	权重	得分
学生（50 分）	预习	（1）课前准备充分，动作迅速。（2）学生预习规范、习惯良好。	10	
	发言	（1）参与面大，发言踊跃。（2）切中主题，质量较高。（3）声音洪亮，简洁流畅。	10	
	合作	（1）组内合作有序，配合默契，帮扶有效。（2）组内分工明确，组员积极参与，充分履职。（3）交流、倾听、质疑、争论、归纳等习惯良好。	15	
	展示	（1）组内展示充分、有序。（2）组间展示竞争充分、规范有序。（3）敢于提问，有效质疑。（4）点评准确，评价恰当。	15	

（续表）

一级指标	二级指标	评分细目及说明	权重	得分
教师（30分）	学习目标	(1)学习目标全面、具体、准确。(2)目标导学，学法导引恰当具体。	5	
	问题设置	(1)目标有效分解，将知识问题化。(2)学案导学，将问题层次化和情境化。(3)合作学习的问题设置具体、明确、恰当。	6	
	教学流程	(1)预习、合作、展示、讲解、测评等环节清晰。(2)课堂结构符合学科特点。(3)方法有机整合，合作探究充分。	7	
	组织调控	(1)及时掌握学情，收集问题。(2)活动时间分配合理，讲解时间总和一般不超过 15 分钟。(3)合作方式选用合理。(4)展示突出重点，难点释疑启发点拨到位，形式恰当。(5)评价、追问、反馈、矫正、拓展及时有效。	12	
效果（20分）	目标达成	(1)学生当堂完成训练，目标达成率高。(2)学生思维活跃，状态积极，满意率高。	20	
总分			100	
简评：				

2. 学生观察量表

学生的课堂行为是帮助教师分析教学效果最好的依据，所以在制定课堂教师行为观察量表的同时，还要制定学生观察量表。（见表 3）

表 3　学生观察量表

教师教案		听讲	回答教师问题	回答学生问题	讨论	做题	提问	独立思考	齐答	朗读
导入环节										
新授环节										
探究环节										

（续表）

教师教案		听讲	回答 教师问题	回答 学生问题	讨论	做题	提问	独立思考	齐答	朗读
巩固环节										
总结环节										

除了观察学生行为外，还需要对课堂整体学习情况进行统计分析，制定“课堂观察之不同层次学生回答频次记录表”。根据课堂情况，在座位表上标出回答问题的同学，用画正字表示频次；同时关注回答方式，自愿回答用 Z 表示，被动回答用 B 表示。

（四）召开听课前会议

做好以上准备工作之后，建议在听课前召开一次时间为 15 分钟左右的会议，为听评课做好准备。听课前会议要达到明确教学主题和教学目标，汇集听课者思考和困惑的问题，课堂观察量表的解读，课堂观察的分工和重点，明确听课后的讨论时间和地点等目的。还有一点非常重要，就是让讲课者介绍学生情况，最好能提供学优生与学困生的座次表，并指定学生行为观察人。

三、听课中关注什么

（一）教师行为观察

教师是课堂教学的主导者，教师的教学行为是影响学生学习行为和学习效果的重要因素。教师的教学行为在课堂教学中表现为以教师为行为主体的一系列事实，这些事实大多是显性的、易于观察的。观察结果能为评价提供可靠的依据。

教师上课的主要行为有讲述、提问(包括追问)、解答(包括评价)、出示、示范、指令等，在听课过程中根据不同的行为观察进行不同的记录。

1. 指令行为的记录技术

指令是教师指示学生进行各种学习行为(讨论、交流、朗诵、板演、表演、实验、演讲等)的语言。为保证流程完整，一般记录指令语言的大义。指令不明确或有歧义时，要记原话，以供分析。当指令有问题时，要关注后续的学生反应。

2. 提问行为的记录技术

提问包括向学生个体或群体的发问，也包括学生回答以后的追问。一般要记录原话，要与学生的回答对应，要关注问题提出后学生的反应，并有选择地予以记录，较少关注追问的质量。

3. 示范行为的记录技术

示范是指教师在课堂上的范读、演示实验以及出示各种教学资源，如录像、录音、实物、板书、小黑板、概括叙述。

（二）学生行为观察

在个别化课堂实录前，研究组需要在课前准备好记录材料，左边一栏为执教教师的详细教案，右半一栏则为观察教师留白，便于观察教师对应不同的教学环节，记录被观察学生的一言一行，甚至包括神态和情绪的变化。这种一位教师观察一位学生的个别化课堂实录，能真实地还原学生学习的整个过程，并为之后的研讨提供鲜活的素材。在观察中可以注意学生的情绪、学生认真倾听的状态、学生课堂互动的状态、学生其他活动的状态、学生对教学内容的接受程度以及学习过程中的异常情况。

四、听课之后评什么

（一）对听课环节中信息收集的研究

听课的过程就是收集评课证据的过程，需要依照事先的计划及所选择的记录方法进行。探究在不同的授课内容和共同研讨的问题下，运用观察量表进行观课，研究如何进行课堂教师行为观察和数据收集、分析等。

1. 关于教师提问有效性的数据分析

运用包含教师提问记录和学生举手人数统计两部分内容的“教师提问及学生举手人数统计表”，对教师提问的有效性和学生回答问题的反应情况进行记录和分析，对提高教学效果起着重要的作用。通过教学提问活动，教师和学生可以分别从中获得对各自有意义的反馈信息。

以沪教版数学四年级上册“逆推”一课为例，研究小组通过“教师提问及学生举手人数统计表”分析教师课堂提问的有效性。从数据中可以看出，授课教师设计的5个核心问题中，超过50%的学生关注“这个计算魔盒是如何猜到你想的那个数的”这一问题，计算魔盒游戏大大激发了学生的学习情趣。对比“正推”“逆推”异同环节的提问，只有12名学生举手，这说明学生在前一环节的学习中没有建立“正推”“逆推”之间的联系，所以对比异同较困难。在5个核心问题中，有3个问题是反问句，学生回答起来是有难度的。观课者通过具体的数据统计分析帮助授课教师分析教学中的优点和不足，授课教师根据反馈的信息调整后续的教学活动。

2. 学生学习情况的统计

基于教师提问后学生的回答情况，可以按照班级学生座位设计“不同层次学生回答频次记录表”，对整个学习过程中学生回答问题的频次进行记录。这既可以帮助分析教师提问的有效性，又可以分析学生在课堂中的学习状况。以“天鹅的故事”一课为例，观课小组中的一名教师对整堂课学生回答问题的情况进行了统计。整节课全班齐答问题8次，主动举手发言有31人，占全班人数75.61%。其中，A水平学生有11人，占35.48%；B水平学生有10人，占32.26%；C水平学生有8人，占25.81%；D水平学生有2人，占6.45%。这说明教师的提问能引导学生发生学习，问题的难易程度适中，参与的学生面比较广。

数学课堂教学更注重知识形成的过程与方法的掌握，所以在合作学习的环节中加入对小组成员的行为观察，能更好地帮助教师分析学生的学习情况。小组成员可以分别设计“学生学习活动讨论观察表”“学生学习活动情况解题运用观察表”，并进行记录分析。再以“逆推”一课为例，观课小组将学生分成9个小组，每个小组一名观察员，从学生合作交流、动手操作、解题环节等方面进行观察，记录学生的表现，分析学生的学习情况。从“学生学习活动讨论观察表”可知，C同学是小组的中心发言人，思路清晰，能用较准确的语言表述自己的想法；A同学在C同学发言后，可以提出更深层次的问题，引发大家的思考；B、D两位同学在小组讨论中比较被动，对他人的想法没有超越。对于合作学习中出现一生强他生弱、学困生搭便车的现象，教师要采用合适的合作策略和评价方式，培养他们的合作能力和团队意识，形成共同成长的合作意识。

从“学生学习活动解题运用观察表”可知，B、C同学对树状算图的写法和列综合算式两个知识点都能熟练掌握，解题过程中没有太大困难；A同学虽然掌握了树状算图的写法，但是对列综合算式仍有疑惑；D同学没有按照题目的内容书写完整的树状算图，在列综合算式上也有困难，说明未能较好地掌握本节难点。根据分析出来的学生学习情况，教师可以有针对性地进行辅导，提高教学质量。

（二）评课交流环节

一般评课环节包括授课者课后说课、观察者评课、授课者结合评课情况进行反思等环节。

在评课会议上，观察者不要急于宣读观察记录，要先请授课者进行课后说课。因为听课前会议已经有了说课，此时的说课主要是结合授课实际，说一说教学执行情况，谈一谈在讲课过程中哪些预设目标达成了，哪些没有，以及对哪些学生生成及时做了处理，哪些没有处理得当，让授课者有足够的时间表达自己的想法，对教学设计与授课进行分析、总结，找出问题，提出改进措施，从而优化课堂教学。

接下来的评课环节是对课堂观察进行分析后，双方抱着“对话”的研究心态进行的合作环节，以合作者的身份进行开诚布公的交流，分享想法，就课论课，相互提升。由于评课做出基于证据的解释与推论，所以观察者在授课者说课后，应该在认真思考的基础上，依据课堂记录有理有据地与讲课者平等对话，指出课堂的亮点和失误，对失误提出可行性建议，帮助授课者进步。

最后，被观察者围绕一定主题，有选择地叙述自己的思考过程和或行为变化过程形成的反思报告，为整个听评课活动画上句号。

总之，以课堂观察为抓手的听评课为教师们搭建了合作共进的平台，全面、客观、公正、科学的听评课操作体系必将引导听评课走向专业，促进教师的专业发展。

参考文献：

[1] 崔允漷，沈毅，吴江林，等.课堂观察Ⅱ：走向专业的听评课[M].上海：华东师范大学出版社，2013.

[2] [美]丹奈尔·D.史蒂文斯，安东尼娅·J.利维.评价量表：快捷有效的教学评价工具(第 2 版)[M].陈定刚，译.广东：华南理工大学出版社，2014.

[3] 沈毅，崔允漷.课堂观察：走向专业的听评课[M].上海：华东师范大学出版社，2008.

胡庆，克拉玛依市白碱滩第五中学教师。2002 年毕业于新疆伊犁师范学院并获理学学士学位，2012 年就读于新疆师范大学在职研究生并获得证书。2008 年被评定为中学物理中教一级教师；2012 年被评定为中学物理高级教师。从 2002 年 7 月参加工作至今已满 19 年，多次获得市、区级优秀教师以及优秀班主任称号。在此期间一直从事物理教学、班主任及年级组长工作。

基于核心素养下有效听课记录的实践研究

克拉玛依市第五中学　胡　庆

【摘要】一堂课教学设计的内容很丰富，要非常详细地记录每一细节是很难办到的，因此应该有选择地做好记录，以便在自己的教学中进行借鉴并提高教学能力。认真做好听课记录是听课者基本素质的体现，它反映了听课者的品德态度、能力水平等各方面的基本素质。听课记录，不是简单的一“记”了事。听课，是为了在观察中发现问题、研究问题，改进自己和他人的实践。记录，不仅原原本本地记录课堂实况，更要记录在当时课堂场景中教师听课时生成的感受与想法。以听思之，以记酌之。

【关键词】核心素养；有效；听课记录

一、做好听课记录的意义

听课是学校经常组织的，便于教师学习成长的一项工作，也是教师最简便的学习方法之一。所谓取人之长，补己之短，他山之石，可以攻玉。听课不仅能作为一种发现、思考和提炼的教学研究活动，直接对我们教学的关注焦点做出反应，更能有效地促进听课者和授课者教学能力的提高。经常听课，有利于教师之间进行业务交流，切磋互动，相互取长补短，共同提高。听不同科目的课可以跨学科交流，促进优势互补，文理交融，有利于青年教师学习优秀教师的先进教学经验，使自己能更快地成为一名合格的教师；有利于良好教学风气的形成，促进教学改革的深入；有利于转变教学思想，更新教学观念，提高教学水平和教学质量。

听课的主要目的是吸取他人精华，缩小与他人的差距，提高自己的教学艺术，从而提高教书育人的质量。听课包括听教师的讲、听教师的导、听教师的问、听学生的答、听教师的分析评价、听听课教师的反应六方面。在听的同时做好各项记录才是后期整理提升的关键。因此，探究如何做好听课记录是十分必要的。尤其是对于青年教师的成长来说，做好听课记录能够让自己成长更快。

二、目前听课记录的困扰

在实际听课中，曾经的我和很多老师一样，感觉听与不听似乎没有多大变化，与听专家的讲座一样，当时听的时候心情澎湃，感觉是醍醐灌顶，觉得特别好，但是走出讲厅，却突然什么也记不起来，自己讲课时也运用不起来。这是怎么回事呢？其实有一大部分原因是教师们不会做听课记录。不会做课堂记录就很难有思考，当然就很难结合自己的教学了。目前大多数教师记录内容基本一致，以记录课堂的主要流程为主，遇到精彩的设计和有思考时能及时记录，也有少数教师会记录教学过程中需要商榷反思的地方。课件内容、板书和教师对话也是经常记录的内容，而这些记录大多数属于“全景全程”记录，看到哪记到哪，机械记录多于听课过程中有目的、有条理、有方向的主观思考的记录。

三、对比分析课堂记录中的问题及改进措施

1. 忽略次要的记录

很多教师往往会只记载听课过程中的教学内容部分，而忽略这些听课记录中需要填写的学校、班级、授课教师、授课时间、学科、课题、课型、课时等基础内容，认为不重要，可记可不记，或者认为记了没多大意义。其实不然，听课记录不是在听课过程中完成的一项任务，而是一份提升自我的资料。当时的听也许会给自己留下很深的影响，但是这种影响是暂时的，要想从听课中找到帮助自己、让自己产生灵感的东西需要反复斟酌，细细品味，就像反复读一本书才能感受到其中的道理一样，听课记录就起到这样的作用。读一本书，我们不仅仅只是读内容，还要了解作者，从序言中了解这本书的概貌。我们在看听课记录时也要了解授课教师是

谁，才能回味其风格；知道是哪所学校，哪个班级，才能了解本节课的教学方式适合于怎样阶段的学生，怎样程度的学生。也可能出现同一名教师在不同时期、不同场合上同一节课时的相同点和不同点以及改进的地方，从中受益，学会自我改进的方法。比如沈志辉老师教授《自由落体》，在全国中学教学比赛课时的《自由落体》和他四年后在地区组织的同课异构中的《自由落体》就有很多相似，但又有很大改变的地方。课题引入、教学方式、实验改进、学生思维引导等方面都在原有的基础上有所提升，给我很大启发。而这些都需要对比，这些对比就来自我的两次听课记录。

2. 教学过程中内容的听与记录没有达到兼容性

大多数教师在听课记录过程中仅仅记录了教师的教学基本内容，相当于教师的板书。这样的记录没有复读性，也没有后续的可参考性。之所以出现这样的记录是因为听课者在听课过程中没有使听与记录达到兼容造成的。因此，要让听课记录有价值，对自己后续有帮助，必须根据听课的目的和要求，有所侧重地将听、看、记、思的内容有机地结合起来。如教师讲授和学生发言时以听为主，兼顾观察；教师板书和学生实验时以看为主；学生练习时以思考为主等。听和记要分清主次，听课应该以听为主，要把注意力集中在听和思考上。思考什么，怎么思考，就是思考为什么要这样处理教材，换个角度行不行，对教师的成功、不足和错误要思考原因，并预测对学生产生的相关影响，如果是自己来上这节课，应怎样上；进行换位思考，如果我是学生，我是否掌握和理解了教学内容；课程建设的新理念、新方法如何体现在该节教学中，并内化为自己自觉的教学行为。一般来说，记录要详略得当、简明扼要，对内容要选择，文字要精练，对讲课中符合教学规律、有创新、有特色、好的做法以及存在的问题和不足等可以详细记录，对一些问题的思考和见解也可详细记录。

3. 记录没有侧重点，一锅炖式全盘记录

在记录过程中将整节课内容复制下来，没有侧重点，没有选择性，没有自我的思考。这样的课堂记录是无效的，没有利用的价值。

要想在课堂记录中达到效果，听课前要做好充分的准备。做好理论储备，认真学习新课标，尽量了解本学科教研现状，熟悉新的教学理念和理论；明确听的课的性质和课型。课的性质有示范课、观摩课、研讨课、探讨课、汇报课、竞赛课等；课型有新授课、活动课、复习课、练习课、评讲课等。事先了解该堂课的内容，预习一下，弄清楚思路，看看自己有没有什么疑难点，想想自己会怎样上；了解上课教师的教学风格；大致了解学生的现有学习情况。确定自己的听课目标，可以是一个知识点的解决、教学方法与手段、教学策略、实验创新、教态语速的把控、课堂把控力、练习设计、辅助手段的应用、知识的拓展、板书设计等。但只能选择一两个点进行观察，不能贪多；欲求面面俱到，反而适得其反。

四、听课记录时的建议

不同的教师在听课过程中的需求是不同的，所设定的听课目标也不同，听课时关注的点也就不同。对于不同的教师，在听课时可以从不同的关注点进行观课。关注真实情境创设、新课的导入、新知的探究、新知的巩固应用与拓展等教学环节设计，看是否能够做到随机应变，灵活调整调控教学，达到激活教学的目的；各环节如何控制时间完成每一环节的过程和过度的情况。听课时还要注意思考教师为什么这样安排教学环节；怎样使教学结构符合本节课的教学目的，各个步骤和环节之间是怎样安排的，是否条理清晰、一环紧扣一环；什么时候教师引导，什么时候学生自主探究，什么时候归纳小结，是否做到合理安排、科学调配；充分发挥每一分钟时间的效能，关注教师是怎样充分灵活、简便有效地运用学生已有的知识再现纵横联系的；是否采用举例说明、引导、比较直观演示等手段，如何运用比较、分析、综合等逻辑思维方式帮助学生突破重难点，理解掌握新知识，解决新问题；要关注如何将书本知识转化为学生的精神财富，如何组织学生自主探究、亲身体验，学会新知识；要关注教师怎样在教学过程中与学生积极互动、共同发展，怎样从以教师的教为中心向以学生的学为中心转移；怎样处理好传授知识与培养能力之间的关系，如何创设学生主动参与的教学环境，激发学生学习的积极性，培养学生学习能力；怎样培养学生学会观察质疑与比较，学会分析判断与推理，学会概括归纳与小结，学会操作演示，学会讨论辩论与争论等。听课时还要认真琢磨教师如何把信息技术与学科教学整合，充分发挥信息技术的作用，为学生的学习提供丰富多彩的教学情境，从而激发学生学习兴趣，提高教学实效；要关注教师如何设计板书，是否做到详略得当、层次分明、脉络清晰、重点突出、提纲挈领；要关注练习设计是否做到有针对性、层次性、拓展性，达到巩固新知识、培养能力的目的；要关注练习形式是否多样，是否应用所学知识解决日常生活实际问题，提高学生解决实际问题的能力；要关注教师的身体语言，教师在讲课中往往倾注了自己的情感，为了表达自己的情感，往往会使用各种身体语言进行强化，如一个眼神，一个会意或鼓励的微笑，一个恰到好处的手势，乃至教师在讲台上的步伐等。教师的举手投足都是教学进程的一部分，当然并不需要记下所有的动作，而是记下教师使用的较好的身体语言或不当部分；要关注听课时产生的随感及评价。授课教师的讲课往往对听课者产生影响，听课者在听课过程中对授课教师的教学方法选用、教学环节的优化、教学语言的特点、教学思想的体现等的思考和评价，都应及时记录下来，以便于课后评论。因此教师在观课时的关注点是多样的，为了更好地实施听课记录，可以将听课记录分为三个透视点进行记录（见附件 1），或者从预设目标、目标内容、目标外的惊喜、目标的自我对比、目标反思等方面进行记录（见附件 2）。

1. 透视点一：教师行为

（1）情境创设，引导学生解释一些日常现象或解决实际问题。

（2）结合教学内容，适时引导学生体会科学思维方法（建模、推理等）。

（3）在实验、视频等教学环节中，能引导学生注重观察，通过合理推理、逻辑推论等得到结论。

（4）在教学过程中，鼓励、引导学生发现问题、提出问题。

（5）教态亲切，语速适中，言行流畅，富有感情和幽默，逻辑清晰，有良好的师生互动。

2. 透视点二：学生群体行为

（1）在教师的引导下，能合理解释一些日常现象或解决相关实际问题。

（2）能准确运用学科词汇描述现象中所体现的思想方法；能正确运用思维方法解决相关问题。

（3）对实验、信息技术等教学环节观察仔细，乐于细考，勇于表达，通过合理推理、逻辑论证等得到结论。

（4）学生积极性高，主动提出问题，并通过教师引导、生生互动获得符合学科规律的结论。

（5）主动投入课堂，全程精神集中，课堂参与性高。

3. 透视点三：个体观察

（1）对于学生个体而言，____排____列（从窗户边数起）主动回答问题次数________、正确次数________、主动参与学生活动次数________、主动提问次数________、精神集中时间约________分钟。

（2）对于教师个体而言，教师提问次数________、有效提问次数________、提问学生个数________、鼓励学生次数________、单独辅导学生次数________、教师讲解时间约________分钟。

五、综述

一堂课教学设计的内容很丰富，要非常详细地记录每一细节是很难办到的，因此应该有选择地做好记录，以便在自己的教学中进行借鉴并提高自己的教学能力。认真做好听课记录是听课者基本素质的体现，它反映了听课者的品德态度、能力水平等各方面的基本素质。听课记录，不是简单的一“记”了事。听课，是为了在观察中发现问题、研究问题，改进自己和他人的实践。记录，不仅原原本本地记录课堂实况，更要记录在当时课堂场景中教师听课时生成的感受与想法。可以尝试用录音笔、录像机完整地采集信息，借助纸与笔记录听课过程中的思想火花。研究课堂记录，是为了促进自己更好地认识课堂、理解教学。教师带着观察与思考走进课堂，做好“听”和“记”的功能，听课记录才具有研究价值，才能成为供教师借鉴、运用、回顾反刍和系统梳理的凭借与依据，从而促进教师教学力、思考力和研究力的提升。

六、附件:课堂透视量表(课堂教学实践)、课堂具体化量表的设计

附件 1

课堂透视量表(课堂教学实践)

<table>
<tr><td colspan="7">学校:________ 班级:________ 授课教师:________ 授课时间:________
学科:________ 课题:________ 课型:________(新授课、实验课、习题课、复习课)
个体观察对象:____排____列(从窗户边数起)</td></tr>
<tr><td>模块</td><td colspan="5">评价要点</td><td>评价</td></tr>
<tr><td>教学设计</td><td colspan="5">教学目标符合课程标准,符合学生实际程度,有单元整体结构及课时教学在单元中的地位和作用</td><td></td></tr>
<tr><td rowspan="4">课堂教学</td><td>教师行为透视点(五个)</td><td>简要记录</td><td>学生群体行为透视点(五个)</td><td>简要记录</td><td>个体观察角度(专注/游离/主动/被动/反应/无反应)</td><td>简要记录</td></tr>
<tr><td>情境创设,引导学生解释一些日常现象或解决实际问题</td><td></td><td>在教师的引导下,能合理解释一些相关日常现象或解决相关实际问题</td><td></td><td></td><td></td></tr>
<tr><td>结合教学内容,适时引导学生体会科学思维方法(建模、推理等)</td><td></td><td>能准确运用学科词汇描述现象中所体现的理想方法;能正确运用思维方法解决相关问题</td><td></td><td></td><td></td></tr>
<tr><td>在实验、视频等教学环节中,能引导学生注重观察,通过合理推理、逻辑推论等得到结论</td><td></td><td>对实验、信息技术等教学环节观察仔细,乐于细考,勇于表达,通过合理推理、逻辑论证等得到结论</td><td></td><td></td><td></td></tr>
</table>

（续表）

<table>
<tr><td rowspan="2">课堂教学</td><td>在教学过程中，鼓励、引导学生发现问题、提出问题</td><td></td><td>学生积极性高，主动提出问题，并通过教师引导、生生互动获得符合学科规律的结论</td><td></td><td></td><td></td></tr>
<tr><td>教态亲切，语速适中，言行流畅，富有感情和幽默，逻辑清晰，有良好的师生互动</td><td></td><td>主动投入课堂，全程精神集中，课堂参与性高</td><td></td><td></td><td></td></tr>
<tr><td colspan="7">个体透视维度</td></tr>
<tr><td colspan="3">学生</td><td colspan="4">教师</td></tr>
<tr><td colspan="3">____排____列（从窗户边数起）
主动回答问题次数________
正确次数________
主动参与学生活动次数________
主动提问次数________
精神集中时间约________分钟</td><td colspan="4">教师提问次数______
有效提问次数______
提问学生个数______
鼓励学生次数______
单独辅导学生次数________
教师讲解时间约________分钟</td></tr>
</table>

附件 2

课堂具体化量表

<table>
<tr><td>学校：__________　班级：__________　授课教师：__________　授课时间：__________
学科：__________　课题：__________　课型：__________（新授课、实验课、习题课、复习课）</td></tr>
<tr><td>预设目标：</td></tr>
<tr><td>目标内容：</td></tr>
</table>

（续表）

目标外的惊喜：
目标的自我对比：
目标反思：

参考文献：

[1] 沈毅，崔允漷.课堂观察：走向专业的听评课[M].上海：华东师范大学出版社，2008.

[2] 李德元.从学校特色到特色学校[M].上海：华东师范大学出版社，2018.

走在成长的路上

周浩，高级教师，本科双学历，克拉玛依市教研所音乐教研员。新疆中小学音乐学科带头人、自治区教育厅艺术中考《音乐考试说明》编委、克拉玛依市教育局周浩名师工作室主持人、中央教科所“一师一优课”评审专家、新疆音乐家协会会员、新疆音协合唱学会理事、自治区教育厅艺术教育委员会委员、新疆音乐教育协会副主席、中国陶笛艺术委员会理事。论文入选中央音乐学院论文集和《中国音乐教育》核心期刊。被聘为石河子大学文学艺术学院国培课程讲师、中国石油大学（北京）克市校区“中国民族音乐与文化”“诗经与音乐”公选课兼职讲师、新疆师范大学中小学音乐教师继续教育培训项目授课专家。

中学音乐教师专业能力提升的调查研究

克拉玛依市教育研究所　周　浩

【摘要】随着中共中央办公厅、国务院办公厅《关于全面加强和改进新时代学校美育工作的意见》的推出，国家“五育并举”的教育方针正在全面落实。在国家艺术教育大背景下，克拉玛依音乐教育正处于全市艺术教育转型实施模块教学的实践探索期，音乐教师的专业能力与素质将是艺术模块教学成败的关键。教师专业成长是我市音乐教育发展的关键，教师素质与能力直接影响着我市广大中小学生音乐人文素养与能力的形成。本文以上海市长宁区挂职学习音乐教育教学工作为基础，总结思考了长宁区中学音乐教育教研及教师专业发展的有效经验，结合我市当前教育转型下中学亟须关注的中学音乐教育工作和音乐教师专业发展的实际，梳理“长宁区中学音乐教师专业发展的思路和方法”，进一步分析“克拉玛依市中学音乐教育教学现状的多个方面”，在借鉴长宁区中学音乐教育专业发展及音乐教育教学有效经验的基础上，尝试提出有效促进我市音乐教师专业发展的一些思路和做法，努力为克拉玛依教育转型下的中学艺术教育工作全面健康的发展做出有益的探索和思考。

【关键词】克拉玛依中学音乐教师；专业能力；调研与思考

2017年10月—2018年1月，笔者在上海进行了为期三个月的沪克访学教师研修学习。学习初期，笔者对于本次音乐教育教学研修学习方向及研修主题还是较为模糊的。通过与本次研修导师、长宁区中学音乐教研员张缨老师细致沟通，笔者认同和采纳了张老师的建议，把研修方向和长宁区音乐教育教学实际及克拉玛依亟须关注的教育实际结合起来，最终确定“如何促进我市音乐教师专业发展”为最终学习和研究方向。克拉玛依音乐教育正处于全市教育转型实施模块教学的实践探索期，音乐教师专业能力与素质是艺术模块教学成败的关键。教师专业成长是我市音乐教育发展的关键，教师素质与能力直接影响着我市广大中小学生的音乐素质发展。因此，把研究长宁区音乐教师专业成长作为我本次研修的重要课题是契合我市音乐教育实际的。

三个月来，笔者深入长宁区中学课堂听课评课、观摩艺术社团演出、参加各类教研活动和教育论坛、接受音乐名师培训、观看音乐剧和荧屏军歌等艺术展演竞赛……全方位了解长宁音乐教育现状、教研模式、教学方法、艺术社团和教学业绩，可谓学习扎实、收获满满。高强度、高密度、高质量的听课和教研活动及主题讲座，让我目不暇接；上海教育同仁严谨扎实的工作作风，专业化高水平的艺术教研培训方法和理念，让我感触很深收获很大。上海教育发展速度之快、思路解放程度之高、城市环境建设之美、上海教育人对教育事业孜孜不倦的追求和创新的精神，都给人留下深刻印象。

研修学习中，个人逐渐认为：教师专业能力提升的关键因素应该是两个方面，即外因与内因的结合。外因是教育平台、政策理念、发展机制、奖励制度等，这与学校、教育行政部门有联系；内因则是教师自身发展动机、教育价值观、兴趣利益导向等。好的教师专业发展经验模式应该是两方面齐头并进、相互作用的结果。而长宁区教育学院在促进音乐教师专业发展方面进行了极其有价值的探索，取得了很大成绩，形成了值得我市音乐教师借鉴的经验与方法。通过短短三个月的学习、观摩、交流、研讨等，本人对长宁区音乐教师专业发展进行了深入思考和梳理，形成不成熟的调研报告，希望能为我市音乐教师专业发展的提升提供新的思路和借鉴，助力我市音乐教师专业成长。

一、长宁区教育局音乐教育基本情况和学习情况

长宁区共有22所初中、46名音乐教师，本科以上学历100%（硕士1名、硕士

在读2名)，初级职称19名、中级职称22名、高级职称5名，中高级职称比例达到58.7%；年龄在30—45岁的教师28名，小于和大于45岁的教师各9名。从以上信息可以得出长宁中学音乐教师年龄结构、学历职称结构比例合理，以中青年为主力军、中高级教师主导的朝气蓬勃的音乐教师团队正在形成，这必将给长宁中学音乐教育带来深刻而又积极的变化。

二、长宁区中学音乐教师专业发展的基本经验

(一) 市区教研室确立教研指导思想，逐级搭建专业成长与发展平台

长宁区教研室树立“以课改为中心，以课堂教学为抓手，以研训结合为侧重，以课题带教研，以科研促教师发展”的教研指导思想。他们狠抓教师专业成长，打造立体式“三级六层”教师培训序列，即按初级、中级、高级教师三级对象，以“教坛新秀—教学能手—优青项目—学科带头人项目—市名师培养后备人选—特级教师”为梯次，着力完善校本研修、区域教研、学科基地培训、项目负责制培训、优青项目培训、双名培养工程培训六层平台，构建“三级六层”教师培训序列。以此为基础，音乐学科同样也纳入“三级六层”培训序列。在学校各专业教师培养过程中，长宁各级教育行政部门、教研科室始终对本区各中学音乐学科工作给予高度的关注和支持。长宁区教育系统各级领导深刻认同音乐美育理念，认为音乐课程是以音乐为载体、以审美教育为核心的基础课程，对于提高学生艺术素养与审美能力，逐步形成健康的审美观，陶冶情操，健全人格，培养创新精神和实践能力，促使学生全面、和谐发展具有重要作用。他们始终通过以各类问题为导向的音乐教研教学实践、评价活动，着力推动长宁区音乐教育质量的不断提升。如全市每三年有一次音乐学科的青年教师讲课比赛、青年教师基本功竞赛及全国专业技能竞赛选拔、艺体学科十佳教学能手评选等，使得大批优秀青年教师脱颖而出、崭露头角。

(二) 音乐教学质量较高，音乐教师专业素养和教学能力优秀

笔者跟随导师张缨老师三个月深入长宁中学音乐课堂，现场观摩不同风格的

教师上课。各位教师优秀的专业素养和突出的教学能力给笔者留下深刻印象，如获得全国基本功比赛一等奖的上海市第三女子中学（以下简称市三女中）叶莺老师灵动的歌喉以及层次丰富的非洲音乐课、建青中学年轻的陶晓阳老师优雅的舞姿以及吸引学生的“孔雀舞”舞蹈课……长宁区中学生在音乐课堂上的表现，无论是回答问题、参与体验、创编实践，还是演唱演奏，展现出来的音乐技能、能力与素质，都令人印象深刻。与此同时，长宁校外艺术社团风生水起、成绩卓越，展现了学生良好艺术审美能力和审美素养，如娄山中学的合唱和京剧课、建青中学舞蹈团、市三女中交响乐团、延安中学民乐团、新泾中学学生沪剧表演……这说明长宁区音乐教育，无论是课堂教学还是课外艺术社团建设都非常有成效，值得肯定。由此，长宁中学音乐学科成功的教学经验引发我深深的思考。

（三）区域教研协调发展，探索有效充满活力的教研模式

区教研室积极探索从“区域引领、校际协作”到“导师帮助、同伴互助”的“多维一体”主题研修方式（见表1），即把学科名师工作室、学科项目组的工作纳入常规教研工作中，校际协作，在导师帮助和同伴互助两种学习方式的助推下，教师在各个层面合作开展的主题式研修活动中收获成长，形成了可持续发展的教研形态。

表1　长宁区音乐学科“多维一体”主题研修表

学校	研究单元	组长
上海市第三女子中学、上海市延安初级中学、上海市省吾中学、上海市长宁中学、上海市开元中学	六上《民族花苑》	戴建子、庄淑玲
上海市天山初级中学、上海市西延安中学、上海市西郊学校、上海市民办新虹桥中学、上海市新元学校	六上《亚洲采风》	汪微、肖琼
上海市虹桥中学、上海市新泾中学、上海市姚连生中学、上海市娄山中学、上海市仙霞高级中学、上海市天山第二中学	六上《银海乐波》	赵永新、侯艳宁
上海市复旦初级中学、华东政法大学附属中学、上海市新世纪中学、上海市建青实验学校、上海市泸定中学	七上《欢乐节日》	王世明、李晶

同时,为加强学科骨干教师的辐射引领,发挥学科带头人项目制中王世明、赵永新等研究型教师的领头羊作用,促进各校青年教师成长,多位骨干教师还承担本校青年教师的带教工作。

通过多方努力,在长宁区教研室主导下,学科在区域层面形成名师工作室、学科项目组、学科中心组,进而辐射各校。校际建立联盟,把学科重点培养的带头人、学科中心组成员作为片块教研组中的领军教师,大家相互沟通取长补短,既促进各自提升又加深友谊,形成了互帮互学、资源共享、共同研究问题、探讨方法的良好学习氛围。通过这些教研途径和教研方法,区域教研带动一批教师共同成长,基本达到区域研修阶段性目标。

(四)加强理论学习,构建教研体系,聚焦课堂教学,确立目标抓手

为改变教师单一而又碎片化的教学视角,使其具有较为全面深入的课程观,能够基于标准从课程出发整体设计单元教学,音乐学科构建了可以落实到每位教师的有效教研机制,统整区名师工作室导师及学科项目组,科学构建研修共同体。在这样的机制下,全区顺利从中心组层面和学科块片层面,逐步推进基于标准的单元整体教学设计研究。例如:学科开展"基于标准的单元教学整体设计"教研活动,具体包括理论学习、区域研究、范例展示三种形式,各校先在所属片区研讨交流展示单元教材分析、单元教学目标、课时教学设计等内容,然后组内教师自评互评,取得了良好的教研效果。

音乐学科依据本区教育实际,开展基于标准的单元教学设计研究。研究以单元设计的"三重心"——目标设计、方法设计、评价设计为抓手。目标设计重心是明确教学目标,方法设计重心是聚焦知识结构,评价设计重心是有效反馈信息。学科在统一认识的基础上开展探究和学习实践活动。每位教师在授课时,必然要有单元设计和本课音乐两种教案,非常规范。教案中每个环节的设计思路必须呈现。这些促使教师深入教材、深化课堂,回归音乐性,使得课堂完整、内容充实、逻辑严谨、学生喜欢,教学实效性大大提升。我在课堂上经常能看到上海学生自信准确的表演。教研活动真实有效地提升了学生的音乐素养。

（五）整合资源搭设平台，促进教师艺术素养提升

长宁区音乐教科研室主动与长宁区教育工会等部门联系，整合区域资源，为音乐教师创设艺术学习、培训和实践的平台。教师合唱团、教师走近经典系列讲座、教师电声乐队和筹建中的教师舞蹈团，均聘请本市著名专家指导，定期实践，推动教师专业能力提升。其中，以中学音乐教师为骨干力量的长宁区教工合唱团是一支活跃在市、区舞台的优秀合唱团，荣获“上海市非职业优秀合唱团称号”。教师提升专业合唱素养，领会合唱要点，提高本校学生合唱训练水平和课堂歌唱教学质量。延安中学程珊等教师在学习合唱过程中萌发提升专业能力想法，最终考上硕士研究生继续深造。为了提高教师的音乐素养，学校还陆续推出“教材中的舞蹈语汇”课程，教师通过学习多民族舞蹈语汇指导本校学生舞蹈社团。音乐教师学习平台广阔。近几年，长宁区优秀音乐教师陶晓阳、王悦、程珊等纷纷被上海市教委派往德国考察学习，学习力度不可谓不大。长宁区中学音乐学科还创设数字平台，增加区域互动。通过区校联动，依托学科课题组创建了“宁韵音乐教育网站”，构建起中学音乐学科交互的平台，为教师专业化发展提供了有力的支持，从一定程度上解决了教师培训形式较为单一、缺乏交互性、受时间空间限制等难题。

（六）加强课题研究，促进教师成长

教育科研的目的是以教育科学理论为指导，以科研为手段，为教育改革服务，为提高教学质量服务。随着教育改革的深入推进，教育科研已经成为实现教师内涵发展新的增长点，是实现教师专业化发展的有效途径。2015 年 11 月，音乐学科成立以复旦中学王世明老师为组长的“初中艺术学习评价行动研究”课题项目组。项目组在探讨研究基于标准整体设计单元及教学的过程中，构建或完善具有一定艺术育人价值目标的艺术学习评价体系，激励学生学习艺术，促进学生积淀艺术文化，形成个体发展和社会发展相融合的基本艺术素养与品格。参与项目研究的教师既是实践者也是单元教学设计研究者，将课题研究影响力辐射本区内各个学校。长宁区教研工作多维并进，有效促进学科发展，越来越多的教师在课改实践中勇于实践、不断探索。

（七）长宁区音乐教师专业成长优秀个案特征

陶晓阳是建青中学的一名舞蹈教师，2011年参加工作，教龄虽然不长，但是专业成长迅速，已成为学校乃至区、市级骨干教师，甚至有极大的潜力成为上海市未来的音乐教育名师。陶晓阳刚工作，就接受了为期一年的长宁区见习教师规范化培训，因学习成绩优异、态度积极获得长宁区“优秀学员”称号。他任教艺术学科后，学校又邀请学科资深专家包菊英老师作为导师悉心教诲，区教研员张缨老师长期跟踪指导，另外，各基地学校名师也不定期对其进行辅导。当然，学校领导、同伴的帮助也是非常重要的。2012年10月，他参加了长宁区第十一届教学研讨“希望杯”教学评比，获得一等奖。2014年10月，他参加上海市中青年教师教学评优活动并获全市讲课一等奖。2015年6月，他参加上海市首届艺术教师基本功大赛荣获艺术学科一等奖、综合创意展演第一名。

陶晓阳除了教学能力出众，短短几年课堂成绩突出外，组织学生艺术社团也是成绩斐然。如他带领学生在2013年和2016年的上海市学生舞蹈节校园集体舞专场、表演舞专场中获高中组一等奖。陶晓阳本人工作能力出色，态度更是积极，2012年10月任华东政法大学附属中学团委书记；2017年9月至今任上海市建青实验学校艺术中心主任，2016年10月被上海市教委选派赴德国进行为期一个月的培训。

从陶晓阳的专业成长经历，可以得出一个基本结论：长宁区音乐学科对教师专业成长的培养方法和经验是成功的，值得我们思考并学习。

三、克拉玛依市中学音乐教育教学现状

（一）克拉玛依市中学音乐教师情况

克拉玛依市四个区（含直属）共有中学19所，在岗中学音乐教师45名。其中，研究生学历3名、本科学历42名；高级教师2名、中级教师9名、初级教师34

名。中高级以上职称占全部教师比例24.4%,远远低于长宁区58.7%的中高级音乐教师职称比例;克拉玛依市音乐教师学历达标,但职称结构明显不合理,说明中学音乐教师专业发展问题亟待解决,专业能力有待提升。

(二)克拉玛依市中学音乐课程情况

2013年9月起,克拉玛依市除独山子区中学、准东中学外,其余各中学均借鉴北京十一学校“选课走班自主分层”教学理念和模式,艺术课程中的音乐美术等课程选择模块教学,替代以前国家课程教材教学模式。市辖区除第十中学和北京师范大学克拉玛依附属学校外,其余中学均已实施模块走班音乐教学,只有第七中学、高级中学等个别学校保留部分国家教材课程。

1. 音乐模块课程情况统计与分析(2016年上半年)

学校音乐教育所教授内容必须符合《义务教育音乐课程标准(2011年版)》教学领域相关规定,涉及感受与欣赏、表现(演唱与演奏)、综合性艺术表演(戏剧)、识读乐谱和创作。音乐模块教学目前涉及六大类课程,加音乐基础、电声乐、音乐兴趣等个别课程,基本涵盖了课程标准要求内容。各校根据教师专长和兴趣特点开设了65种模块课程,自编教材56种,受众学生2636人。除去准东独山子区,市区所有学校按每个年级约2500人次,初一、初二、高一、高二约一万余人,模块教学受众学生约占26.3%,远远不能满足学生个性化、兴趣化的音乐学习需求;演唱和演奏课程比例开设率最高,分别达91%和83%,欣赏占62%,从中可以看出音乐模块课程中,欣赏、演唱、演奏依然是教学主要形式,这与国家课程标准要求是一致的;克拉玛依市教育局最近强调抓戏剧课程建设,目前由音乐教师开设简单戏剧课(情景剧、音乐剧、小话剧等)的学校占46%,据现场观摩和教师交流,除第一中学戏剧课规范有效外,其他学校戏剧课内容较浅、学习方式简单、教学效果有待观察;另外,模块主要课程音乐欣赏、演唱和演奏中,还存在着教学质量弱化的现象,如在听演唱模块或欣赏模块课时,某教师从国家教材中挑几首学生喜欢的歌曲播放两遍,然后让学生跟着伴奏唱两遍了事,没有作品分析,没有音乐要素与情感表达要求,更没有基本的气息保持和歌唱方法,距离有基本技能和基本知识的演唱与欣赏模块学习还很远。很多教师不清楚，音乐模块教学比集体班级授课的基本技能和基本知识要求更高，依据课程标准，音乐教学以兴趣为动力、强调音乐实践的理念和意识更不能遗忘和淡化。

2. 音乐模块评价统计与分析

表 2　克拉玛依市初高中音乐模块教学评价表

评价方式	展示	测试	展测结合	过程性评价＋终结性评价	考勤展示
统计(所)	5	3	3	3	2

教学评价是学校保证教学质量、促进教师提高模块教学能力水平、保证学生接受高效艺术教育的有效途径，相对于目前语、数、英等课程过程性评价和终结性评价(期末考、中考、高考)的方式，音乐课程评价还不够规范和科学，从表中可以看出，克拉玛依市音乐学科模块教学的评价方式有很多种，较为常见的是上述五种，其中有些学校对不同种类的模块有统一的评价，也有学校分课程采用多种评价方式。目前，采用较为科学的“60％过程性评价＋40％终结性评价”的艺术学科评价方式的学校只有 3 所，占 23％，科学引导、规范评价各校音乐模块教学质量亟须加强。

3. 音乐教师专业发展瓶颈问题

(1) 我市各中学音乐模块教材制订、编印不规范不科学，教学不严谨，缺乏实效性，音乐教材审批审核应该更加严肃理性、专业规范。建议市教育主管部门给予高度重视，认真加以研究，组建学校模块课程教材审订委员会对全市教材进行统一、专业、科学、规范的审核。

(2) 音乐教师缺乏课程意识和课标意识，模块课堂教学存在浅层次低效率现象。课程标准是指导国家教材、地方教材和校本教材的纲领性文件，所有学校必须依据国家课程标准要求开展课堂教学。2017 年 5 月，克拉玛依市教研所举办“克拉玛依市中学音乐模块教材评审”活动，通过评审各校教材发现，目前我市教育转型下的各校音乐模块课程及教材与国家课程标准的“内容标准”“教学领域”

“学段目标”有很大出入，有不按国家课程标准要求编印教材实施课程的情况，缺乏规范专业和严谨性。2016 年本人撰写的《克拉玛依市中学音乐模块教学调研报告》(以下简称《报告》)报送市教育局领导审阅。《报告》以翔实的数据显示，自实施模块教学以来，教师大多以课时意识主导，课程意识较为缺乏，往往是较为盲目地教教材，而非通过全面分析有机组合统整教材，教师迫切需要构建课程意识。

(3) 音乐教师模块教学质量评价关注不足，导致教师模块教学转型虽有其形但无其质。《报告》同时反映，当前对音乐教师评价主要停留在课时多少、是否进行学期展示(即使有展示，校领导和部门负责人真正来观摩的也不多)、各种校内外活动的举办等方面，没有形成科学有效的学校艺术教育评价制度或采用科学的评价方式，缺乏对模块教材严格细致严谨的审订，特别是转型后音乐教师的工资待遇、职称评定、评优、外派学习等较之以往更加薄弱。这些因素使得音乐教师从事高质量音乐模块教学工作的积极性普遍不高，学校音乐教育有处于边缘化状态的迹象。

(4) 音乐教师专业技能提升是一个必须长期重视的问题。目前自治区中小学教师定期专业理论(技能)考核、市教学能手评选、市教坛新秀评选、市音乐教师专业技能测试等系列与技能相关的教育教学活动虽然促进了教师专业技能与素养的提高，但教师在胜任多种类型的音乐教学模块方面还有不小的差距，应当引起教师及学校的重视。

四、借鉴长宁区音乐教师专业发展经验，提升我市教师专业能力与音乐教育质量

在系统学习和了解长宁区音乐教研模式、教师专业发展经验的基础上，结合克拉玛依中学音乐教育教学实际，针对音乐模块教学中存在的问题，建议从以下几方面着手，提高教师专业能力与素养，进一步提升我市音乐模块教学质量。

(1) 学校领导要树立“艺术教育就是学生精神教育、人文素质教育，就是终身发展教育，它关乎学生一生的幸福和生活质量”的重要思想，丰富自己的精神内涵，以

巨大的人格魅力和人文情怀，重新审视音乐美术等在学校教育中的重要地位，在艺术课时安排、评价体系、评职评优、外派学习等方面向学科或音乐教师倾斜，既要全面落实学生过程性评价的具体要求，也要重视模块课堂的教学质量（教案、评价、检测等不放松），形成制度和措施，规范要求。定期开展各种主题性质的艺术展演、讲座、汇报表演，学校领导及各部门身体力行积极参与观摩，与教师和学生共享艺术表演带来的激情与快乐，始终关注学生艺术能力与素养的发展，同时也要关心尊重艺术教师合情合理的需求，并积极引导、激励他们在教学领域不断发展。

（2）发挥市教育局“音乐名师工作室”引领带动作用，开展课题研究。由学科带头人或教研员作为工作室主持人组建音乐教师团队，把专业素质基础好、工作态度积极、进取心强的教师组织在一起，共同制定目标，定位准确，不断努力。2013 年—2017 年市教育局第二批名师工作室中的周浩音乐名师工作室在课堂教学、青年教师培养、器乐教学（陶笛）、学生艺术竞赛、国家非遗课题、教师合唱团等方面取得突出成绩，证明了名师工作室能够有力促进教师专业发展。其中，课题研究是一个一举多得的教师成长方法。课题研究会形成一个固定的团队，成员团结合作，交流促进，形成工作方法和经验，同时研究过程中会发现问题，撰写论文，反思教学，全方位提高自身的能力与素质。

（3）挖掘校内外音乐教师资源。要不断发现、鼓励、培养和邀请校内外有艺术教育专长的教师开展丰富多彩的音乐模块教学。诸如，有其他学科教师葫芦丝、口琴、陶笛吹得好，完全可以开展模块教学，校外有好的演奏家、合唱指挥也可以邀请进来辅导学校合唱团。在这方面，一中邀请克拉玛依市音协李志民老师辅导训练本校合唱就是个好的范例。只有引进高水平的校外名师，才能促进校内音乐教师不断学习，适当有危机感才有动力提升，才能不断提高个人专业能力与素养。

（4）建议市区教育局和各学校多开展戏剧节、音乐会、文艺调演、合唱节、器乐演出、书画影展等丰富多彩的艺术展演竞赛活动，促使音乐教师在活动中运用专业技能，给学生搭建开放交流的平台。只有在不断的互动交往、实践表现中，教师与学生的自信气质、精神面貌、艺术素养、技能、组织能力、创造潜力、互相合作协调沟通能力等才能不断提升。在封闭的环境下、在缺少全市更广阔展示与交流平台中，我市教育系统有使命和责任为学生做好相关工作，真正为学生全方位的素质发展提供帮助和支持！

（5）“一个学校的教育转型与一个地区的教育转型有各自不同的特殊性和差异”应成为教育同仁共识，音乐教育同样如此。我们提倡学校开设多样化个性化的音乐课程，但一个地区的艺术教育在保持每所学校艺术特色及课程丰富性的同时，也要对本地区艺术教育进行统一的诊断、检测和评价，以保证各校艺术教育质量稳步提升，促使音乐教师在教学岗位上认真履责不能懈怠（2015 年教育部已在全国开展学生艺术素质测试）。建议依据《国家音乐课程标准》的要求，将音乐欣赏列为必修科目、歌唱与器乐等列为选修项（初一、初二两学年中某个学期选音乐欣赏外，其他分别在器乐、歌唱、舞蹈等特色音乐模块里选，高中不限），同时结合国家教材内容及本地区音乐曲目，统一编制地方欣赏课程教材供各校学习，便于今后对各校欣赏音乐模块教学质量进行诊断和检测。只有这样，才能在保证各校丰富多彩的个性化音乐模块课程的同时，督促各校高质量地完成基本的音乐技能与艺术素养课程学习，使全市学生基本的音乐技能、审美素养、实践表现能力得到切实提升和均衡发展。

对待音乐等艺术教育的态度，就是对待学生全面发展的态度，这是我市教育局倡导的重要教育理念之一，希望通过各方面的努力，秉持这种精神和理念，借鉴长宁区促进教师专业发展的经验，切实关注音乐教师专业能力提升，引导音乐教师做好音乐教育教学工作，在我市教育转型的新时期，为我市音乐教育迈上新台阶提供不竭动力。

参考文献：

中华人民共和国教育部.义务教育音乐课程标准（2011 年版）[M].北京：北京师范大学出版社，2012.

周红宇，副高级职称，高中英语教师，现任克拉玛依市实验中学副校长。在20多年的教学生涯中，始终耕耘不辍，因为明白今天的学习就是为了明天的工作，教师自身的不断提高就是为了更好地服务于学生、服务于教学。2017年有幸成为第一批沪克访学教师的一分子，在三个月的学习中理解了“不登高山，不知天之高也；不临深渊，不知地之厚也”，认清了差距，也明白了努力的方向。

基于我校教师专业发展瓶颈现象的几点思考

克拉玛依市实验中学 周红宇

【摘要】教师专业发展是当前乃至今后教育改革中需要关注的重要问题。本文以作者所在学校现有教师结构为基础，结合为期三个月的沪克访学项目学习经验，对学校教师专业发展中的问题进行剖析。文章从教师专业发展界定、学校现有教师结构分析、教师发展瓶颈期现象及学校促进教师专业发展的具体措施等方面进行阐述。

【关键词】专业发展；三类教师；举措

一、教师专业发展界定

教师专业化的基本含义：第一，教师专业既包括其学科的专业性，也包括其教育的专业性；第二，国家有教师教育的专门机构、专门内容和措施；第三，国家有对教师资格和教师教育机构的认定制度和管理制度；第四，教师专业化是一个发展的概念，即教师专业化既是一种状态，又是一个不断深化的过程。叶澜认为，专业性职业至少有三方面的规定：第一，作为专业的职业实践必须有专业理论知识作依据，有专门的技能作保证；第二，作为专业的职业，承担着重要的社会责任；第三，作为专业的职业，在本行业内具有专业性的自主权。从目前的文献来看，大多数研究者是从教师个体专业化角度展开论述的。

二、我校教师结构的现状及其分类

克拉玛依市实验中学创建于 2004 年 8 月，现有在职教职工共计 127 人。

2017 年 9 月，教育部召开发布会，介绍了我国教师队伍的建设情况。从教育部对教师结构的评价可以看出，我国教师队伍结构得到优化，中青年教师成为主体。到 2016 年，普通高校教师中 45 岁(不含)以下占 69.83%，中小学教师中 45 岁(不含)以下占 70.49%。

我校教师的年龄结构、职称分布、骨干教师所占比率的具体情况如下：46%的教师处于 25—35 岁之间，36—45 岁之间的教师占比约为 40%，46 岁以上的教师占比 14%；我校教师高级职称占比 27%，中级职称占比 40%，初级职称占比 33%；我校教师中有市局学科带头人 3 人，市局骨干教师 6 人，校级骨干教师 22 人。整体来看，我校教师老、中、青教师占比合理，既有富有教学经验的学科带头人、骨干教师的引领和示范，也有充满激情、可塑性极强的青年教师。根据学校师资结构、教师平时教科研工作中所呈现出的状态，笔者大致将学校教师分为以下类型。

(一) 裹足不前型教师

备课、上课、批作业、辅导、考试、阅卷、排名次、考核，这些几乎构成此类教师日常工作的全部内容。这些教师缺个性，少创造，表面看来可以满足最基本的工作需要，实际上就像小驴拉磨，又像原地打夯，重复、乏味，没有激情，没有创造，没有提高，很少有从事教育工作的幸福感。这就是我们常说的教书匠式的生活。他们显然无法适应当今时代的发展、社会的进步、教育的变革。

(二) 技能型教师

技能型教师基本功好，教学技能强，会对学生产生不同程度的影响。在这些教师的课堂上，精彩总是教师的，而学生则沦为看客。2019 年，《国务院办公厅关于新时代推进普通高中育人方式改革的指导意见》中明确指出，教师要积极探索情境问题导向的互动式、启发式、探究式、体验式课堂教学，提高课堂效率，培养学生学习能力。从发展状态看，仅凭技能表演的教师是无法满足这些要求的。

(三) 科研型教师

科研型教师在工作中能不断发现、研究教学中的新问题，以其学术能力、业务专长有效解决问题，促进教育的健康发展。科研是提升教师个人素养和教学水平的一种手段，也是教师取得突破性进展的必经之路。就我校目前的教师情况来看，这种具有专业引领力的科研型教师还比较匮乏。

三、教师发展瓶颈期现象分析及原因探究

瓶颈期几乎是每个事物发展的必由阶段。突破就是出口，就是广袤的自由时空。能否度过瓶颈期往往能区分出优秀和普通、卓越和一般。

（一）裹足不前型教师专业发展中存在高原现象

大部分教师走上工作岗位后，经过几年的磨合期，会逐渐掌握备课、上课、作业批改、课外辅导等教学常规。他们在教学实践中摸索出了一定的教学方法，形成了自己的教学风格，但随后有部分教师专业发展中产生高原现象，具体表现在三方面。

1. 教学水平没有提高甚至下降

他们的课堂教学方法单一，不新颖、亮点少、学生活动少、满堂灌、根本没有突出学生主体教师主导的师生双边活动，教学水平常常没有提高，有的甚至下降。

2. 专业发展停滞不前

这些教师的教学理念相对落后、业务能力偏低，备课陈旧、老套、单调、设计不新颖，作业批改只求数量，不求质量；在教科研上，他们很少有自己的见解和观点。学习少、反思少、课题研究少、参加各种技能比赛获奖少是他们日常工作中的明显特点。

3. 找不到前进的动力

他们处在这个时期，面临的压力、困难多，往往不能采取适当的方式方法去应对，为了缓解压力，只能应付，找不到前进的动力。

（二）技能型教师专业发展中存在职业倦怠现象

技能型教师是学校的中坚力量，他们的工作量大、任务繁重、工作时间长。由于工作中的高强度、高压力和职称的相对稳定，小部分教师产生职业倦怠现象具体表现在三方面。

1. 教学无兴趣，工作无激情

这部分教师抱有“工作上过得去即可”的想法，往往凭借教学经验来组织课堂教学。他们觉得不再需要认真备课，教学中不仔细钻研业务，吃老本，教学艺术性不高，与学生沟通交流少。

2. 职业兴趣转移

中年教师大多处在“上有老下有小”这样一个压力较大的社会角色期，他们往往会对教学工作倦怠，将兴趣转移到自己喜欢的事情上去，往往对自身专业和职业发展没有更高的要求，常常抱着“不求有功，但求无过”的心态去工作，逐渐丧失职业自豪感。

3. 成就感低

他们自我评价不高，感到工作无意义，缺乏自信心，毫无教师职业的成就感和自豪感。

（三）科研型教师专业发展中存在孤军奋战、单打独斗现象

1. 缺乏教育专家的系统指导

科研型教师本身在教育教学中就已经具有一定的反思、总结、探究等能力，由于学校甚至区域教师水平的局限，这些科研型教师在自身专业发展中缺乏更高层次的专家指导和引领。

2. 缺乏团队同伴的支持和整体协作

科研型教师在我校所占比例较少，这就导致这些为数不多的教师在教科研工作中处于一种孤军奋战、单打独斗的状态。这就需要学校建立一批高素质的教师。让一批志同道合的教师凝聚在高素质的教师队伍中是实现高质量教学的保证。

3. 缺乏良性的科研激励机制和经费保障

学校现有的奖励机制、职称评审等缺乏对科研型教师进一步发展的激励和考核内容；专项教科研经费的缺乏对这些教师的发展具有一定的制约性。

4. 科研的主动性和创新性出现被动或守旧倾向

部分科研型教师在取得了一定的成绩后，逐步缺乏创新性，在教科研工作中出现被动或守旧的倾向。

四、今后学校教师专业发展工作的策略

一所学校的发展离不开教师专业水平的提高。教师的教学水平是衡量学校办学水平的标准之一。教师专业发展是教师教育发展的趋势,也是社会对教师专业水平的要求。如何有效做好学校教师专业发展工作是学校每一位管理者必须要思考的问题,笔者通过三个月沪克访学教师项目的学习,结合学校实际情况,认为从以下几方面入手,能切实推动我校教师专业发展工作,让学校助力教师的专业成长。

(一)职业认同感——发展的内动力

教师专业发展的动力系统,即为什么要发展,是对教育和教师从业特征的基本理解。教师要思考教师专业发展动力的若干问题:教育行为属于哪个范畴,是科学还是艺术?教师是职业还是专业?毫无疑问,专业的地位高于职业,专业的技术含量大于职业。专业的基本体现是专业素质,它包括专有的职前培训、知识构成、操作技能等。我们应该把教师这个行业看成不可替代的专业,从而更新教师的自身观念,将专业发展的需要变成教师的内在需求,变教师"被动发展"为"主动发展"。学校可以从以下几方面入手:(1)提高公众对教育在社会进步中不可替代价值的认识;(2)聘用过程中,要严格把好教师入职的动机关;(3)引导教师建立积极的职业价值观。

(二)制度的建设——发展的保障

教师专业发展要依靠教师自主化、日常化、情境化的实践、反思和学习,同时也应该有相应的制度支持。学校要把教师专业发展与其生存状态和切身利益联系起来,建立一套科学合理的教师招聘、任用、晋升等管理机制作为教师专业发展的保障。学校要逐步建立和制定教师专业发展规划及促进教师专业发展的各项规章制度。教师专业发展需要有学校制度的引领和刚性保障。

1. 建立与教师切身利益相关的教师专业发展管理制度

建立科学合理的教师管理制度作为促进教师专业发展的一个突破口,把教师

专业发展与教师的任用、待遇、前途等联系起来，那么教师就有发展的动力和压力，就会想方设法进行自我发展。学校只提出学校的发展愿景和教师发展的大体方向，而具体的发展规划和发展方式由教师自己决定，只是在需要的时候，学校给予专业上的支持。

2. 制定教师专业发展规划

在上海学习的三个月中，笔者了解到2017年上海市教育委员会就印发了《上海市中小学教师专业（专项）能力提升计划》的通知，访沪期间我所在的上海市延安中学结合学校实际情况，形成了学校教师专业发展培训体系，从而切实建立了教师可持续性学习机制，提高了教师学习新知识的能力，促进了教师的专业发展。如何把上海基础教育阶段教师专业发展的方法借鉴到克拉玛依本地的学校，是笔者后面工作中要思考并解决的问题。为此，我校要组织教师参照教师专业发展方面的要求，借鉴他校先进经验，结合本校实际，制定切实可行、路径清晰、目标明确、要求到位、保障有力的教师专业发展规划，要求教师对照执行。

（三）文化氛围营造——发展的外部动力

教师专业发展离不开教师文化的发展，教师文化对教师专业发展有促进作用。学校可以完善教师专业发展的校内软环境，在教师群体中确立专业化发展的共同愿景，加强教师的自我修炼，为教师提供全方位的无边界的学习机会等，积极促进教师专业发展，推动教师专业化日趋成熟，具体措施如下：

1. 加大校本教研和教师的培训力度

教师专业水平的发展，一部分取决于教师自身的努力，另一部分取决于培训机构（学校教师发展中心、市教研所、教育局继续教育中心等）。培训机构要重视，学校教师发展中心要明确校本教研和教师培养的目标和要求，落实教师专业发展的细化要求，积极搭建各种平台，关注和引导教师专业发展，给教师提供更多有针对性的学习、培训、提高机会。条件允许的情况下，学校要邀请教育专家、名师来校进行专题报告、辅导讲座、教学现场指导、座谈，提升教师的综合素养。

2. 营造专家引领、同伴互助、师生互动的专业发展氛围

发展和成长总是通过一定的手段来实现的。集体学习、集体接受培训是比较

系统的学习方法，教师通过听讲座、对话、研修、读书等方式来完整或者系统地学习。建立健全学校学习型团体，如学校名师工作室、青年教师工作坊等组织，在学校为数不多的科研型教师引领下，通过同伴互助的学习方式，让团队学习成为教师专业发展中的一个强大推力。

3. 完善建立教师专业发展考核机制

《基础课程改革纲要（试行）》中规定："建立促进教师不断提高的评价体系。强调教师对自己教学行为的分析和反思，建立以教师自评为主，校长、教师、学生、家长共同参与的评价制度，使教师从多渠道获取信息，不断提高教学水平。"这就是说，学校要建立和完善考核评价机制，通过评价来调动教师工作的积极性，促进教师专业化发展。

（四）自我充电——发展的关键点

1. 自我规划

制定个人发展规划是推动自我专业发展的有力措施。教师职业生涯规划与发展设计，不仅是教育改革和教师队伍专业化建设的客观要求，也是教师成长的内在需求，更是教师体现自己生命意义、实现生命价值和主动持续专业发展的现实选择。当今时代，终身教育理念日益受到重视，教师生涯发展的规划和研究，已不只偏重个人的职业选择，而是扩大到个人自我潜能的发挥。

2. 广泛阅读

教师要让读书成为自己的好习惯。教师专业成长的一个重要途径是专业素养阅读，即读书。教师本应该就是最爱读书或读书最多的一个群体。苏霍姆林斯基说："集体的智力财富之源首先在于教师的个人阅读。真正的教师必是读书爱好者……"李希贵校长在《为了自由呼吸的教育》中说："人的生命离不开呼吸，人的精神生命同样离不开呼吸，阅读就是人类精神生命的呼吸。"教师专业阅读应当成为一种新的专业生活，渗透于教师日常专业行为的方方面面，并伴随着教师的职业生涯不断走向丰富和深入。

3. 自我反思

反思是教师工作不可或缺的一部分。反思可以让我们实践、升华经验、发现不足、渴求新知、思想深邃、增长悟性。大家都知道美国心理学家波斯纳的著名公式：教师专业成长＝经验＋反思。面对教学中的问题和经验，花一点时间想一想，这虽是最简单、最零碎的反思，但总比不想要好。反思是一种学习方法，更是一种工作态度。教师可以通过写反思日记、与专家或同行展开反思性对话、开展行动研究等方式对一次教学进行反思，对一个阶段的工作进行反思，升华思想、凝结智慧。任何一位优秀教师都是通过实践、反思、思想升华、再实践的过程来促进自身专业发展的。教师要善于反思、勤于反思，只有养成了良好的反思习惯，才能获得可持续发展。

4. 勤于写作

写作可以使我们的创新能力和专业得到质的提升。教师专业发展，朱永新教授总结为“吉祥三宝”，即专业阅读、专业写作、专业发展共同体。由此看来，教师专业发展离不开专业写作，这是优秀教师必备素养。为了鼓励新教师专业写作，朱教授在“教育在线”网站发布了一则保险条例：“每日三省吾身，写千字文一篇。十年后持3650篇千字文（计三百六十五万字）来本公司。如投保人自感十年后未能跻身成功者之列，本公司以一赔百。”看似带有玩笑的广告，影响了一大批草根教师走上写作之路，加快了专业化发展进程，成就幸福生活。写作是一种有效的学习，如果行而不述，或者述而不作，那么再有价值的教育发现、教育思想都无法产生深远的影响力和辐射力。但凡有所成就的教师，都十分重视对工作经验的总结和研究，不断把自己的经验上升为理论。

5. 勇于实践

教师要以实践者、研究者、体验者的眼光审视和解决问题。教师要丰富自己的教育实践，一要多看，在实践中多观察、多了解、多熟悉教育对象和教育环境。二要多想，在实践中多思考、多探究、多鉴别，不断形成自己的个性化理论。三要多做，抓住各种实践机会，体验多种教育教学经历。教师要善于积累自己的实践经验，要在筛选的基础上进行归类与储存，使经验有序化和条理化，对已有的相对原始的经验进行梳理，分门别类，达到“去粗取精，去伪存真”的境界。

总之，教师专业化是现代教育改革和发展的必然要求，学校不仅是培养学生的场所，也应该是教师走向专业化的舞台。使教师成为像医生、律师、建筑师这样的专业工作者，是时代赋予现代学校的使命。我校要向更高层发展，真正实施个性化教育，首先必须实现教师个体的发展，扎扎实实地解决教师专业化发展的问题。

参考文献：

[1] 叶澜，白益民，王枬，等.教师角色与教师发展新探[M].北京：教育科学出版社，2001.

[2] 陆异康.教师应由“教学型”向“科研型”发展[J].科技·人才·市场，1998(6).

[3] 刘世清，范远波.中小学教育科研发展的困境与对策[J].生活教育，2007(1).

[4] 刘冬生，杨伶.论教师文化与教师专业发展[J].吉林省教育学院学报，2010(7).

[5] 叶信治.以管理制度建设推动教师专业发展[J].教育导刊，2005(4).

刘洁，克拉玛依准东第一小学副校长，1997年师范专业毕业后一直从事小学数学教学工作，从教二十多年来一直秉承“欣赏孩子的优点，善待孩子的缺点，尊重孩子的隐私，快乐自己的人生”这一教育信条。作为教师，她身先示范，始终工作在教育第一线；作为领导，她开拓创新，带领同事开展教科研工作，引领教师走上一条专业成长的幸福之路！

项目引领，合而谋之，促进教研学一体化

——浅谈以项目研修为载体，促进教师专业化发展

克拉玛依准东第一小学 刘 洁

【摘要】教师专业化是指教师在整个职业生涯中，通过专门训练和终身学习，逐步习得专业的教育知识与技能，并在教育实践中不断提高自身的从教素质，从而成为一名合格的专业教育工作者的过程。而项目研修是一种在校本研修机制下的适合教师自主研修、合作研修的学习方式，是一种教师研究性学习的方式。“项目引领，合而谋之，促进教研学一体化”是教师专业发展的有效途径。

【关键词】专业化；项目研修；发展

教师专业化是指教师在整个职业生涯中，通过专门训练和终身学习，逐步习得专业的教育知识与技能，并在教育实践中不断提高自身的从教素质，从而成为一名合格的专业教育工作者的过程。教师是学校最宝贵的财富，谁拥有一批好教师就等于拥有了发展的主动权。而教师又是有思想、有个性的一个群体，好的教师在整个职业生涯中会不断地通过各种途径及各种有效策略来完善提高自己，进而获得发展。因此，学校应努力为教师的专业化成长搭建各种有益的平台，引导教师在自主基础上合作，在合作氛围中自主发展，引导教师从合格走向优秀，从优秀走向卓越。

在上海学习的这段时间，我感受到上海基础教育课程改革不仅改变了学生的学习生活，同时也改变了教师的教学理念和教学生活，更是促进了师生交往，实现了共同发展。我也深感教研改革的必要性和紧迫性，清醒地认识到：只有改变教

师的认知方式和学习方式，才能提升教师专业发展的能力，同时促进学生、教师和学校的共同发展。项目研修是一种在校本研修机制下的适合教师自主研修、合作研修的学习方式，是一种教师研究性学习的方式。“项目引领，合而谋之，促进教研学一体化”是教师专业发展的有效途径。

一、基于问题形成的校本化定位

（一）盘活资源，把握真实问题

项目实施前，教研室通过问卷形式，对教师专业成长发展的需求展开全面调研，并形成教师专业成长的调研报告，使每位教师在项目组专业成长理念的引领下，明确自己的定位，完善自己的专业成长规划。是否把握真实问题决定了校本研修的基本方向，决定了教师参与度。也就是说，要使校本研修成为教师专业成长的内需，其关键是必须研究真问题。因此，学校以“发现真问题、开展真研究、解决真需求”为基本思路，以“整体化设计、课程化实施、系统化评价”为指导原则，鼓励教师提出本学期需要研修的主要问题和基本设想。

（二）去伪存真，梳理问题指向

学校在调研及专题讨论的基础上，对问题进行梳理，并依据问题指向（常规工作、问题解决、教改需求、技术运用）进行归类，去粗取精、去伪存真；然后综合考虑现状和需要，依据工作重点审核或整合，通过精心设计，逐步使之有序列、成系统，供教师自主选择、组团研究。

（三）提供动力，构建保障体系

通过问卷调查，教研室对教师研修的内容、形式、研习的时间与频次、研习的目的与动机、阻碍研习的因素进行教师项目研究可行性分析，发现一线教师的真实需求，并尝试构建基于真实需求的学校支持系统。

二、基于问题解决的教师项目研修

（一）在研究中坚持

基于相同问题而抱团研究的项目组是学校的新生组织，项目组研究要想取得预期的成果，组内合作非常关键，项目组组长思考在前，行动在前。在研究活动前，他们做好充分的准备工作，带着思考与组员沟通，重点研究为什么做、做什么以及怎样做。虽然每个项目的研究内容不同，但在过程中，教师通过分解项目名称，形成逻辑严密的问题链，有的基于现象分解问题，有的基于对象分解问题，还有的基于原因分解问题。在分解问题的基础上，各项目组制定了简明扼要又实实在在的研究方案，保证了研究过程有效，方法可行。在研究过程中，研修教师要坚持合作性和互动性，人人主动、积极参与研究；坚持真实性和生成性，保持研修原生态，讲真话实话，真干实干；坚持操作性和可测性，以实践为主，重点研究怎么做才有实效。

（二）在创新中发展

为确保研究真实有效，给予教师足够的安全感和充分尊重，尝试建立引入听证机制和容错机制，健全评价机制。

1. 听证机制

在整个研究过程中，会根据项目研究的需要，定期通过不同平台、借助不同场合倾听不同层次教师的意见，保证研究需求更适切、研究过程更科学、研究评价更合理。

2. 容错机制

容错机制的制定，帮助教师在研究过程中及时反思，在寻找问题的同时，进一步剖析原因，寻找研究对策。这在一定程度上缓解了教师的研究压力，保护了教师的研究积极性。

3. 评价机制

评价制度包含一线教师的反馈评价、指向研究成果的应用性、辐射三方面内容。从问题提出的真实性、普遍性到原因分析的逻辑性、条理性，从解决对策的操作性、可行性到展示成果的应用性、辐射性，做出真实的判断。总之，这些评价都立足于改进研究方法，深化研究内容，而非简单的评判工作。项目组长的推荐评价，指向研究工作的有序性和缜密性。项目组组长在学期结束的项目研究交流会上，既汇报自己项目研究的进度，也倾听其他项目的开展情况，而优秀项目组的推荐，既鼓励了那些做得比较成熟的项目，同时也为缩短项目组之间的差距提供了学习的平台。学术委员会的学术评价，指向研究成果的可行性和科学性。在项目展示过程中，学校主要评价的是项目研究成果的学术价值，也从另一个角度对项目组研究提出了更高层次的要求，不同纬度的评价保障了评价的公平与公正。

三、基于学校发展的教师成果推广

真实的研究内容，给力的支持系统，在一定程度上促使教师从“要我做”变为“我要做”，而将教师的研修成果有效推广，更能激发教师研修的动力。

（一）依托校刊，营造有温度的研究氛围

对校刊栏目内容进行调整和充实，刊登各类研究的过程性资料，如案例、课例研究札记、问卷调查报告以及各自的中期或终期研究成果，并将更多成熟期教师的隐性经验显性化，提高教师职业幸福度。同时，建立研讨机制，拓展教师思维差异度，鼓励教师结合自己的经历和经验、阅历和见识，发表不同的看法，畅所欲言，彼此学习和互补。

（二）积极引领，促进有内涵的专业发展

通过指导、对话，提升教师科研水平。对项目研究开展持续性指导，给予教师更多观摩与学习、与不同专家对话的机会，提高研究质量，保证研究科学有效。通过多种方式，形成科研激励机制。鼓励教师在自己感兴趣的领域不断探索，定期进行项目研究评奖活动，鼓励较好的研究成果出版，在学校乃至更广的层面发挥经验辐射和影响的作用，促进教师追求卓越，克服职业倦怠，获得更大发展。

（三）建立课题研究的多元化、层次化研究格局

拓展项目研究来源，不仅重视问题解决型的项目研究，还可以对教师已经结题的项目进行运用性推广研究，或结合教育教学实际问题进行新项目实践研究，或结合学校各方面的工作进行实验性探索研究，或结合区、校项目进行某领域专题研究。建立区级课题、校级课题、项目组的组级课题，形成立体的研究体系和有层次的科研格局。

（四）建立多元合作的研究机制

在各项目组研究推进的过程中，引导各项目组开展合作化研究，通过不同形式的联席会议为主题或内容具有交叉性的项目组搭建更大的平台，让教师交流、讨论或举办专题研究活动，拓宽每个项目的研究思路，促进互相借鉴。

总之，学校以项目研修的方式展开教研，以真研究为出发点，以自愿组合方式组成研究组实施研究，并建立健全与之相匹配的支持、保障系统，鼓励教师研究自己的真问题，通过相对细微的、持续的行为改进，解决实际问题，体现“首创精神”，逐步实现从追求系统创新向学会创意设计转变。匹配学校改革与发展趋势，立足“人本”，营造有温度的教科研氛围；体现“多元”，搭建有层次的金字塔体系，使项目研究成为促进教师专业化发展的有效载体。

参考文献：

[1] 公雪宁.学校促进教师专业发展的策略探究[J].华夏教师，2018(19).

[2] 杨九俊.构建专业的学习型团队[J].江苏教育，2018(38).

[3] 荣卫东.专业引领成长[J].北京教育(普教版)，2017(12).

[4] 上海愚园路第一小学.师说新语[C].上海：上海愚园路第一小学，2018.

[5] 上海愚园路第一小学.上海愚园路第一小学教师专业化发展学校年检报告[R].上海：上海愚园路第一小学，2017.

立足课堂，知行合一

黄炜，高级教师，1995 年毕业于山东曲阜师范大学中文系。先后担任克拉玛依准东中学语文教研组组长、校工会主席，现任克拉玛依准东中学副校长，准东教育中心中学语文名师工作室主持人；先后获得市教育局优秀教师、克拉玛依市级优秀教育工作者荣誉称号，2010 年起连续两届获评克拉玛依市级骨干教师，2017 年被推荐为沪克访学教师赴上海进修。

克拉玛依准东中学基于课程标准的课程规划思考与探索

克拉玛依准东中学　黄　炜

【摘要】学校课程规划是国家课程标准向学校教学现实课程转化的桥梁。学校是实施课程规划的主体，也是重要的课程管理者。学校必须依据国家和地方制定的课程方案，结合本校的实际情况，制定本校的课程实施方案，并采取切实有效的措施加以落实。

【关键词】课程规划；课程实施方案

克拉玛依准东中学当前面临教师队伍课程意识淡薄、学校教育理念逐渐滞后、发展后继乏力的窘境，必须尽快更新观念，从学校实际出发，对学校的课程方案进行整体的设计，确保课程政策落到实处。同时在学校课程规划的实践中，提高相关人员的课程意识，引导他们积累课程专业知识，不断发展学校领导的课程领导能力，让课程在成就教师和学生的同时也积极促进学校的整体发展。

一、克拉玛依准东中学探索制定基于课程标准的课程规划的背景

（一）“读书无用论”引发的反思

经过改革开放，社会主义物质文明和精神文明都得到了极大的提高，人民的生活变得富裕起来，教育的作用日益凸显，但靠高考改变命运的中国传统教育观念在21世纪初面临三大难题：一是高考已无法满足人民群众对高品质教育的需求；二是高昂的教育支出让贫困甚至普通家庭压力巨大；三是花费巨额费用上大学，毕业后却不能找到满意的工作，过高的教育支出与日益微弱的教育回报率矛

盾突出，由此有个别人提出“读书无用论”。这种“读书无用论”产生的深刻的思想背景是群众对“学什么与如何学”的系统反思，也反映了当前群众希望从以知识为中心的教育转向以学生核心素养发展为本的教育。

在新课程背景下，基于国家课程标准，以校为本的课程建设，不仅仅是转变教育价值观、推动课程改革的需要，而且也是满足师生成长、帮助师生实现生命价值的需要。

（二）新课程背景下学校课程建设的要求

新课程改革对学校课程建设提出了崭新要求，如《上海市中长期教育改革和发展规划纲要(2010—2020 年)》就明确提出：“上海教育改革和发展坚持的基本理念是为了每一个学生的终身发展。”这种理念有着丰富的内涵，它明确了教育的本质追求，即教育必须着眼学生长远发展和社会文明进步需要，提供更为平等、优质、多样的学习机会，使所有学生的个性特长得到发展，潜能得到激发，创新意识、创新精神和实践能力显著增强，终身学习意识和能力显著增强，为学生的终身发展奠定良好基础。

2014 年 9 月，《国务院关于深化考试招生制度改革的实施意见》颁布，上海市和浙江省率先公布考试招生综合改革实施方案，这标志着全国新一轮高考改革行动正式启动。新一轮高考综合改革方案以“有利于促进每一个学生的终身发展”“有利于所有类型的高中在变革中留有自己的发展空间”“有利于科学选拔和培养人才”“有利于维护社会公平公正”为基本理念。以“两依据一参考”(高校招生依据统一高考成绩、高中学业水平考试成绩，参考高中学生综合素质评价信息)为标志的高校考试招生制度改革，标志着高校人才选拔评价由单一转向多元。这一政策导向有利于高中教育从“追求分数”转向“全面育人”，从单纯关注学术成绩转向关注学生综合素质发展。新高考改革方案为不同类型高中的多样化发展提供了政策保障，对于一般水平的高中学校来说是个正面导向，有助于那些学术成绩一般但动手能力强或有一技之长的学生获得更多接受高等教育的机会。

无论新疆的高考综合改革使用怎样的方案，其基本理念应该也必须是“为了每一个学生的终身发展”。基于此，学校必须有时不我待的清醒认识，不论是为了促进学生综合素质的提升，还是致力于为学校创造更多发展空间，都必须以课程建设为抓手，制定出符合本校实际的学校课程整体规划，提供更符合学校、教师和学生发展需求的课程，这也与当下亟待改变的教学现状密切相关。

（三）当下教学的现状

观察我们的课堂，不难发现，课的价值与质量很大程度上取决于教师个人的素质。一节课中，教学目标、教学过程、作业设计三者的逻辑关系，没有多少教师是清楚的。

这种状况下的教学可以用两个词来概括，就是“出家”与“离家”。所谓教学的“出家”，是指无目标导向的教学，就是那种“穿溜冰鞋”的课；所谓教学的“离家”，是指偏离目标的教学，即我们常说的那种“为合作而合作”“为讨论而讨论”，或者不受目标制约的“深挖洞，广积粮”“以不变应万变”之类的课。

考试成绩、学生素养都是“学会”的结果。没学会，没有让至少 2/3 的学生达标，就等于教师没有完成任务。课堂教学的随意性和盲目性是导致教育资源浪费和教育教学水平极不平衡的重要原因。

二、基于课程标准的课程建设思考与理解

结合准东中学实际，通过理论学习和研究，我们初步建立起基本的课程理念，我们认为，让教学“回家”必须基于国家课程标准，追求目标、教学、评价的一致性。按照课程标准所倡导的理念与目标来开展教学，提倡教师基于课程标准自主开发教材来开展教学，基于课程标准创造自己的优质课。具体来说，有以下几方面：

（一）学校的产品是课程

学校的产品不是培养多少考入名牌大学的学生，也不是取得多少奖项和荣誉，课程才是学校的产品、文化和传统。课程是教学得以体现的手段和载体。完整的教育教学活动至少要回答“为什么教”“教什么”“怎么教”“教到什么程度”四个核心问题。“为什么教”“教到什么程度”涉及目的；而“教什么”“怎么教”涉及手

段;教师只有明白了“为什么教”“教到什么程度”,才能明白“教什么”“怎么教”。

(二) 基于课程标准:让教学“回家”

基于课程标准的教学有以下两层含义:(1)教学目标源于课程标准,评价任务设计先于教学过程设计,关注学生学习的质量以及学会了什么,体现标准、教学、评价的一致性,教师的关注点从课堂转向课程,从教什么转向学会什么;(2)教师必须通过研读国家课程标准,研制某学期或模块的课程纲要,再编制单元或课时教案,体现学段内容标准(学期)或模块课程纲要(教案)的一致性。

就一节课而言,教师在备教案时,必须明确“我要把学生带到哪里去(目标)”“我如何知道学生已经到哪里了(评价任务设计)”“我如何安排教学过程以便学生有更好的表现,也有利于我了解学生学到了什么(教学环节)”三个基本问题,体现目标、教学、评价的一致性。为达到以上目的,让教学“回家”,我们必须做好学校课程规划工作。

(三) 什么是学校课程规划

学校课程规划,就是学校对在本校实施的所有课程的设计、实施与评价进行整体规划,是学校课程管理或课程领导的核心工作。如果说国家课程标准提供了一种理想的课程,教师理解的课程、课堂运作的课程、学生体验的课程是一种现实的课程,那么学校课程规划就是从理想课程向现实课程转化的桥梁。

学校进行课程规划的目的是为教师和学生提供一种适切的课程,也就是让课程更符合学校、教师和学生的发展需求,让学生能享受课程,让课程来成就学生。

(四) 如何制定学校课程规划

1. 明确学校课程规划的内容

学校课程规划几乎涉及学校所有工作,以准东中学为例,《准东中学课程规划方案》应包括我校的愿景与使命、分年级课程计划表、学科课程规划、综合实践活动课程规划、校本课程开发、教学与评价、管理与保障、教师的专业发展等内容。就学科课程规划而言,各教研组必须依据课程标准、教材和学情,编制学科课程整体规划,如《准东中学语文课程规划》,然后备课组据此编制学期课程纲要,如《准东中学语文七年级(上)课程纲要》，最后任课教师依此编制单元、主题或课时教案。

2. 坚持四个原则

一是基于政策。学校课程规划不能随意更改国家课程计划内的课程，否则就难以保证国家对公民素质的基本要求，就会偏离教育目的。比如，准东中学将要制定的学校课程规划就是以教育部颁发的《义务教育课程设置方案》《普通高中课程方案》《克拉玛依市关于进一步规范校本课程开发与实施的指导意见》为直接依据的。

二是基于学校。学校课程规划的制定必须立足本校实际，必须建立在学校的课程传统、已有的课程基础、学校在课程和教师方面的优势与不足、学校的愿景和使命、教师和学生的课程需求基础上。

三是基于研究。通过研究找到政策与学校现实的结合点，如回顾总结准东中学课程发展的历史，把握其课程发展的传统、已有的创新；分析了解教师的专业发展状况，并通过一系列调查表掌握学生对课程的期待以及家长对课程的意见。

四是基于对话。学校管理团队要广泛听取教师、学生和家长的意见，进行反复论证与协商。有了广泛的民意基础，学校课程规划才更容易得到落实。

3. 建立学校课程规划的保障

提升学校领导团队、教师及相关人员的课程素养，包括课程意识和课程领导力、课程规划的参与度和执行力。

4. 搭建学校课程规划的基本框架

一要建立由利益相关者和专业人员组成的学校课程委员会，解决谁来做的问题；二要做好专题研究(相关政策研究、课程发展经验研究、学生课程需求分析、资源分析、学校教育哲学研究)，解决做什么的问题；三要形成文本，包括规划的依据、课程方案及说明、实施与保障等，解决成什么的问题。

学校搭建起了从理想的课程(国家课程标准)到现实的课程(教师教学和学生学习的课程)的桥梁——学校课程规划，下面就需要课程的主要执行者——教师团队去具体着手实施。从哪里着手呢？这就需要制定学科课程纲要。

（五）课程纲要的基本要素

课程纲要至少回答四个问题（课程纲要四元素）：（1）目标：依据什么确定目标以及目标是什么？即思考期望把学生带到哪里。（2）内容：如何选择/组织内容（知识或活动）？即思考教学基本的素材或活动是什么。（3）实施：如何呈现或实施上述的内容？即思考教师与学生怎样去实施。（4）评价：怎么知道上述的目标得以实现（评价）？即思考如何知道学生已经到了哪里。

从学校开发的整体的课程规划方案到教师开发的每门校本课程的课程纲要，再到单元或课时的教案，体现了校本课程的目的性、计划性与一致性，其中，课程纲要制定是一个不可或缺的关键环节。教师应按照此纲要撰写相应的教案并开展教学。

三、克拉玛依准东中学课程建设的探索和实践

（一）根据学校章程，明确准东中学的愿景、使命、目标

准东中学的愿景是和朴至真、和德至善、和韵至美、和谐稳定。为实现上述愿景，全校师生应践行以下几点：（1）履中蹈和，和而不同，即做到行为有度，进退有矩，在追求和谐发展的过程中又不失特点、风格，确保永远朝着正确的方向发展；（2）崇德修身，尚理致和，即培养（或成为）头脑清醒、是非观念分明、德才兼备的社会有用人才，崇尚真理，探究规律。

我校毕业生形象：为生勉和，即为生要勤勉谦和；为学怡和，即为学要达到终身乐学的境界。

（二）立足本校实际，梳理学校在课程、师资、生源等方面的优势与不足

克拉玛依准东中学是一所完全制中学，现有教职员工一百多名，学生530余名，多数为石油企业职工子女。学校学生质朴单纯，规则意识强，在劳动、文艺、体育等方面表现突出，有一定的发展潜力。

制约因素：学校校本课程尚处于初步开发阶段，领导团队有一定的课程意识，

但教师团队平均年龄偏大，大部分教师观念陈旧，教学方法落后，创新意识和实践能力不强，对基于课标开发规划课程的意义及重要性认识不足，参与网络研修的习惯还没有养成，教师教育教学特色不明显，“模仿型”“教学型”教师多，“科研型”“专家型”教师少，缺乏有影响力的骨干教师。家长的家庭教育理念相对比较陈旧，相当一部分家长的教育理念和方式方法还存在很大的问题。学生生活环境闭塞，知识面狭窄，缺少学习动力。同时名牌学校掐尖选拔，使我校优质生源严重流失。

（三）总结了学生的课程需求和明确了学校现有的课程资源

1. 学生的课程需求

学校现有课程存在的问题：现有校本课程与社团规模较小，开设科目较少，教师资源不足，无法满足大部分学生的课程需求；缺乏规范的课程管理体系，课程开设也缺乏课程纲要的引导与约束，处于粗放型初创阶段。

学生的课程期待：根据访谈及调查结果，学生希望开设的校本课程多以兴趣爱好为主，并随着年级的增加呈现出难度加大、类型多样、与学科学习联系更紧密的趋势，其中，运动类、科普类课程是学生最希望开设的课程。

2. 课程资源分析

准东中学在人力、物力资源方面相对比较薄弱，但我校仍然努力发掘社区及附近小学、社会办学力量等资源，有油田企业矿区的本地资源，也有广大热心参与学校管理的有一技之长的社区居民与家长，愿意提供包括专业知识讲解、免费授课、相关参观等在内的多项服务。

准东中学的教师大部分责任心强，工作任劳任怨，但由于年龄普遍偏大，缺少创新意愿和动力，课程意识较低，在校本课程的开发上主动性不够。

（四）建立学校课程规划的保障

（1）提升学校领导团队、教师及相关人员的课程素养。校长、教学副校长、教务主任、教研室主任先后两次参加华东师范大学课程研究所主办的课程领导力培训班，更新理念，提升课程素养。

(2) 选派优秀中青年教师赴克拉玛依市第一中学跟岗学习半年,学习该校先进的教育教学理念,深入了解该校选课走班的教学模式,培养课程建设骨干。

(3) 建立学校课程规划的组织保障。制定克拉玛依准东中学课程规划方案,成立基于课程标准的课程纲要编写规划领导小组,由学校主要领导担任组长,学校教学分管领导具体负责执行和协调,成员包括学校相关业务部门、各学科教研组组长、各年级备课组组长。

(4) 不断完善《克拉玛依准东中学义务教育阶段课程规划方案》《准东中学高中课程设置》。

(5) 由教研室制定《学科课程纲要编写实施方案》并在全校教师中开展广泛宣传,明确编写学期课程纲要的意义,提供学期课程纲要的文本格式,规定编写学期课程纲要的关键环节,制定学期课程纲要编写流程,对完成项目的时间做了具体的规定。争取在3年内完成初高中所有学科的学科课程纲要和各学段的学期课程纲要,并指导教师完成基于课程纲要的教案,形成较完整的学校课程体系。

(6) 持续跟进研究和学习各地高考改革政策,关注新疆高考改革进程,研究制定《新高考改革背景下的克拉玛依准东中学课改实施方案》。

(五) 建立基于学校实际的教师研修管理制度

为了打造一支敬业、奉献、科学、协作的可持续发展的教师队伍,我校拟从以下几方面开展工作。

(1) 制定《克拉玛依准东中学师资队伍建设发展规划》,制订年度工作计划,明确教师专业发展要求,营造良好的科研氛围,提供优质的科研服务。

(2) 确立导师"团队带教"的青年教师培训工作模式,即一位学员、一位导师、一支带教团队的带教模式,导师团引领青年教师通过听课、协同带教、学校文化浸润、课程开发、试题命制、参加竞赛等途径,循序渐进地成长和成熟,直至成为学校的中流砥柱。

(3) 明确青年教师专业成长要求,如1年内青年教师完成见习教师规范化培训;3年内教师完成导师团专业带教学习;5—10年内教师参与科研课题(学员、组员）或参加教师技能竞赛，成长为市级教坛新秀或青年教学能手；10年以上教师向研究型教师成长，成为区级骨干教师，鼓励中青年教师领衔科研项目与教学研究；10年以上骨干教师主动融入市区各项教师专业发展平台，成长为市级骨干教师。

（4）积极开展校本研修课程建设，如加强师德建设，提高教师育德能力；以"提高课堂效率，提升课程意识"为主题，展开教师知识与技能培训，促进研究型教师成长；积极开展分层走班背景下班主任工作的课题研究和培训；利用集中教育、道德讲堂、专家讲座等形式开展围绕教育科研的专题培训。

（5）采取各种措施，不断加强教师自主研修的效率和积极性，如制订个人自主研修计划，每学期由教研室负责督促落实；每学年每位教师开设教研组研讨课。

（6）建立发展性教师评价机制，形成良性运作机制，制定科研激励制度，建立教师专业成长的奖励机制，激发中青年教师发展的内驱力。每学期根据教师的教科研工作实绩赋予相应学术积分，在职称评定、评优选先、绩效考核等方面予以体现。

（7）利用克拉玛依一中等优秀学校和上海等地的优质研修资源，积极外派各级干部、骨干教师、青年教师跟岗培训和进修。

（8）抓好学校龙头课题，积极推进区级、校级课题的孵化，提升教师教育科研能力。

（六）积极探索基于课程标准的学业质量评价新途径

学业质量评价是学校课程建设必须关注的重点工作，通过科学的学业质量评价体系，可以体现学校课程目标、教学、评价的一致性，而只有规范考试命题工作才可以保证学业质量评价的公平科学，同时，通过规范考试，可以提升教师的课程意识和规范意识，提高教师研究课程标准、研究教材、研究学生的能力，还能为科学编制学校课程规划方案提供有力支撑，是学校课程建设不可或缺的重要组成部分。为此，准东中学对学校考试命题工作做出了严格的要求：

第一，严格控制试卷难度，要求命题教师把握好试卷难度系数，并由教研室根据成绩汇总核算，作为评价试题命制质量指标。

第二，按照规范要求命制试卷，严格执行审核和印刷流程。

第三，各学科各学段教研组、备课组，基于课程标准，参照中高考试卷体例，制定标准试卷模板，各学段各学科严格按试卷模板命制试卷，不得随意改动。

第四，除毕业年级及参加本学期中考、学考的学科外，规定所有考试均采用自命题试卷，不得使用现成试卷。自命题试卷命制完毕，经考试验证无误后，一律以电子文档的形式上传教研室，由教研室负责建立学校自命题考试资料库，由此逐渐建立准东中学命题资源库，供教师使用。

第五，为保证命题质量，建立考试命题组，由骨干教师、学科带头人组成团队，梳理初高中各学科各学段重要知识点，负责自命题考试的命题，同时吸收部分青年教师参与此项工作，其工作在学校绩效考核中予以体现。

当前，新课程实施的过程中存在争议，新的国家课程标准尚未正式颁布实施。准东中学各方面条件薄弱，接触科学规划课程的时间也不长，长期缺乏支持学校领导和教师的课程领导能力发展的实践活动，要求学校立刻进行课程规划，是不现实的。因此，当前学校要制定课程规划，就必须寻求课程专家的引领和指导，但在这一过程中，学校必须是主导，学校领导必须有清醒的认识、明确的定位、坚持不懈的精神，勇于实践、勤于思考，大胆迈出第一步，以课程为龙头，引领学校走出困境，实现各方面的飞跃。

李进中，克拉玛依市第十六中学数学教师，长期从事小学数学课堂教学，秉持“让每一个学生成为更好的自己”的教育理念。曾获义务教育课程实验教科书小学数学（人教版）实验工作优秀教师，新疆维吾尔自治区教育系统优秀党务工作者、克拉玛依市骨干教师、克拉玛依市优秀教师、最美克拉玛依人等称号。

人教版小学数学(低段)课程调整的探索研究

克拉玛依市第十六中学　李进中

【摘要】教材是学校教育的主要课程资源,课程设计应基于学生的认知发展水平、已有的生活经验等。克拉玛依市第十六中学,因生源来自不同地区,学生对知识的认知和水平参差不齐,一度成为教师教学的难点。为了使这部分学生在以后的学习中能够逐步建立信心,增强动手实践能力和自主探索精神,对一、二年级低段学生数学课程内容进行微调,使得我区学生也能获得良好的数学教育。

【关键词】课程调整;计算技能;实践能力;自主探索

一、一、二年级低段数学课程调整的背景

教材是我国学校教育的主要课程资源,是教学的基本内容,是学生学习的材料,但不是唯一的课程资源。教学资源无时不有,无处不在,而且会不断再生。因此,教师必须突破教材对学生教育的禁锢,根据实际情况合理、创造性地使用教材,既遵循教材又不囿于教材;既凭借教材又要跳出教材。新课程重视挖掘教材资源,拓宽、延伸知识结构,活用了教材,使教学从课内到课外,从点到线到面,从已知向未知延伸。它强调培养学生的创新精神和实践能力、收集处理信息的能力、获取新知识的能力、分析解决问题的能力、交流协作的能力以及对自然和社会的责任感。另外,还要求每个学生拥有健康的身心、优良的品质、终身学习的愿望与能力、科学和人文素养,养成健康的审美情趣和生活方式,从而实现全体学生的发展以及学生个体的全面发展。

根据认识过程的普遍规律和教学过程中学生的认知特点，学生系统掌握知识，一般从对教材的感知开始，感知越丰富，观念越清晰，形成概念和理解知识就越容易。

克拉玛依市第十六中学，生源由外来务工人员子女、乌尔禾镇学生、奎屯137团部分学生构成。其中，外来务工人员子女占全校学生的一半以上。由于生活环境不同，导致学生认知水平参差不齐，对知识的理解存在巨大的差别。

数学是一门系统性、逻辑性都很强的学科。各部分知识之间的内在联系十分密切。义务教育阶段的小学数学教材是以数与计算为主线，把量与计量、几何初步知识、解决问题等内容随着数与计算教学内容的深入和范围的扩大而有机结合起来编排的。对知识的理解、表达和运用，已成为我校一、二年级学生数学学习的难点。

小学一、二年级的学生有很强的好奇心，对身边的事物非常感兴趣。这种浓厚的兴趣有助于他们学习语言和数学。

针对克拉玛依市乌尔禾区生源的特点，笔者适当对教材的单元、章节进行调整。在小学一、二年级先进行数的认识、数与计算教学，即把数与计算教学前置，同时创设数学实践活动，使学生亲身体验、动脑思考、动手实践。数与计算前置能使学生有更长的时间练习计算。实践活动的引入又能为学生创设更多的语言学习环境和机会，提高学生的语言文字理解能力、表达能力、动手实践能力，使学生逐步积累生活经验，增强逻辑思维能力，在数学上获得良好的发展。

二、数学课程调整的意义与目的

数学作为人类认识世界的一门基础性科学，值得每个人去学习。处在这个高新技术层出不穷和竞争日益激烈的时代，每个人都应该掌握一定量的数学知识来提高自己的社会竞争力。《九年义务教育全日制小学数学教学大纲(试用)》指出："要培养学生良好的学习习惯和独立思考、克服困难的精神。"

针对我校生源特点，采取有针对性的课程调整策略，创设求知情境，能够培养学生的学习兴趣，使数学教学不仅是一个认识过程，还成为一种情感体验过程。课程调整可以加强师生情感交流，了解学生的情绪表现，发展他们思维的闪光点，激发他们的求知欲和学习热情。

通过数学课程调整，期望达到以下目的：(1)针对我校生源特点，采取有针对性的课程调整策略因材施教，使我校学生更好地接受数学教育，使学生能够认识数学、理解数学、应用数学；(2)培养学生的数感，提高学生的计算能力，引导学生养成良好的计算习惯；(3)培养学生的动手操作能力、分析问题和解决问题的能力，使数学学习更贴近学生的实际生活，拓展学生的数学思维；(4)通过课程调整使学生完全参与学习过程，成为课堂的主角，在一定的情境中参与特定的数学学习活动，经历数学知识形成和应用的全过程，从中积累数学学习经验，获取相关数学知识，并能运用已有的数学知识解决实际问题，从而达到促进学生自主发展的目的。

三、数学课程调整的依据

《义务教育数学课程标准(2011 年版)》指出：义务教育阶段的数学课程不仅要考虑数学自身的特点，更应遵循学生学习数学的心理规律，强调从学生已有生活经验出发，让学生亲身经历把实际问题抽象成数学模型并进行解释与应用的过程。

数学课程要力求使所有学生获得必备的数学基础，突出基本原理和通用方法，切实加强数学课程的基础性。教师应重视数学与现实生活的联系，设计数学实践环节，适当安排拓展性的数学内容；遵循学生心理认知发展规律，合理组织教学内容，为学生提供亲身感受体验的机会。

有研究者认为，小学生思维发展的基本特点是从以具体形象思维为主要形式逐步过渡到以抽象逻辑思维为主要形式，但这种抽象逻辑思维在很大程度仍然是直接与感性经验相联系的，仍然具有很大程度的具体形象性。这说明两点：

(1)一、二年级数学教材可以由教师根据学生心理认知发展规律，调整设计与之相应的实践教学内容，增加学生实践动手操作的内容；(2)教师可以增加体验学习部分，使学生经历认知过程，提升情感、态度与价值观，在数学学习中得到乐趣。

四、数学课程调整思路与实施步骤

为了提高学生的数学能力，尤其是低年级学生数与计算方面的综合能力，我校引导学生养成良好的数学运算习惯，为其赢得更多的时间来学习语言的理解与表达，也为其以后实践、探索打好基础。

结合我校学生的实际，数学课程调整的整体思路为：以数与计算为基础，以实践内容为辅助，增加学生动手操作部分内容，增强学生的体验，使学生获得学习的乐趣。

评价标准为：数与计算部分的评价标准与教材上同一部分的评价标准相同。动手实践部分的评价主要看学生对问题的理解、解决问题的方法策略、思维的拓展、动手操作能力程度等，也可参照课程标准进行评价。

调整方法：前置数与计算的部分内容，同时设置实践活动，使学生认识生活中的事物。经历行为阶段，然后抽象到图的阶段，最后进入符号语言阶段，提升学生的抽象思维与概括总结能力。

调整的范围为一、二年级数学教材，调整教材编写的螺旋上升模式为部分板块模式。只列举一年级第一学期内容，详见表1。

表 1 一年级上学期具体调整内容

年级学期	数与计算部分	备注说明	动手实践部分	备注说明
一年级第一学期	1. 数数，计算周围事物的个数、数小棒。根据百数表认识 1—100。一个一个地数，十个十个地数，五个五个地数，两个两个地数。引入沪教版双色片、百数图、百数表、数射线，帮助孩子认识数。 2. 在田字格上书写 100 以内的数以及一些数学符号。 3. 比较 100 以内数的大小。	学前准备期 1. 让学生认识数。学生能从生活中抽象出数，能对生活中的事物进行简单的统计。 2. 理解数与实物的对应关系，形成表象，特别是我们身体上的数，如眼睛、耳朵、嘴巴、手指、脚趾的个数。 3. 通过数射线认识数的有序性。 4. 通过百数图、百数表让学生寻找规律，熟悉数位相关知识。 5. 通过让学生拿出老师说的数对应的小棒，进一步让学生感受数位。 6. 在田字格上书写 0—9，初步认识数，逐步在田字格上书写 100 以内的数，感受数位、培养数感。	1. 进行基础的数理统计，尽量让学生多说在生活中观察到的数、认识到的数，并对这些生活现象进行简单的归类。 2. 初步认识时间的表述，渗透对钟表的介绍认识（因为钟表上有数），认识长短。 3. 让孩子数一堆小棒的根数（100 以内），并找出方法，10 根一捆，提高认识数位的意识。 4. 进行一些数学小游戏，如抢 30、扑克牌加减法、移火柴棍。 5. 让孩子动手用尺子画线段、角等基础的平面图形。 6. 逐步渗透质量与长度单位，初步认识长短、大小、轻重。	1. 可以通过多媒体让学生认识数，跟着多媒体课件数数。调动学生的多种感官参与数数，培养数感。 2. 通过让学生拿出老师说的数对应的小棒，进一步让学生感受数位，如 32 和 23。拿出具体的小棒根数（10 根一捆）让学生体会不同，比较大小。 3. 让学生用尺子画线段，继续熟悉数射线，初步了解长度单位厘米。 4. 体检感知千克、米、厘米。 5. 在听与说的过程中，创设语言环境，让孩子多表达，在游戏的听说中学习语言。

（续表）

年级学期	数与计算部分	备注说明	动手实践部分	备注说明
一年级第一学期	1. 熟练掌握 10 以内加减法、20 以内加减法、20 以内两步加减法。 2. 参照沪教版一年级教材探寻加减法算式的规律与定律。 3. 通过算式中的(　)□等逐步渗透方程的思想。	正式学习期 1. 通过手指、小棒、双色片、数射线，初步认识 10 以内的加减法并能熟练计算 10 以内的加减法。10 以内的加减法中，最关键的是 5 的认识与能凑成 10 的数。20 以内的加减法教学、两步加减法与人教版部分内容相同。前面已熟悉的数与计算不必重复。 2. 课堂强化 10 以内加减法、20 以内加减法、20 以内两步加减法。 3. 在强化中探寻加减法算式的规律与定律。 4. 在强化中探寻加减法算式的关系。	1. 通过手指继续认识 10 以内的数。玩游戏：老师说数，学生伸手指。学生伸手指，老师说数。 2. 继续进行分成与组合的游戏。 3. 在听与说的过程中，逐步渗透加减法的含义。 4. 让孩子通过添加、取走小棒(满 10 根必须捆成一小捆)，掌握进退位加减法的操作过程，从而提炼计算操作过程，逐步掌握算理。 实践操作部分所涉及的游戏、操作，可以反复做。	1. 进一步加深对 10 以内数的认识，尤其是 5 的认识。通过玩游戏让学生熟悉加法，如老师说 7，学生 7 的出法为：左手伸 5 根，右手伸 2 根，合起来就是 7 根。把两部分合起来就是加法的意义。 2. 通过添加、取走小棒(满 10 根必须捆成一小捆)，让学生逐步体会进退位的原因，从而掌握算理，探索多样化的算法。 3. 在听与说的过程中，逐步渗透加减法的含义。可以举生活中的例子，创设语言环境，让孩子多表达，让孩子在游戏的听说中学习语言。

五、课程调整研究的结果

1. 通过数数使学生体验数，逐步体会数从实物到抽象的过程，培养学生的数感。入学两个月后，学生熟练认识了 100 以内的数，能从实物中抽象出数，提升了数感。虽然前期进展比较慢，却为后续的学习打下坚实的基础。

入学前我区小部分学生不会数数，不能理解基础教学内容，普通话表达不清楚。经过一个半月的数数练习，学生已经能够顺利地从 1 数到 100。在数数练习中不断变换方式，通过耳、手、口、眼等感官，使学生加强对数的认识，对 10 以内数的分成与组合有更直观的理解。数小棒的练习，使学生能够通过比较小棒的多少判断数的大小，通过实物加深对数位的认识。结合小棒，学生能够很清楚地比较 100 以内数的大小，并在头脑中形成直观印象，培养学生的数感。

2. 提高学生的计算能力，帮助学生养成良好的计算习惯。通过一年专项练习，在家长的协助下，学生已经能够用口算解决两位数以内的加减法。50 道 100 以内加减法题目正确率 90%以上，平均用时 5 分钟，最快 3 分 17 秒，最慢 8 分钟左右。在二年级开学 100 以内口算对比测试中，正确率及速度已达到甚至超过同年三年级水平。学生形成了较强的计算能力，养成了良好的计算习惯。这也说明课程调整对学生是适合的。

3. 培养了学生的动手操作能力、分析问题和解决问题的能力，使数学学习更贴近学生的实际生活，拓展了学生的数学思维。实物小棒与学生实际生活相结合，渗透加法和减法的意义，让学生在动手实践摆小棒的活动中体会加减法的意义，在实际测量中体会长度单位、质量单位等的具体含义，认识并逐步理解数量。加大数学与生活的联系，通过观察使学生把数学知识带进生活，在生活中体验数学知识。

参考文献：

[1] 中华人民共和国教育部.义务教育数学课程标准(2011 年版)[M].北京：北京师范大学出版社，2012.

[2] 朱智贤.儿童心理学[M].北京：人民教育出版社，2003.

汪文玲，高级教师，现任克拉玛依市高中英语教研员。2004年获克拉玛依市教学能手称号，2005年获自治区教学能手称号，2012年荣获全国高考复习现场课一等奖，2013年—2016年担任克拉玛依市高中英语名师工作室主持人，2017年获第四届全国英语名师称号，2019年成为自治区英语高考命题专家组成员。

依托教研助推高中英语课程改革

克拉玛依市教育研究所　汪文玲

【摘要】帮助教师正确理解课程标准内容，并且在教学实践中贯彻落实，是新一轮课程改革成功的关键。本文旨在介绍上海市如何依托教研活动开展基于标准的教学与评价研究、教学调查研究，营建合作共享的研训群体，构建主题式教研活动实践模式，把国家课程转化为教师理解与实施的课程，并在课堂教学改革和评价实践中使核心素养可教、可学、可测的成功做法以及对本地区教研工作的启示。

【关键词】教研；高中英语；课程改革

一、问题的提出

2014年12月，教育部全面启动了新一轮课程改革，2018年教育部正式颁布了《普通高中英语课程标准（2017年版）》（以下简称《新课标》）。《新课标》把培养具有中国情怀、国际视野、跨文化沟通能力的人作为英语课程的总目标，把发展学生的核心素养作为英语课程的具体目标。

帮助教师正确理解课程标准内容，并且在教学实践中贯彻落实，是课程改革成功的关键。基层高中英语教研员是接力课程改革最后一公里的关键人员，如何通过教研活动把国家课程转化为教师理解与实施的课程，并在课堂教学改革和评价实践中使核心素养可教、可学、可测，这是各级教研系统亟待研究的一项重大课题。

二、上海高中英语教研取得的成功经验

作为全国教育综合改革试验区和高考综合改革试点省市，上海取得了举世瞩目的成绩，其中上海教研发挥了积极的作用，其成功经验如下：

（一）聚焦基于标准的教学与评价研究

上海教研的一个重要工作是规范教学流程，从源头上把好教学质量关。为了促进有效教学与评价，使核心素养可教、可学、可测，上海市教育委员会教学研究室（以下简称上海市教委教研室）组织编制了《上海市高中英语学科教学基本要求》一书，作为上海市高中英语学科教材编制、课堂教学、考试评价的依据。书中详细规定了高中阶段对语音、词汇、词法、句法、语篇、功能意念、话题七个单元的语言知识和语言技能的教学要求，每个单元由概述、学习内容与要求、学习指引、评价实例四个栏目构成。

（二）开展基于课标的学科教学设计研究

为了推动课程改革、改变教学方式、缩小课堂教学与新课标要求的距离，上海市教委教研室高中英语学科对基于新课标的教学目标、教学内容、教学过程设计、作业设计进行了深入细致的研究，为教师提供了大量的可借鉴操作的实践范例。

1. 基于课标的教学目标设计研究

《新课标》提出，高中英语教学要把知识学习融入语境，开展以单元为主题、以模块为单位的教学实践，将教材中听、说、读、看、写等板块的内容与要求建立联系，加强课时教学之间的关联性，将语言的结构、功能、技能、任务等有机结合起来，灵活运用教材，开展教学活动。为了落实课标对教学的这一要求，同时避免教师在设定教学目标时缺乏整体设计，阶段性不明确，定位不准（过高或过低），上海市教育委员会教学研究室编著了《高中英语单元教学设计指南》。书中以流程图（见图 1）、属性表、问题导向三种形式引导教师把单元教学目标逐级分解为学段目标、年级目标、单元目标、课时目标，建立课程标准与教学活动之间的联系。

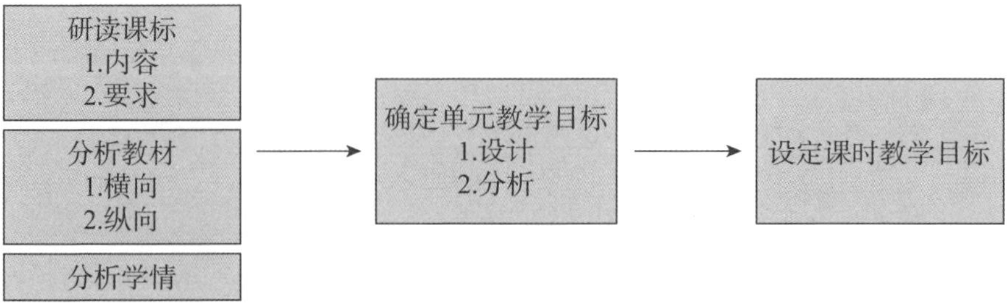

图 1　设定单元和课时教学目标的流程图

2. 基于课标的教学内容及过程设计研究

教学内容设计是备课的重要组成部分，是体现学科核心素养的关键部分。教学过程设计是备课的核心，是教学目标顺利达成、教学内容有效完成的关键。

尽管教无定法，为了更好更快地推动《新课标》理念在课堂中的实施，上海市普教系统“双名工程”英语学科名师培养基地出版了《高中英语课堂教学设计》丛书，包括《高中英语阅读教学设计》《高中英语语法教学活动设计》《高中英语词汇教学活动设计》《高中英语写作教学设计》等。丛书分为“解惑篇”和“设计篇”两部分。“解惑篇”围绕一线教师在日常教学中对课标理念和教学理论感到困惑的若干问题和教学误区，以“Q&A”的方式结合具体的案例分析给予解答。“设计篇”汇集了名师和各校骨干教师以上海现行英语教材为教学内容进行的教学设计。

3. 基于课标的作业设计研究

作业是高中英语教学必不可缺的一部分，好的作业设计应该是课堂教学的补充和支撑，科学设计作业可切实减轻学生的课业负担。为使作业更加个性化和多样化，上海市高中英语学科一直提倡书面作业与听力、口头作业相结合，学生独立作业与团队合作作业相结合，短作业与长作业相结合。

作业反馈是教师了解自己的教学效果、学生了解自身学习情况的重要依据。上海市教委根据作业目标和类型的不同规定了批改、讲评、跟进三种反馈方式。在调研过程中，教研员尤为关注教师的作业批改问题，强调教师通过作业反馈进行教学调整，坚持采用要点指导和评语激励等方式给予适当指导和激励，倡导对学习有困难的学生实施作业面批、有效建议、精准指导。

为了更好地引导教师进行科学的单元作业设置，上海市教委高中英语学科教研室规范了单元作业设计的类型、作业的要求，开发了单元作业属性表、问题导向列表，并请名师和各校骨干教师提供了针对性极强的设计案例。

（三）开展基于证据的教学调查研究

在新课改实施过程中，有些学校和教师会出现因循守旧不愿改变、畏难不前等情绪，在教学实施过程中难免会因为对课改理念理解不到位出现偏离改革的行为。上海市教研部门一项重要常规工作就是对全市或某区进行课程与教学调研，其实就是对该区课程与教学情况进行全方位了解与诊断，提出建议并提供帮助，目的就是为了改变课改实施过程中存在的课改目标落实困难或偏差问题。为了使调研更具科学性、可信性、可操作性，自 2012 年起，上海市教委教研室专门成立了调研工具研制小组，研制了 20 余种调研工具。

以高中英语学科为例，高中英语教研员选定某所学校为调研对象后，以阅读静态文本（学校英语学科教研组的教研计划、教研活动记录文字材料）和动态现场观察（听课、参加教研活动）这两种方式获取证据，发现该校英语学科的优势与劣势、特色或某个教师的教学亮点。通过调研和观察取得证据后，教研员与该校教师一起提炼经验，分析该学科存在的问题及原因，最后教研员完成一篇集诊断与处方于一体的调研报告。报告中针对突出问题给予合理化的建议和指导。后期针对该校典型经验、学科优势、特色和亮点等内容，教研员会以公开课观摩、讲座等方式加以推广。

（四）营建合作共享研训群体

上海市教研转型的最大成功是建立了由一线教师、教研员、理论工作者组成的共同合作研究群体。这个群体以教学实践中的问题为导向，以课题研究方式为媒介，以对症下药找到解决问题的办法为目的，优势互补，共同成长，最终实现助推新课程落地的目的。

长宁区高中英语教研员张珏恩老师根据高中英语词汇教学实践在一定程度上费时低效的问题，成立了“基于语料库的语境互动式高中英语词汇教学实践研究”课题组。课题组集各方力量开展了合作研究，研究过程中既有专家团队在理论上的强大支持，对问题原因的精准诊断和解决办法的指导，也有一线教师团队的实地教学实践验证。通过课题研究，教师不仅学到了《新课标》倡导的在语境中进行词汇教学的基本方法，明确了现行高中英语教材中词汇学习在不同阶段的水平要求，掌握了指导学生词汇学习的基本策略，还提高了运用语料库素材进行教学设计的能力。

（五）构建主题式教研活动实践模式

教师参加教研活动的主要目的是更好地解决教学实践中遇到的困难或问题，而主题教研恰恰是根据一线教师的教学实际问题进行设计的，是有的放矢的教研。上海市教委教研室高中英语学科自 2008 年起开展主题教研活动。

2018 年上海市高中英语的教研总主题是“建设教师可理解的课程”，其中有若干子主题围绕总主题展开。以其中的一次市级教研活动为例说明这种主题式教研活动的过程和实践方式。此次教研活动的主题是“中学英语单元教学设计与实施暨新教材编制课例研讨”。

活动前，上海市高中英语新教材（上外版和上教版）编写委员会各选定了一个单元，提前将单元教学内容发给各学校。各校教研组以备课组为单位从分析课标、分析教材、分析学生三个维度上进行单元教学设计。专家组从中挑选优秀设计，由学校择一名教师展示其中一节课，备课组另外一位教师进行本单元教学设计说明。在听课活动中，教研员要求教师在观课过程中思考以下问题：如何在教学设计中将教材中听、说、读、看、写等板块的内容和要求建立联系？如何加强课时教学之间的关联性？课后有专家对研讨课进行点评，教材编写者对新教材该如何使用进行了专题指导，并提出了建议。

在此次主题教研活动中，教师通过参加教学设计和观摩优秀课，加深了对新课标提倡的英语教学要把知识学习融入语境开展的理解，加深了对以单元、主题、模块为单位的教材结构化的研究与实践的认识，获得了设计单元教学和灵活使用教材开展教学活动的实践经验。

三、上海经验带来的启示

上海教研在把国家课程转化为教师理解与实施的课程，并在课堂教学改革和评价实践研究方面的成功之处在于其具有科学性、实践性、针对性、系统性的特点，所以上海教研的经验在其他地区可推广、学习、借鉴和复制。其对解决我市高中英语新课标推进过程中的困难的启示如下。

（一）新课标与旧教材不匹配

高中英语新课程标准于 2018 年正式颁布，但与新课标相配套的教材最早要到 2022 年才能投入使用。目前我市使用的仍然是根据 2003 年版课标设计理念编写的教材，这种“新课标、旧教材”的尴尬局面直接导致教师不愿改变，或者说不知道如何去改变已经形成的教学方式和评价方式。

对策：(1)研读现行教材，落实课标理念。我们使用的现行高中英语教材虽然存在文本内容较陈旧、与新课标不配套等问题，但其教学结构还是以主题为单元进行编排的，语言知识体系安排也比较成熟合理。我们可以利用教研活动对现行高中英语教材中的每个素材进行文本分析和解读，按单元学习目标或重点整体梳理每个核心素养下的具体小目标，厘清文本与培育核心素养之间的联系，掌握文本分析及解读的方法，设计符合核心素养要求的教学目标和教学活动，尝试设计围绕某一主题的具有综合性、关联性、实践性的学习活动，采用多样的互动交流方式，培养学生在话题下整体的学习理解、应用实践、迁移创新等逐层递进的能力。(2)利用优质课，发挥引领作用。后期的教研活动可在观摩新课程改革试验地学校和全国大奖赛中的优质录像课、研读新课标背景下的优秀教学设计案例分析后，鼓励各校结合本校教师对新课标和教材的理解，以备课组为单位一起进行同课异构或单元整体教学设计，并展示研讨课。如借助 2019 年的教学能手优质课活动，使用实验学校的教材设计，开展以主题为单元的整体教学活动。

（二）教师培训效率低

如何通过教师培训促使教师接受理解新课程的教学理念并改变课堂教学方式和评价方式呢？以往，我市的培训和教研是分离的，采取的是在固定时间集中培训的方式。这种方式有其不足之处：(1)培训内容不符合教师需求，培训常以讲授为主，较难解决教师的实践问题；(2)培训人员水平良莠不齐，以当地教师为主，缺少专家引领，较难让教师在理论层面上有收获。

对策：(1)教研人员应通过访谈、问卷调查等方式了解一线教师真实诉求，关注其教学实践中突出的问题，与教师共同开展课题研究。教研员根据课题研究方向开展教研活动，确定培训主题，以此来加强指向课堂教学问题的研修，切实解决教学实践中的实际问题。(2)通过聘请教育先进地区的专家、名师开展讲座，借用网络直播或微课等信息技术手段帮助教师厘清新课标理念。(3)以本地名师公开课、讲座、跨校带徒弟等方式发挥其引领辐射作用。

（三）教师参与教研活动时间不能保障

目前全市部分学校开启了选课走班模式，因为师资紧张，会有部分学校或教师无法前往现场参加教研活动。

对策：针对这种情况，宜采用网络教研和现场教研相结合的方式。具体做法如下：(1)活动前一周通过克拉玛依高中英语群发布教研活动主题和观摩要点、相关教学设计的模式或理论、现场课教师的教学过程设计（教案、学案）或课件，要求教师在理论学习后发帖谈学习感悟。(2)活动中要求教师根据本次教研活动的观摩要点进行有针对性的课堂观察，然后分组研讨，交流汇报。(3)活动后要求教师结合对教研主题的认识和自己的教学实践（成功做法或困惑），通过网络平台和其他教师进行互动。

参考文献：

[1] 中华人民共和国教育部.普通高中英语课程标准(2017 年版)[M].北京：人民教育出版社，2018.

[2] 上海市教育委员会教学研究室.上海市高中英语学科教学基本要求(试验本)[M].上海:上海教育出版社,2018.

[3] 上海市教育委员会教学研究室.高中英语单元教学设计指南[M].北京:人民教育出版社,2021.

孙朝晖，高级教师，克拉玛依市初、高中政治教研员，曾作为新疆师范大学、新疆教育学院的特聘专家承担新疆国培教师的培训讲座，多次担任自治区学科课堂教学比赛、教学设计大赛评委。希望通过教研工作成就教师，成就学生，成就自己。

知行合一，构建活动型学科课程

克拉玛依市教育研究所　孙朝晖

【摘要】构建活动型学科课程是本轮思想政治课程标准中最显著的亮点，是思想政治课程聚焦核心素养的关键抓手。以课堂教学情境为例，探索基于核心素养的活动型学科课程的实施途径，引导师生更好适应核心素养教育变革，落实立德树人根本任务。

【关键词】活动型；学科课程；核心素养

《普通高中思想政治课程标准》(2017 年版)(以下简称《课程标准》)理念之一是“构建以培育思想政治学科核心素养为主导的活动型学科课程”，提出通过培养学生政治学科核心素养来实现立德树人的价值追求，而构建活动型政治课程是培育学生核心素养的一个重要途径。构建活动型学科课程是此次新课标的一大亮点，也是引发广大一线教师研讨的最大热点。如何从关注三维目标到培育核心素养、如何从单纯的学科课程到活动型课程和学科课程相结合等都是亟待思考和解决的问题。在目前只有新课标但没有启用新教材的情况下，学科教学已经开启了探索之旅。

一、活动型学科课程的含义

活动型学科课程是中国教育迈入核心素养时代的产物。思想政治课程从学科课程转向活动型学科课程，课程取向也由学科取向转变为活动取向与学科取向相结合。这种双取向课程的重点由关注教材如何呈现转向关注学生如何行动与教材如何呈现。它不仅重视教材知识内容、学科逻辑体系，也重视社会现实需要和学生的主体地位。

思想政治活动型学科课程是课程与活动的有机结合，就是将活动作为连接内容要求和教学提示的纽带，以议题为中心和主线开展活动，达到知识内容依托活动、活动过程提升素养的目标。

活动型学科课程强调学生的活动体验是其思想政治学科核心素养发展的重要途径。这里的活动含义非常丰富，包括思维活动和社会实践活动。知与行是活动，学而思是活动，讲问题和提出问题是活动，社会实践是活动，课堂教学是活动，结果和过程也是活动，活动型课程应该是课内活动和课外活动的有机结合。

二、从课堂教学案例看活动型学科课程的特征

【课例 1】人教版必修四“唯物辩证法的联系观”

教师播放视频《武汉领舞长江经济带建设》，并让学生阅读材料《长江经济带发展战略》，然后分组讨论，回答问题。

材料(节选)如下：

经过几千年的开发建设，长江流域已成为我国农业、工业、商业、文化教育和科学技术等方面最发达的地区之一。长江经济带东起上海，西至云南，涉及沿江九省市(青、藏除外，下文同)的 43 个地市。该经济带是长江流域最发达的地区，也是全国高密度的经济走廊之一。

目前，长江经济带发展面临诸多亟待解决的困难和问题，主要包括生态环境形势严峻、长江水道存在瓶颈制约、区域发展不平衡问题突出、产业转型升级任务艰巨、区域合作机制尚不健全等。

长江是货运量位居全球内河第一的黄金水道，在区域发展总体格局中具有重要战略地位。依托黄金水道推动长江经济带发展，打造中国经济新支撑带，有利于挖掘中上游广阔腹地蕴含的巨大内需潜力，促进经济增长空间从沿海向沿江内陆拓展；有利于优化沿江产业结构和城镇化布局，推动中国经济提质增效升级；有

利于形成上中下游优势互补、协作互动格局，缩小东中西部地区发展差距；有利于保护长江生态环境，引领全国生态文明建设；有利于建设陆海双向对外开放新走廊，培育国际经济合作竞争新优势，促进经济提质增效升级，对于实现“两个一百年”奋斗目标和中华民族伟大复兴的中国梦，具有重大现实意义和深远历史意义。

《长江经济带发展规划纲要》确立了长江经济带“一轴、两翼、三极、多点”的发展新格局。“一轴”是指以长江黄金水道为依托，发挥上海、武汉、重庆的核心作用，构建沿江绿色发展轴；“两翼”分别指沪瑞和沪蓉南北两大运输通道，通过促进交通的互联互通，增强南北两侧腹地重要节点城市人口和产业集聚能力；“三极”指的是长江三角洲、长江中游和成渝三个城市群，充分发挥中心城市的辐射作用，打造长江经济带的三大增长极；“多点”是指发挥三大城市群以外地级城市的支撑作用，加强与中心城市的经济联系和互动，带动地区经济发展。

到 2020 年，长江经济带发展战略实现阶段性目标。周边生态环境明显改善，水资源得到有效保护和合理利用，河湖、湿地生态功能基本恢复，森林覆盖率达到 43%，生态环境保护体制机制进一步完善；城镇化率达到 60%以上，人民生活水平显著提升，现行标准下农村贫困人口实现脱贫；统一开放的现代市场体系基本建立；经济发展质量和效益大幅提升，基本形成引领全国经济社会发展的战略支撑带。

问题：(1)材料是如何体现整体和部分相互联系的，怎样体现整体和部分的方法论？(2)运用唯物辩证法联系观，说明长江经济带发展战略对我国经济社会发展的意义。(3)用系统优化的方法，为长江经济带建设提出合理化建议。

教师通过创设情境、分层设置问题、组织分组讨论、进行个别化指导，引导学生开展自主学习、意见交流、小组代表发言后的评优活动，不仅增进了学生对本节课知识点(整体与部分的关系及其方法论、系统的概念及系统优化理论)的理解，还激发了学生的主动性和主体意识，培养了学生处理信息解决问题的能力，促进了学生科学精神、政治认同、公共参与等素养的养成。

【课例 2】沪教版高一第一学期“维护消费者合法权益—消费争议的解决途径”

教师课前下发了《消费者权益保护法》(节选)文本材料。

播放视频《消失的气垫》(消费者权益被侵害案例),让学生依据《消费者权益保护法》第三十九条内容,结合课本知识为此消费者设计维权方案。小组讨论探究的内容如下。

1. 小组合作完成任务卡,并展示成果和评价。

表 1 任务卡

维权途径	找谁维权	需要何种书面材料	该途径优点	该途径缺点
协商和解				
调解				
申诉				
仲裁				
诉讼				

2. 为视频中受侵害的消费者设计维权方案。活动要求:(1)方案要有针对性,明确消费者的诉求。(2)方案要完整,包括证据、消费凭证、法律依据等,找到合适的解决问题的对象。(3)方案要有科学性。建议的方式得当,并能分析该方式的优势和不足,要考虑到该方式可能不奏效的情况下该如何继续选择其他方式。

通过开展学生分工合作、学生探究、学生展示成果、教师引导、学生提问互助、学生互评等活动,学生不仅熟悉了法律条文,还真正掌握了运用法律维护合法权益的能力。本节课的一大特色是充分运用了校内外的资源——这是一所政法大学的附属中学,有较为完备的法律功能教室,有多个与法律相关的社团,如模拟消费者协会、模拟仲裁委员会、模拟法院,因而学生在进行上述活动中,对法律及相关法规很熟悉,展示成果时有理有据,其法律意识和公共参与意识等学科素养得到很好的展现。

以上两个课例使用了不同版本的教材,但无一例外都打破了原有的学科课程观,寻求学科课程与活动课程的对接,实现活动性与学科性的有机结合,体现出思想政治作为活动型学科课程的一些基本特征。

1. 以培育学生核心素养为目标引领

《课程标准》指出，学科核心素养是学科育人价值的集中体现，是学生通过学科学习而逐步形成的正确价值观念、必备品格和关键能力。思想政治活动型学科课程在实施过程中需要以培育学生核心素养为导向，既重视课内的培育方法，也注意课外的经验提升；既重视直接经验的获取，也强调间接经验的习得。两个课例中，学生通过事例分析、合作学习、角色扮演、才华展示、自主学习、社会调查等方式，培养综合运用知识分析和解决实际问题的能力，培育和践行社会主义核心价值观，提升政治认同、科学精神、法治意识和公共参与等学科核心素养。

2. 学科内容以活动为载体呈现

活动型学科课程，顾名思义，是指以活动为根本特征的学科课程，即学科是本质，活动是表征。教师引导学生在课堂活动中，围绕教学预设议题，综合运用政治、经济、文化、哲学、法律等学科知识和教学资料，开展自主合作探究学习活动，充分尊重学生主体地位，关注学生需要，让学生自主学习知识，自行建构知识，从活动中来，到活动中去，从而培育学生核心素养，实现立德树人的根本任务。

《课程标准》指出，学科内容采取思维活动和社会实践活动等方式呈现，即通过一系列活动及其结构化设计，实现“课程内容活动化”“活动内容课程化”。

“课程内容活动化”是指通过教学活动来表现和承载课程内容，也就是使课程活起来，让学生自己真正学起来、探究起来、思考起来。“活动内容课程化”是指教学活动要以课程内容为内核和支撑，也就是所有活动要有知识性内容作为支撑，要有文化传统和价值观的引导作为支撑，要有社会责任感和情感作为支撑。在活动型学科课程的开展过程中，我们需要围绕学科内容开展活动。如果本末倒置或者说舍本求末，活动型学科课程要么就是强调活动的活动课程，要么就是强化应试传统的学科课程，误解了活动型学科课程的本质与初衷。

两个课例的活动都是以学科内容为核心设计的相关活动，通过活动加深学生对学科内容的理解，使学生能运用学科内容解决现实问题。

3. 促进知行合一，凸显实践性和参与性

《课程标准》指出，在课程实施中，要通过问题情境的创设和社会实践活动的参与，促进学生转变学习方式，在合作学习和探究学习的过程中，培养创新精神，提高实践能力。

在两个课例中，教师为学生提供了大量资料，激发学生探究的兴趣和求知欲，促使学生合作学习和探究学习，并积极地参与社会实践，解决实际问题，做到知行合一。课例 1 用系统优化的方法，为长江经济带建设提出合理化建议，课例 2 为视频中受侵害的消费者设计维权方案，都紧密结合社会实践，能够帮助学生增强社会理解和参与能力。

因此，活动型思想政治学科课程是一门以活动为特征，在课内外围绕一定的议题，引导学生开展自主、合作、探究学习，增强体验，认同主流价值观并导向相应行为的学科课程。它注重帮助学生在课堂中围绕议题，整合相关内容，进行价值判断与选择，同时又需要学生走向社会，贴近生活，提高综合运用多个模块的知识分析和解决实际问题的能力，提升政治认同、科学精神、法治意识和公共参与等核心素养。

三、活动型学科课程实施建议

审视当下的教学现实，活动型学科课程的实施还处在探索的初始阶段，难免会有困难、困惑，如议题如何确定、活动多少及其有效性，笔者在与教师的交流中得到一些启发供大家参考。

（一）精心设计活动

活动不仅是思想政治活动型学科课程的根本特征，也是思想政治活动型学科课程实施的基本载体。《课程标准》指出，活动型学科课程的实施要使活动设计成为教学设计和承载学科内容的重要形式，要对应结构化的学科内容，力求提供序列化的活动设计，并贯穿教学全过程。

活动型学科课程的实施需要探究、活动、体验，需要考虑因地制宜、因时制宜。围绕议题的课内活动可以采取表演小品、观看微电影、分析微课、模拟法庭、模拟联合国、辩论赛等多种形式；课外活动可以观看电影、组织社会调查、访谈、法庭见习等。总之，只有开展多样化的活动，才能引发学生学习的兴趣、探究的热情，才能拓展学生的视野，提高研究的水平，既系统地学习思想政治学科的各类知识，又能联系实际，培养和锻炼各种能力。

因而教师应围绕学科课程的内容厘定活动价值，设计活动形式，拓展活动外延，提高活动的有效性。活动设计不在量，更重要的在于质，如课例1，本课时的教学目标是通过一个活动达成的。课例2中课堂上的活动是以课前的社团活动为基础的。

（二）精心设计议题

《课程标准》指出，要通过议题的引入、引导和讨论，推动教师转变教学方式，使教学在师生互动、开放民主的氛围中进行。

教学设计要想反映活动型学科课程实施的思路，关键在于确定开展活动的议题。议题既包含学科课程的具体内容，又展示价值判断的基本观点；既具有开放性、引领性，又体现教学重点，针对学习难点。

《课程标准》为我们设计了系列议题，但具体操作时，还需要教师进行精细化的加工。首先要符合“学情”。活动议题的选择必须源于学生对相关问题的现有认知水平和学习经验，但又必须高于学生现有认知水平和学习经验。只有如此，才能提高活动教学的针对性和有效性。其次要符合“教情”。活动议题的设计必须为教学目标服务，紧密联系教材内容，优化活动结构。这样才能实现教学目标，达成教学效果。最后要符合“社情”。这是由思想政治活动型学科课程的学科特点决定的，活动议题要以课程内容中贴近现实生活的议题为主。如课例1中，教师根据“学情”，结合“社情”，围绕一个大议题“怎样用联系的观点看问题”，通过创设“长江经济带战略”这一情境设计了三个小议题，引导学生理解了整体与部分的关系及系统论的课程内容。

（三）充分挖掘和利用校内外各类资源

在活动型学科课程的实施过程中，议题的确立和活动的开展都需要创设丰富多样的教学情境，使用与生活、社会紧密相连的案例，也需要更广阔的实践活动空间。这些素材和资源不仅要契合教学内容和教学目标，还要符合现阶段学生的认知水平和生理心理发展的阶段性特点，既贴近学生生活，又反映当代社会进步的新发展和科技进步的新成果，从而引导学生面对各种现实问题，并通过各种方式去探究和发现，走进社会，走近生活，提升学科核心素养。因而，教师要有发现的眼光，平时注意积累，如学校资源、互联网资源、家长资源、社区及社会资源、其他学科的资源（如语文、历史、地理、化学、物理）。无论是文本资源，还是电子资源，教师都可以进行筛选和利用，如课例 2 很好地利用了学校的法律特色资源。

思想政治活动型学科课程的定位及实施，在理论和实践层面都对教师提出了很多挑战，也提出了更高的要求。我们要以宽容之心鼓励、善待教师的实践探索，引导教师在实践中不断解决问题，不断提高认识，不断推动新课标的落地、开花、结果。

参考文献：

[1] 朱志平.基于核心素养的思想政治活动型学科课程[J].思想政治课教学，2016(5).

[2] 李晓燕.基于核心素养的活动型高中思想政治课程构建 [J].宁波教育学院学报，2018，20(6).

李志慧，中共党员，小学高级教师，现任克拉玛依市雅典娜小学校长、党支部副书记，自治区名校长工作室核心成员。2009年参加全国多种风格阅读大赛并获一等奖，录像课获全国一等奖，被评为全国个性化作文研究课题先进个人。2014年撰写的论文《五育并举，深入推进学校特色课程体系建设》获全国一等奖。2015年被评为全国“少教多学”在语文教学中的策略与方法研究课题优秀校长。2019年被推荐为沪克访学教师赴上海进修。曾获自治区教学能手、市级教学能手等荣誉称号。

构建雅育课程体系　培育学生核心素养

——全课程育人模式改革探索与实践

克拉玛依市雅典娜小学　李志慧

【摘要】课程是现代学校实施育人的载体，也是国家教育主权的载体。学校课程中的各门学科都蕴含着丰富的育人资源，教师要把各类课程中隐含的、固有的立德育人内容挖掘出来，将知识传授、能力培养和道德启迪潜移默化地渗入学生心头。每一个学科、每一位教师，都要利用教材中的育人因素对学生进行思想道德、环境保护、学习情感、态度和价值观等方面的教育，增强全课程育人功能，使原先单一的文化知识传授的课堂教育教学向多元化的育人作用发展。

【关键词】人才培养；课程体系；核心素养

一、问题的提出

激烈的国际竞争和技术创新决定了人才培养的极端重要性。人才是创新的关键，是发展的第一资源，国民的核心素养决定了国家的核心竞争力与国际地位。2016 年 9 月，《中国学生发展核心素养》总体框架正式发布，把党的教育方针具体化、细化，转化为学生应该具备的核心素养，进一步丰富了素质教育的内涵，建立了以学生核心素养为统领的国家课程体系和教育质量标准。习近平总书记在全国教育大会的重要讲话中再次强调了立德树人是中国特色社会主义教育事业的根本任务。只有把握立德树人的本质内涵，才能真正回答培养什么人、怎样培养人、为谁培养人这一教育事业的根本问题。

课程是现代学校实施育人的载体，也是国家教育主权的载体。因此，学校课程必须体现对国家教育方针的落实，体现对学校办学理念的表达。学校课程中的各门学科都蕴含着丰富的育人资源，教师要把各类课程中隐含的、固有的立德育人内容挖掘出来，将知识传授、能力培养和道德启迪潜移默化地渗入学生心头。每一个学科、每一位教师，都要利用教材中的育人因素对学生进行思想道德、环境保护、学习情感、态度和价值观等方面的教育，增强“全课程”育人功能，使原先单一的文化知识传授的课堂教育教学向多元化的育人作用发展。基于此背景，“如何构建新形势下多元化的课程体系，有效促进学生全面而又个性的发展，不断培育和提升学生核心素养，逐步探索和实践‘全课程’育人模式改革，落实立德树人的根本任务，建设卓越学校”的课题就一直萦绕在雅小人的心间。

二、解决问题的过程与方法

（一）明确课程体系构建的发展阶段

第一阶段：依据学校的办学宗旨和办学理念以及特色文化建设，进一步明确和定位学校课程的总体目标，制定课程规划方案；探索有效的课程管理组织形式，寻求更多、更丰富的课程资源，寻求研发课程所需要的技术支撑，同时为教师搭建各级各类能促进其专业发展的平台。

第二阶段：通过培训和实践探索，逐步使教师形成新课程理念下的课程观、教育观、教学观、人才观，拓展学科知识和教学法知识，具有较强的教育、教学、教研能力，知识结构得到完善，一支专业化的师资队伍初步形成；完善课程开发制度、学生选课制度、课程评价制度等课程管理制度，并做好校本课程的领导和管理，同时加强课程内容、活动方式、评价方式等研究，加强校本课程活动的组织管理和指导。

第三阶段：加强资料收集、整理、建档、经验的总结，编写教材，并向上级主管部门申报，确立本校特色的校本课程体系。

（二）完善课程管理机制和分工职责

为充分保证课程建设的推进，学校建立了有效的课程组织管理机构，明确分配有关人员的责任、权限和运行规则，利用组织的力量有序推进课程建设。

名称	成员	任务
课程建设管理委员会	校长、副校长、教务主任、德育主任、年级组组长等	1. 根据校情，具体决策、规划学校三大类主题课程建设的总体方向； 2. 从理念上引领、指导三大类主题课程教学与管理工作，及时提出改进方向； 3. 确定每学期课程教学工作重点，指导课程教学部门开展工作； 4. 配合各类主题课程开发研究部完成课程制度梳理和做好专题教研组织工作。
课程学术专家委员会	聘请的课程专家、教研员、教务处、德育处、备课组组长等	全面研究和指导学校三大类主题课程方案的研发，主要包括： 1. 规划学校课程框架结构、课时配比以及课程开发和实施方案； 2. 制定学校三大类主题课程评价方案； 3. 制定各类课程实施教师的校本研修方案； 4. 对三大类主题课程策划和管理提出建议。
各类主题课程开发研究部	各类主题课程开发研究部的部长、教研组组长和备课组组长等	全面研发各类主题课程，并在实施中修订和完善，主要任务有： 1. 制定各主题课程中不同性质课程的开发方案； 2. 对学校制定的各类课程标准提出建议； 3. 对实施教师进行指导和考核，提供教师质量考核数据。
教学部	各年级组组长、各教研组组长	在课程学术专家委员会的指导下，根据各类主题课程开发研究部的课程开设要求，做好以下工作： 1. 具体安排、部署学校三大类主题课程的具体教学工作； 2. 落实三大类主题课程管理制度和教学常规工作； 3. 加强教研组组长、备课组组长队伍建设； 4. 指导教研组、教师选准教科研课题，并予以阶段性的专业辅导； 5. 认真组织、修改、编辑教师教学反思和专题科研论文。

（续表）

名称	成员	任务
年级组	一至六年级年级组组长	各年级组在课程实施中做好以下工作： 1. 随时关注本年级各类课程的教学质量及评价工作，及时与课程实施教师进行沟通和反馈，及时向学校领导反馈年级组课程教学情况； 2. 各类课程在评价后要做好本年级各级各类课程教学的质量分析，并召开好年级组质量分析会。
教研组	教研组组长	各教研组长要在教务处的管理下以及各类主题课程开发研究部的指导下，具体做好以下工作： 1. 清晰本学科组现状，能组织组员进行各类不同性质课程的开发和实施工作； 2. 确定每学期本组教研专题，认真组织好各次教研活动和校本研修活动； 3. 认真关注、积极引导组员专业发展； 4. 及时向相关部门反馈本组情况，积极参与教学部门工作商讨，献计献策； 5. 抓好教研组常规工作，对组员进行教学常规考核。
备课组	备课组组长	各备课组长要在教研组的管理下以及各类主题课程开发研究部的指导下，具体做好以下工作： 1. 认真策划备课组学年、学期课程教学工作，找准备课组课程开发的方向和具体课程； 2. 团结组员，发挥组员优势，配合教研组长做好专题教研活动，做好每学期备课组同课异构教研的组织工作； 3. 组织组员相互听课，经常进行集体备课，即时研讨，并对课程资源进行优化和整合。
课程实施教师	各课程实施教师	各课程实施教师要做好以下具体工作： 1. 明确自身在各类主题和不同性质课程中的职责，本着为学生负责、为学校负责、为自己负责的责任意识，主动为学校课程建设献计献策； 2. 根据自身的素质和特长，利用各种资源，不断开发相应的课程，主动为学生的个性发展提供有效的课程资源； 3. 做好、做精课程教学的常规工作，积极、主动地参与各项教研活动，不断完善教学行为，提升专业素养。

（三）分析课程体系构建的文化背景

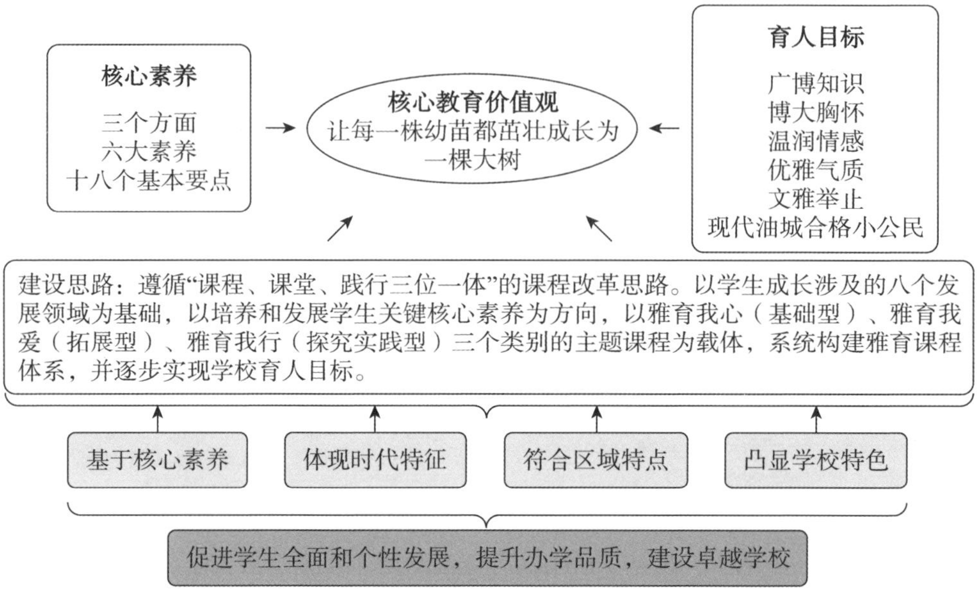

图 1　课程体系构建的文化背景

（四）坚持课程体系构建遵循的基本理念

1. 课程开发要基于国家学生核心素养提升的要求

课程开发要以社会主义核心价值观为引领，基于国家统一的教育、质量统一的文化认同，尊重师生的独特性和差异性。

2. 课程开设要能促进师生的共同发展

课程必须要能促进教师的专业发展和学生整体素质的提高，并能够保证学生基础性知识的优先出现，保证普及性知识的大面积铺展，因此课程应该在师生的学习和生活范围内有效“存活”。

3. 课程构建要符合学生素质的完整构建

学校把主题课程作为课程规划的核心，“有智慧、有德性、有气质、有活力、有特长”是学生素质构建的内容，丰富且富有特色的课程是促进学生全面、个性成长的基础，也是课程的建构依据。

4. 课程开发要基于学生的兴趣和发展需要

与国家课程开发注重基础性和统一性特点不同，课程开发注重的是学生的独特性和差异性，因而其开发必然以学生的兴趣和发展需要为前提，着重体现学生的多样性和差异性，以学生为本，进行课程开发和实施。

5. 课程开发的主体是教师

教师是学校教育教学的具体执行者，在课程开发的过程中要能充分考虑到学生的需要，考虑到学校的具体教育环境，从而突出本校的课程特色，因此教师是课程开发和实施的主体。

（五）清晰课程体系构建的结构和类别

根据学校“让每一株幼苗都茁壮成长为一棵大树”的核心教育价值观，将学生学习所涉及的语言文学领域、人文科学领域、社会科学领域、自然科学领域、艺术学习领域、技术学习领域、体育与健康领域、安全与法制领域的内容，按不同主题和性质划分为三大类主题课程：雅心课程（基础型课程）、雅爱课程（拓展型课程）、雅行课程（探究实践型课程）。

其中，基础型课程主要以国家和地方课程为主，以及对这些国家和地方课程进行二次开发补充的课程，促进学生素质的全面发展。

拓展型课程主要是以国家课程和标准为基础，以满足学生个性发展需要、拓宽学习内容为目的，为培养良好的学习品质而开发的校本课程，以提高学习效率，促进个性发展。

探究实践型课程主要是为了改革学生学习方法，激发学生学习兴趣，进一步提升学生的创新精神和实践能力而开发的课程，让学生在生活中体验，在实践中学习，在研究中成长，不断促进学生学习力的提升。

三、探索与实践的主要成效

（一）建立和实施了课前3分钟德育主题教育课程

各学段、各年级按照学校的雅育主题课程——课前3分钟爱国主义教育课程和相对应的实践活动类课程计划，分别设置和组织课前3分钟课程和实践活动类课程的内容，以教师、学科组、级部和学校等为实施主体，根据主题内容和核心素养要求在多个层面，有适当的交叉、融合和多维度实施。

课前3分钟爱国主义教育课程实施的主要组织形式如下。

（1）在各学科的日常课堂教学中分散实施，按每周课时数进行，主要形式有讲解、展示、说明和案例体会等，要保证课程内容的完整和质量目标的实现。

（2）在保证总课时数的前提下，可以根据需要相对集中一个时间点或一段时间安排实施，可由学科组自主进行，也可由级部统一进行，以宣讲、体验、感悟和实践活动为主要形式。

（3）根据主题课程的特点，适当利用课外或校外活动时间进行，以结对好伙伴交流、一家亲走访、典型案例感悟和实地体会等实践活动为主要形式。

（4）根据主题课程内容和形式的需要，学校整体部署安排，统一实施。以爱国主义实践基地教育活动、英雄事迹教育活动、民族团结先进人物宣讲活动、每周（天）升旗活动以及雅育主题课程所列的各项主题教育活动等为主要形式。

（二）建立了雅育课程——“金苹果”评价体系

雅典娜小学以古希腊智慧女神雅典娜命名，因而结合雅典娜智慧女神手上高举的“金苹果”——智慧之果，针对雅育课程形成了一套层次丰富、内容全面的学生综合素质评价体系，完善课堂教学中对学生习惯、品质、人文、生命、活力的关注，促进教师教育教学技能提升的同时，也让生命化教育的血液输送到学科课程中，从而有效提高育人质量。基本评价方法如下。

（1）基于核心素养的雅育课程评价体系——“人人争夺金苹果”评价由自我评价、教师评价、同伴互评、家长评价四个层面的评价组成，分为九个学科，以学生必备的18点核心素养为评价基准进行评价。

（2）教师评价中，语文教师负责评价悦语苹果；信息教师负责评价IT苹果；英语教师负责评价雅英苹果；体育教师负责评价健体苹果；综合实践教师负责评价践行苹果；美术教师负责评价创意苹果；科学教师负责评价科技苹果；音乐教师负责评价音悦苹果；数学教师负责评价智慧苹果。

（3）教师、家长、同伴及学生自己根据其在雅育课程中的表现，表现优异者获得金苹果，涂金黄色；表现良好者获得红苹果，涂红色；须努力者获得青苹果，涂绿色。

（4）学生获得苹果总数由同班学生交换进行汇总，根据学生获得的金苹果总数（金苹果数量一样的比红苹果数量；金、红苹果数量一样的再比青苹果数量），每班依次评出3名雅行好少年，3名金苹果之星，3名优秀班干部。

（三）形成了一套相对完整的课程管理制度

（1）完善基础型课程管理制度。进一步完善基础型课程的校本化制度和教学质量评价反馈制度；对学生在基础型课程中的学业表现实施多元评价制度等，有效地保障课程教学质量。

（2）完善拓展型课程管理制度。对课程与教材的设置、开发、选科、考核、评价等做出具体规定；对满足学生的个性发展与不同需求以及促进教师队伍的专业成长产生了积极作用。

（3）完善探究实践型课程管理制度。通过建立有效的课程组织管理网络，实行过程化的制度管理；运用探究实践型课程网络平台学习和管理；完善探究实践型课程评价机制等一系列措施，保证探究实践型课程实施的质量。

（4）实行教学评价反馈制度。设计《教师教学情况反馈表》，通过学生对教师教学活动的评价和反馈，让教师在评价中感受到教学成功的快乐，在反思中促进专业成长。

四、效果与反思

在雅典娜小学全体师生的共同努力下，我校的博雅课程体系全面梳理和整合了学校原有的各级各类课程，坚持“大处着眼，小处着手”原则，针对不同年龄、不同学段学生的认知规律，不断丰富其课程内容，基本形成了基于核心素养，体现时代特征、区域特点和学校特色的德育课程体系，逐步探索出一条具有学校特色文化和富有时代魅力的德育新路径。学校把德育和智育有机融合，紧紧围绕党的教育方针，把立德树人作为第一要务，做到了把德育教育课程化，实现了全学科育人、全员育人、全方位育人。

我校对学科渗透德育的研究一直没有停止过，从最初建校的国家级“十二五”课题“学科渗透德育”“德育序列化教育”，到后来的爱国主义教育课前3分钟试点，再到目前较为完善的雅育课程体系，我校在德育科研的路上一直探索前行，紧跟党和国家的步伐，不断地完善反思自我。今后，如何更好地完善管理制度，确保高效推进；开展校本研修，提高教师课程实施能力；建立合理的奖励制度、教研制度、质量监测制度、经费保障是我校需要进一步研究和思考的问题。

参考文献：

[1] 班建武，檀传宝.改革开放30年中小学德育课程的变迁与发展[J].思想理论教育，2008(24)：14-19.

[2] 冯婉桢，檀传宝.改革开放30年的中小学德育政策[J].中国教育学刊，2008(12)：24-27.

[3] 叶飞，檀传宝.改革开放30年德育理论发展脉络探析[J].教育研究，2009(1)：19-24.

[4] 张香兰.当前中国道德教育的文化使命[J].教育理论与实践，2010(4)：33-35.

王秀梅，克拉玛依市教育研究所综合实践活动课程教研员，高级教师。2013 年荣获自治区青少年科技节先进个人，2017 年获克拉玛依市“优秀共产党员”称号。教育格言：教育就是用心灵唤醒心灵，用高尚培育高尚，用渊博造就渊博。

浅谈综合实践活动课程的开发与实施

克拉玛依市教育研究所　王秀梅

【摘要】综合实践活动课程虽为国家课程，却没有固定的教材与内容，其课程内容是基于国家规定、地方管理、校本开发的三级管理课程。调研交流中发现，许多学校及教师对综合实践活动课程认识模糊，学校课程实施不到位，随意性较大，无法有效实现课程目标。本文粗浅地论述了自己对综合实践活动课程的认识及实施建议，希望引发大家的思考，使综合实践活动课程在学校得以落实。

【关键词】指导纲要；实践；课程；开发；实施

一、问题提出

为充分发挥综合实践活动课程在立德树人中的重要作用，2017年，教育部颁布了《中小学综合实践活动课程指导纲要》(以下简称《指导纲要》)。其目的就是要引导学生在个体生活、社会生活及其与大自然的接触中获得丰富的实践经验，形成并逐步提升对自然、社会和自我之间内在联系的整体认知，具有价值体认、责任担当、问题解决、创意物化等方面的意识和能力，着力培养学生的跨学科综合素质。

综合实践活动课程虽为国家课程，但没有固定的教材，需要地方及学校进行规划和开发，这成为许多学校开课的难点。如何依据《指导纲要》课程目标，培养学生的创新精神与实践能力，使综合实践活动课程在学校更好地落地与实施，成为学校课程开发的重中之重。

二、依据《指导纲要》开发和实施综合实践活动课程

通过调研发现，部分学校领导对综合实践课程认识不到位，学校负责教学的领导及相关教师不清楚《指导纲要》内容。学校综合实践课程开设没有计划，实施过程中比较盲目，随意性较大，把综合实践课程等同一般的课外活动，如把少数学生参与的科技活动、社团活动、兴趣小组等视为综合实践活动课程。

鉴于以上模糊认识，需要学校领导、教师认真深入地学习《指导纲要》。《指导纲要》把综合实践活动课程界定为“从学生的真实生活和发展需要出发，从生活情境中发现问题，转化为活动主题，通过探究、服务、制作、体验等方式，培养学生综合素质的跨学科实践性课程”。课程由地方统筹管理和指导，具体内容以学校开发为主，自小学一年级至高中三年级全面实施。

《指导纲要》附录是中小学各学段综合实践活动推荐主题，内容丰富，对每一项考察探究活动主题附简要说明，教师活动设计时可以参考。

三、设计规划推动综合实践活动课程开发与实施

有些学校开设了机器人、航模、折纸、轻泥课程，课程中体现了学中做的理念，于是便认为学校开设了综合实践活动课程。笔者认为这几类课程都是制作类课程，属于综合实践活动课程的活动方式之一，如果学校只开设此类课程，其综合实践活动课程开设便显得单薄，不能全面培养学生的综合素养，无法实现《指导纲要》的育人目标。在开设综合实践活动课程时，学校应该综合考虑办学理念、学校特色、可利用的地方资源和社会资源，整体设计，统一规划。考察探究、社会服务、设计制作、职业体验四类活动方式在课程设计中都应得以体现，又有所侧重，这样才能培养学生的综合素养。

以上海市延安中学为例，该校在综合实践活动课程开发与实施中，紧紧围绕《指导纲要》目标，结合本校特点，对综合实践活动与校本课程进行整合，以“为学生的生存和可持续发展、创新精神和实践能力打好基础”为总目标，以培养学生自

信、自强、自主、自立为教育主线，开发了“做优秀延安人”的综合实践活动系列课程。

高一年级以“学会生活，自主自立，学做自信、自强的‘延安人’”为目标，以寄宿制生活为教育契机，强化养成教育、自信自强教育和集体主义教育。学校开设了所有学生必修的延安校史课程、寝室生活课程、学习生活课程、东方绿舟素质拓展课程、夜行拉练课程、南京生存训练课程、生涯规划课程等。

高二年级，引导学生在学做“延安人”的基础上，进一步做合格“延安人”，提高学生集体生活和个人生活的质量。学校开设了井冈山农村考察选修课程，学生自主报名，教师筛选，选拔组织一批会做饭、身体素质好、品行好的学生深入农村留守孩子家中，和初一、初二的孩子一起生活。学生体验了真正的农家生活，与当地的小伙伴劳作吃住在一起，学会了理解、协作、知足常乐。同时，他们带去了师生共同设计的研究课题，克服重重困难，完成研究任务，在实践中提升了探究问题、解决问题的能力。

高三年级以“树立远大理想，立志成才，报效祖国，做优秀‘延安人’”为目标，从培养合格的“延安人”向培养合格的社会公民方向发展，重点培养学生的社会责任感，为此开设了一系列的理想信念课程、十八岁成人仪式课程、延安和西安研学课程、生涯规划课程。

高一学做“延安人”，高二做合格“延安人”，高三做优秀“延安人”，延安中学的综合实践活动课程层层递进，从个人到社会再到国家层面，以培养和践行社会主义核心价值观为主线，以项目为抓手，整体设计、统一规划，从而实现了综合实践活动的课程目标。

延安中学的课程开发与实施保持了课程内容在时间上的连续性和系统性，根据不同的学期、学年、学段设计相应的课程，构建科学合理的活动主题序列，从而使活动主题不断向纵深发展，更深层次挖掘课程的育人价值。

四、研究性学习助力综合实践活动课程开发与实施

研究性学习是 2001 年启动课程改革时提出的一种重要的学习方式，曾把它

单列出来成为一门课程，由专门的教师承担教学任务。笔者认为，它作为课程更多是在研究性学习理论和研究课题的确立、研究方法上给予指导，要想使研究性学习落实到每一个学生，各学科教师都要有研究性学习的思想意识，善于在教学过程中发现与生活相关的问题，引导学生确定主题项目，并在学生实施项目时给予专业的指导。

2017 年《指导纲要》中不再把研究性学习作为综合实践活动课程的内容领域，而是把它作为一种学习方式，笔者认为这并不是完全取消了研究性学习，而是把这种学习方式贯穿综合实践活动课程，可见这种学习方式的重要性。

笔者认为，每一位教师都应该是综合实践活动课程的实践者，在教学中都可以引导学生发现问题、确定研究主题，进行研究性学习。

如高中物理在讲远距离输电、焦耳定律等内容时，谈到减少能耗，节约成本，在教师的引导下，学生发现克拉玛依开发区人迹罕见，车辆稀少，晚上路灯灯火通明，觉得电能损耗巨大，提出研究课题“关于克拉玛依开发区路灯用电问题的研究”。在教师指导下，学生成立研究小组，设计研究方案，通用数电线杆数目、测量距离，通过公式计算得出结论，并提出了几种解决方案：(1)使用太阳能供电；(2)利用风能供电；(3)更换低能耗的 LED 灯；(4)根据不同时间段，采用间隔亮灯。

教师继续指导学生分析各方案的利弊，从而寻找可靠的解决问题的办法。课题结束时教师问学生是否有更好的解决办法，形成了一个开放性的研究课题，使学生明白随着科技的发展，有些想法在将来是可以实现的，鼓励学生大胆设想。

笔者在通用技术“发现问题”一节的教学中，提到问题来源的方式之一是善于观察日常生活，从生活中发现问题，让每个学生寻找生活中遇到的五个问题，分小组在这些问题中确立自己的研究课题，教师则指导学生明确主题的价值，分析问题是否已经解决，如果已经解决，能否找到更好的解决办法，目前技术能否解决，解决问题需要什么条件，进而确定主题，开展研究性学习活动。

地理教师可指导学生开展近三十年克拉玛依气候变化探究的主题活动，思想政治课教师可指导学生开展垃圾分类相关主题活动，化学教师可引导学生开展污水处理相关主题活动。

我们希望每一位教师都有综合实践活动的课程意识，在学科教学中主动实现学科课程与综合实践课程的整合，成为综合实践课程的践行者。

五、克拉玛依综合实践活动课程开发与实施的思考

（一）规划制度建设，提供综合实践活动实施的制度保障

地方教育部门要根据《指导纲要》建立相应的考核评价制度，把综合实践活动课程的开设与实施情况纳入对各校工作的督导考核，以制度建设为导向，提高学校对此课程的重视程度。考核中要关注学校课程开设与实施方案、相关的制度建设、综合实践活动的课时设置，围绕考察探究、社会服务、设计制作、职业体验等进行课程开发与设计。如果可能，建议把综合实践活动评价结果纳入中考招生。学校也要建立相应的教学制度，保障和规范课程计划的有效实施；建立与综合实践活动课程指导教师有关的制度，包括综合实践教师的培训制度、工作量认定制度、激励与评价制度等。学生的实践活动多数是在课堂之外进行的，因而需要对教师的课余指导进行工作量的认定。与学生有关的制度，具体包括学生参与实践活动的流程规定与职责规定、学生研究过程资料的积累、学生研究成果的展示与激励机制、学分认定制度、学生外出实践的安全预案和相应的保障制度等。

（二）建立教师队伍，打造综合实践活动课程主力军

我市综合实践活动的教师队伍不稳定，部分教师因为课时不足被安排临时带课，有的教师是因为双聘落岗或学科教师富足被学校安排至此岗位。而综合实践活动课程对教师的专业知识、协作沟通、组织能力、创新思维能力要求非常高。

为了推动综合实践活动的有效实施，真正把立德树人、培养学生综合能力的理念落实到位，需要打造一支教学理念创新、知识渊博、组织沟通协调能力强、动手能力强的优秀综合实践活动教师队伍。

1. 加强理念及课程内容的学习，为教师奠定坚实的理论基础

部分教师对课程缺乏系统思考，把综合实践课程简单理解为一节兴趣课、动

手课，认为只要会上课就可以了，缺乏课程意识，缺少理论指导。针对这一情况，采取请进来、走出去的培训模式，为教师搭建平台，引导他们更新与拓展综合实践活动课程的相关知识，尤其是组织教师认真学习2017年颁布的《指导纲要》，把理论培训、现场观摩、沙龙研讨结合起来，开展有实际指导意义的教研活动。

2. 搭建教研平台，为教师提供更多展示交流的机会

立足克拉玛依实际，根据教师的实际需要，从综合实践活动课程的特点出发，开发相应的培训课程，选择教师实施综合实践活动中的重难点问题，采用专题讲座、案例培训、主题教研、项目研究、课例研究、经验分享、专家指导等多种方式，提升教师综合实践活动课程育人的意识和能力，保障课程实施的质量和水平，以达到共同学习、共同成长的目的。

综合实践活动课程不可能只依靠一两位教师来落实，它需要一支优秀的专、兼职教师队伍来实施。建立综合实践活动课程工作室，吸收骨干教师加入，使其成为核心成员，参与课程活动主题的确定、课程的开发、研讨、典型示范课展示。通过骨干带动，分工合作，促进课程质量提升和优秀经验辐射，使各校优秀的学科教师积极主动承担任务，同时积极争取家长、校外活动场所指导教师、社区人才等有关社会力量成为综合实践活动课程的兼职指导教师，指导课程的实施。

（三）开发课程资源，为教师提供教学参考

我市采用的是苏教版综合实践活动课程用书，但由于没有教学用书，可参考的资源较少，导致有些教师照本宣科，按照教材，一字不落，按部就班地上课。教师要有课程意识，平时注意收集相关资料，让学生自主发现问题、形成课题。《指导纲要》及有些参考书中会罗列一些主题项目，教师可以参考，让学生从中选择他们感兴趣的主题，教师指导帮助完成。

综合实践活动课程需要让学生走出教室，亲近大自然，置身社会生活中。教师可充分利用我市15家基地项目单位和3家营地项目单位，让学生考察家乡、社区的变化，参观爱国主义教育基地，考察乌尔禾、大农业新农村、现代工业、高科技企业，访谈各行业模范人物，了解传统文化，探究环境问题等，获得对社会道德与

规则的认同、对民族文化的认同、对国家的认同、对社会主义制度的认同，促进学生培育和践行社会主义核心价值观，促进书本知识和生活经验的深度融合，提高学生的自主管理能力，培育学生的创新意识、实践能力和社会责任感。

综上所述，地方和学校在开发与实施综合实践活动时要明确，课程目标是灵魂，是课程的开发理论依据，指明了中小学综合实践活动课程开发与实施的方向。教师要引导学生综合运用各学科知识，认识、分析和解决现实问题，突出社会责任感、创新精神和实践能力的培养，让教育回归学生的生活世界，回归“人”本身，从而促进学生的全面发展。综合实践活动课程在学生知识的运用、综合能力的发展、综合素质的提高、社会主义核心价值观的发展等方面有重要作用。

参考文献：

[1] 杨培禾.综合实践活动课程论[M].北京：首都师范大学出版社，2019.

[2] 柳夕浪.《中小学综合实践活动课程指导纲要》解读[M].石家庄：河北教育出版社，2019.

[3] 上海市教育委员会教学研究室.砥砺奋进二十年——中小学拓展型、研究型课程实践与探索[M].上海：上海科技教育出版社，2019.

科研，是一场诗意的修行

魏建敏，高级教师、国家二级心理咨询师、沙盘游戏中级治疗师，2018 年获教育部新时代学校心理健康教育卓越教师培养计划“心育好教研员”称号。新疆克拉玛依市中小学心理健康教育专委会主任，市教育学会第五届理事会理事，市社会心理服务体系建设专家组成员，2017 首批沪克访学教师。在青少年心理健康教育、企事业单位员工压力管理等方面较有研究。

沪克两地中小学心理健康教育现状调查研究

克拉玛依市教育局家庭教育指导中心　魏建敏

【摘要】针对中小学心理健康教育现状，调查上海、克拉玛依两市96所中小学心理健康教育专兼职教师，结果发现：上海市政府主导，建立两个三级组织管理网络，一是教育系统内市学生心理健康教育发展中心—区教育学院心理教研室—校心理辅导中心；二是市政府—区未成年人心理辅导中心—校心理辅导中心。前者面向学校，后者面向社会。中小学心理健康教育工作由教育部门主抓，由学校落实，工作全面有序展开。目前已有市级中小学心理健康地方教材、市教育系统内心理咨询师培养标准及教材、市心理健康教育达标校特色校验收标准；90%以上的学校开设了心理健康教育课程，配备了心理健康教育师资、软硬件设施，建立了区、校心理健康辅导中心；生涯辅导教育工作扎实有效。上海市充分发挥了区未成年人心理辅导中心的作用。克拉玛依市尚未建立中小学心理健康教育发展的长效机制，且管理主体设置欠科学，将中小学心理健康教育工作放在家庭教育中，很大程度上滞缓了克拉玛依市中小学心理健康教育工作的开展。其中小学心理健康教育在师资配备、软硬件设施建设、教材编写、课程开设、达标校督查验收等方面均落后于上海市。

【关键词】中小学；心理健康教育；比较

一、前言

中小学生正处在身心发展的重要时期，随着生理、心理的发育和发展，社会阅历的扩展及思维方式的变化，特别是面对社会竞争压力，他们在学习、生活、自我意识、情绪调适、人际交往和升学就业等方面，会遇到各种各样的心理困扰或问题。因此，在中小学开展心理健康教育，是学生身心健康成长的需要，是全面推进素质教育的必然要求。提高全体学生的心理素质，培养他们积极乐观、健康向上的心理品质，充分开发他们的心理潜能，促进学生身心和谐可持续发展，为他们健康成长和幸福生活奠定基础。培养身心健康的具有社会责任感、创新精神和实践能力的德智体美劳全面发展的社会主义建设者和接班人，是中小学心理健康教育的目标和主要任务。

当前文献中不乏针对中小学心理健康教育的文章，但对中小学心理健康教育现状研究更多是任课教师个人的思考，鲜少有调查数据的支持。该现状使得以下对评价中小学心理健康教育非常重要的问题无法给予回答：(1)中小学心理健康课程的开设。这个课程在学校到底开设了没有？在哪些年级开设的？(2)心理健康教材的来源。(3)心理健康辅导室的建设。如何建设的？都有哪些辅导设备？有无发挥作用？(4)师资队伍的建设。都是什么资质的人在教授心理健康课？(5)心理健康校有哪些类别？(6)心理健康教育工作及活动开展等情况。本研究采用问卷调查、比较的方法，从经济发达的东部城市上海(以上海长宁区为抽样调查对象)与西部油城克拉玛依的中小学心理健康教育现状调查入手，拟对以上问题进行深入探讨。

二、方法

（一）被试

被试为中小学心理健康教育教师，取样自上海市(长宁区)和克拉玛依市的96所中小学校专兼职心理教师。其中克拉玛依市47所，上海市49所。

（二）调查问卷

以新疆维吾尔自治区教育厅下发的“中小学心理健康教育调查表”为基准，对克拉玛依市中小学校进行调查。同时根据上海市发展情况进行修订，增加了上海本地师资培训、心理健康达标校类别、主管领导、联系方式等调查项目。

调查内容包括心理健康课程开设、心理健康教材来源、心理健康辅导室建设、心理健康师资队伍、心理健康达标校类别、心理健康教育工作及活动开展情况六部分。

（三）调查方法

（1）问卷调查法。采用电子表格填写，以电子邮件方式上交问卷。

（2）访谈法。采用电子邮件、QQ 及手机短信、电话访谈等方式，对于问卷表中填写不清楚的项目进行询问、澄清和具体化，对个别问题进行深入了解共 165 次。

（3）统计法。采用 Excel 表格汇总统计、分析。

（4）比较法。对比克拉玛依市与上海市在中小学心理健康教育领域的现状，获得差异数据，探寻差异原因。

（四）施测过程

调查研究历时一年零三个月，即 2016 年 10 月至 2018 年 1 月，分五个阶段：

第一阶段，制订调查研究计划。

第二阶段，实施调研计划。制定、发放调查问卷，访谈、调研克拉玛依市中小学心理健康教育工作现状，共发放问卷 47 份。

第三阶段，修订并发放调查问卷。访谈、调研上海市长宁区中小学心理健康教育工作现状，发放问卷 54 份。两次问卷共发放 101 份，回收 96 份，其中克拉玛依 47 份，上海 49 份，回收率 95.05％。

第四阶段，深入中小学心理健康教育教学实践，访谈调研上海市中小学心理健康教育教学工作。包括教学研讨、心理健康公开课磨课及展示、心理咨询、心理辅导、心理督导、心理健康达标校督查复验、参观未成年人心理辅导中心等。

第五阶段，撰写并完善调查研究报告，完成调查研究工作。

三、结果

（一）心理健康课程开设

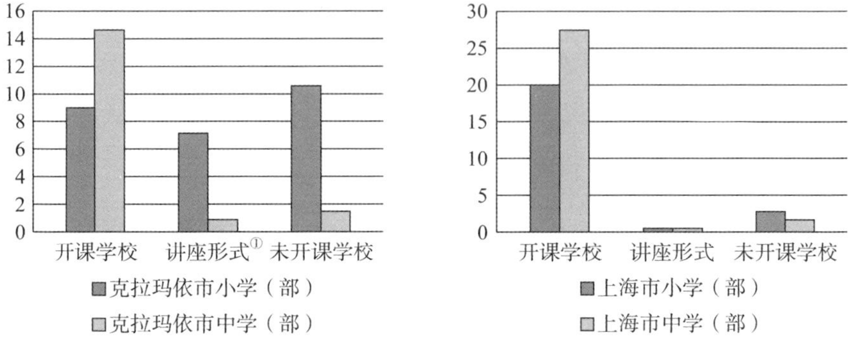

图 1 心理健康课程开设情况(单位:所)

克拉玛依市中小学心理健康教育课开课率为 53.19%，未开课率为 46.81%；上海市(长宁区)中小学心理健康教育课开课率为 90.74%，未开课率为 9.26%。

上海市中小学开课年级小学主要为四、五年级；初高中不限年级。克拉玛依市中学开课多为初中一年级或二年级，高中为一年级。中学开课情况好于小学，初中开课情况好于高中。两市中学开课率均高于小学。

（二）心理健康教材来源

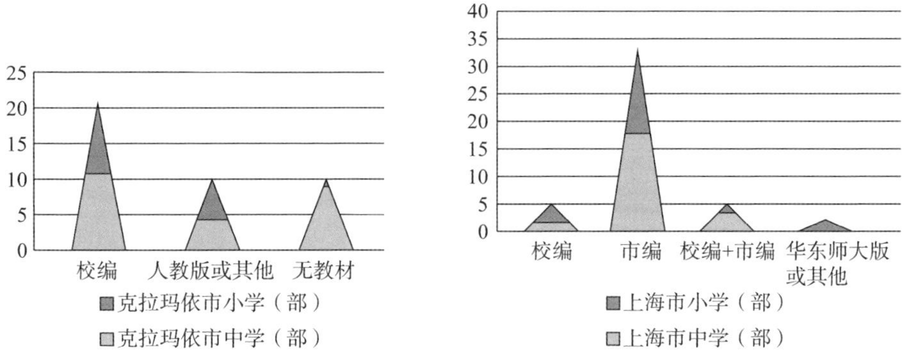

图 2 心理健康教材来源情况(单位:所)

---

① “讲座形式”也归于未开课学校。

上海市多采用市编教材（上海教育出版社出版，含小学、初中、高中版），部分学校有校编教材辅助，参考教材有华东师大版教材。克拉玛依市无市编教材，教材多采用校本教材，少数学校采用北师大版、华东师大版或大百科全书版教材。

克拉玛依市中小学校编教材占48.94％，地区或国家版教材占25.53％，无教材占25.53％；上海市中小学校编教材占14.81％，地区或国家版教材占66.67％，“地区版＋校编”教材占12.96％，其他版占5.56％。克拉玛依校编教材占比最高；上海市地区教材占比最高，主要采用教材为上海教育出版社出版的《心理健康自助手册》或华东师范大学出版社出版的《心理健康学本》。

（三）心理健康辅导室建设

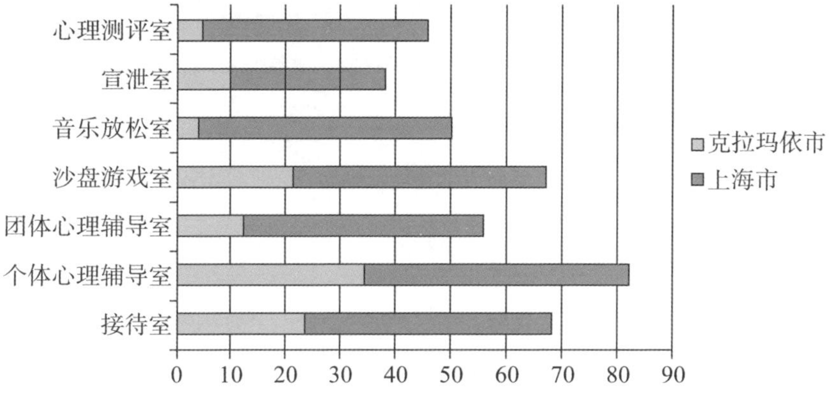

图3　心理辅导室建设情况（单位：个）

上海市中小学普遍建有心理咨询室、心理活动教室及其他心理活动场馆，其中心理活动教室使用率高。克拉玛依市普遍建有心理咨询室、接待室，近年来多数学校对沙盘游戏辅导室的配备比较重视，数量有所上升，其他辅导室各校配备情况不一。克拉玛依市心理辅导室总数为123个，上海市长宁区心理辅导室总数为291个。

（四）心理健康师资队伍建设

上海市教师有两套心理咨询师培训标准。一套为国家心理咨询师，分为三级和二级；另一套为上海市教育系统内部心理咨询师标准，分为初级和中级。师资配备方面，中学多为专职教师，小学主要为兼职教师。克拉玛依市教师采用国家心理咨询师培训标准，即国家三级、二级。师资配备方面与上海相同，中学多为专职，小学多为兼职。不同之处在于上海小学兼职教师有课程进课表，克拉玛依多数小学兼职教师课程未进课表。

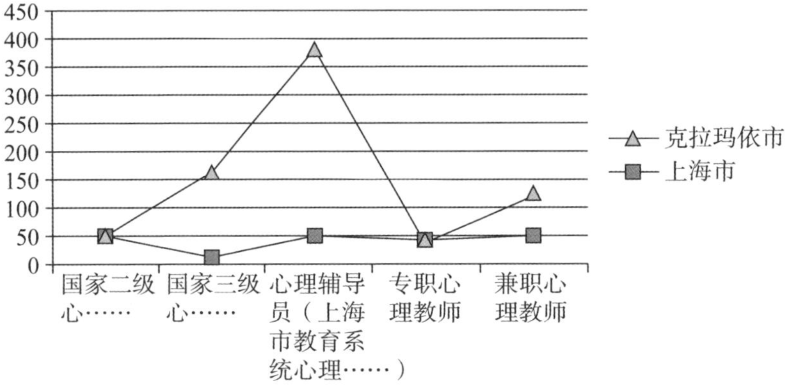

图4　心理健康师资队伍情况(单位:人)

（五）心理健康校类别

上海市中小学心理健康教育达标校评估采用市级标准，分两级，即达标校、示范校。达标校要满足中小学心理健康教育工作的基本要求；示范校要具备特色，能够进行经验辐射与引领。上海市以市中小学心理健康教育达标校验收指标体系来督查中小学校心理健康教育工作，对中小学校心理健康教育主管领导的工作职责没有书面的文件，但在市区中小学心理健康教育达标校评估中有体现和要求。目前这套市级标准基本达到和实现了以评促建的目的和效果。

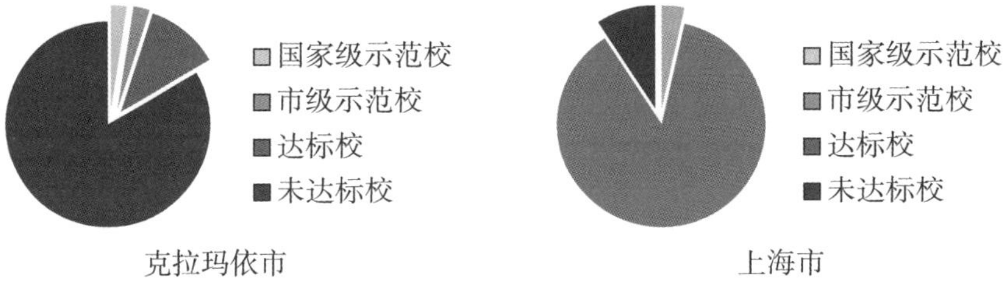

图5　心理健康校类别

克拉玛依市中小学心理健康教育特色校评估采用两级标准，即国家标准、市级标准(试行)。克拉玛依市不达标学校高于80%，上海市达标学校高于80%。

(六)心理健康教育工作及活动开展

上海市(长宁区)中小学心理健康教育工作，以教育局、教育学院为引领，德育研究室进行行政管理，心理教研室进行业务指导，面向广大中小学校，以专兼职心理教师为骨干，开展普及性、发展性心理健康教育，筛查问题人群，转介治疗问题个案，对区域内广大中小学生的心理健康起到很好的维护作用。区教育局与区文明办联合建立了长宁区未成年人心理辅导中心，面向社会和家长，积极开展维护未成年人心理健康咨询、辅导等系列大型活动，在社会营造了良好的氛围，获得了极好的社会反响。区教育局还积极与区精神卫生中心联合，建立区域间危机干预联动机制，将校园筛查出的问题个人转介区精神卫生中心进行治疗，从而使得早期心理疾病患者得到及时有效的救治。目前，社会层面已然形成从政府、市文明办、市教委—区政府、区文明办、区教育局(教育学院)联合成立的区未成年人心理辅导中心—校心理辅导中心(心理辅导室)三级管理救治网络。从教育系统层面则有市教委(市学生心理健康教育发展中心)—区未成年人心理辅导中心—校心理辅导中心(心理辅导室)三级管理维护网络。

上海市中小学心理健康教育工作依托区教育学院、区未成年人心理辅导中心，开展中小学心理健康教研、心理培训、心理督导、公开课展示、心理咨询辅导及转介、心理达标校特色校督查评估、大型社会心理咨询辅导等工作，工作立体多维、全面铺开。

克拉玛依市中小学心理健康教育工作依托市教育局家庭教育指导中心开展工作。家庭教育指导中心与市教研所积极合作，开展中小学心理健康教研、公开课评比展示及课题研究，与市教育工会、继续教育中心联合进行分层教师心理培训，与思政科联合举办大型教师团体心理咨询辅导。通过以上方式，多方位开展工作，也收到了良好的社会效益。

四、讨论

（一）心理健康课程开设

克拉玛依市课程开设情况：中学课程开设总体情况较好，小学部分学校课程开设情况较好。小学开课学校课时量总体比中学少；不具备开课条件的学校，以讲座方式呈现，每学期2—3次；还有部分学校有想法但无行动或被动应付检查工作。

上海市（长宁区）课程开设情况：全区中小学校心理健康教育课程开设总体情况良好，公办学校基本都已正常开课；很少学校以讲座为开课方式；未开课学校占比较低，主要为民办学校或因教师调动造成无人上课的学校。小学（部）与中学（部）情况不尽相同。

表1　上海（长宁区）中小学（部）开课年级情况表

小学（部）开课年级（个）	学校（所）	所占比例	中学（部）开课年级（个）	学校（所）	所占比例
1	17	62.96%	1	18	64.29%
2	1	3.70%	2	6	21.43%
3	5	18.52%	3	4	14.28%
4	1	3.70%	0	0	0
5	3	11.11%	0	0	0
备注：小学（部）开课27所，中学（部）开课28所。					

表2　上海（长宁区）中小学（部）年级课时设置情况表

开课年级	每周1节学校（所）	每周0.5节学校（所）	开课年级	每周1节学校（所）	每周0.5节学校（所）
一年级	3	4	七年级	8	2
二年级	2	3	八年级	2	0
三年级	6	4	九年级	1	0
四年级	4	7	高一年级	5	3

（续表）

开课年级	每周 1 节学校(所)	每周 0.5 节学校(所)	开课年级	每周 1 节学校(所)	每周 0.5 节学校(所)
五年级	2	8	高二年级	0	0
预备年级(六年级)	10	4	高三年级	1	2

上海市长宁区小学(部)开课共有 27 所。小学(部)在 1 个年级开设课程的学校有 17 所，占 62.96%，为绝大多数。长宁区在小学四、五年级开设每周 0.5 节心理健康课程的学校共 15 所，占比最高。总体来看，小学三、四、五年级是上海市长宁区小学重点开设心理健康课的年级。

上海市长宁区中学(部)开课共有 28 所。中学(部)在 1 个年级开设课程的学校有 18 所，占比 64.29%。从长宁区中学段开设课程的年级来看，中学在预备年级、七年级开设每周 1 节心理健康课程的学校共 18 所，所占比例最高。总体来看，中学预备年级、七年级、高一年级是上海市长宁区中学重点开设心理健康课的年级。

中小学开设心理健康教育课程在教育部颁布的《中小学心理健康教育指导纲要》中有明确要求，即“各地和学校要通过多种途径和方式，结合教育教学实际，保证心理健康教育时间，课时可在地方课程或学校课程中安排”。

（二）心理健康教材来源

克拉玛依市以校编教材为主，以地区教材为辅，无地方教材。小学多数学校无教材。教材使用未统一与规范，教材编写水平普遍偏低。上海市以地方教材为主，少部分学校以校编、华师大版《心理健康学本》或其他作为辅助。全市对心理健康教材有统一要求，比较规范。

（三）心理健康辅导室建设

克拉玛依市与上海市(长宁区)中小学都比较重视个体心理辅导室、接待室、沙盘游戏室的建设。克拉玛依少部分学校要求设置团体辅导室、宣泄室，少量学校有心理测评软件。上海市绝大多数学校设有团体辅导室(专用的心理健康活动教室）及宣泄室，心理测评室和音乐放松室建设比例也较高。

（四）心理健康师资队伍

克拉玛依市心理咨询师培训队伍人数总数、国家级心理咨询师比例、地区教育系统心理咨询人员总数高于上海市长宁区。这与市区教育局近四年来加大心理健康培训人员的培训力度有关。

上海市注重定期定批培养本市级别教育系统内部的心理咨询师，重视与区精神卫生中心、社会机构的协作，对学校心理咨询师定期进行个案督导、心理危机干预督导等培训。同时注重通过长宁区未成年人心理辅导中心面向社会、家庭开展心理咨询、辅导服务，逐步提升区域内校心理咨询师的心理专业水平。

（五）心理健康校类别

克拉玛依市心理健康达标校占全市百分比低于上海市。克拉玛依市中小学心理健康达标校标准依据略低于国家标准，主要体现在心理辅导室面积上略少一些。目前克拉玛依市级中小学心理健康达标校标准已出，属于试行阶段。

上海市有市本级独立的中小学心理健康达标校标准，市区教育局定期对达标校进行督查与复验，基本上起到了以评促建、以建促推中小学心理健康教育工作的目的，收效明显。

（六）心理健康教育工作及活动开展

上海市中小学心理健康教育工作在政府主导下，由教育部门联合文明办、精神卫生中心共同开展工作。多方联动，工作分层有序，逐步推进，成效显著。

克拉玛依市中小学心理健康教育工作依托市教育局家庭教育指导中心开展工作。心理健康教育与家庭教育工作有交集，但并不等同。某种程度上讲家庭教育工作的技术、手段、方法多数依赖于心理健康工作的技术、手段与方法。家庭只是心理健康教育的一个应用领域。中小学心理健康教育对专业人员要求极高，也因其近年来在各领域发挥重要作用而为人们日益重视。克拉玛依市将心理健康教育工作放在家庭教育中极不利于中小学心理健康教育工作的开展，我们从上海市的经验中可以找到克拉玛依市发展中小学心理健康工作的成功路径或捷径。

五、结论

（1）上海市（长宁区）中小学心理健康教育工作在市教委、市学生心理健康教育发展中心的组织领导下，以区教育局、教育学院德育研究室心理健康教育研究为基础，由区教育局向各中小学校提供师资、教学软硬件设施、教材、教学场所，有序组织、管理和开展中小学心理健康教育工作。

（2）上海市有市级中小学心理健康地方教材、市教育系统内心理咨询师培养标准及教材、市心理健康教育达标校特色校验收标准；90%以上的学校开设了心理健康教育课程，配备了心理健康教育的师资、软硬件设施，建立区、校心理健康辅导中心（心理咨询室）；生涯辅导教育工作扎实有效。

（3）上海市政府主导，建立两个三级组织管理网络。教育部门主办，学校落实，工作全面有序展开。两个网络，一是教育系统内市学生心理健康教育发展中心—区教育学院心理教研室—校心理辅导中心；二是市政府—区未成年人心理辅导中心—校心理辅导中心。前者面向学校，后者面向社会。

（4）充分发挥（长宁）区未成年人心理辅导中心的作用。区文明办联合区教育局组建区未成年人心理辅导中心，面向社会，提供心理咨询、辅导的场所、人员、软硬件设备，开展咨询辅导服务工作。区未成年人心理辅导中心与区精神卫生中心联手，建立医教结合的身心健康发展模式，高效打造长宁人身心健康、和谐稳定的新家园。

（5）克拉玛依市尚未建立中小学心理健康教育发展的长效机制，且管理主体设置欠科学，将心理健康教育工作放在家庭教育中，很大程度上滞缓了中小学心理健康教育工作的开展。中小学心理健康教育在师资配备、硬件设施建设、教材编写、课程开设、达标校督查验收等方面均落后于上海市。

（6）建议克拉玛依市学习上海市建立中小学心理健康教育长效工作机制，建立市、区、校三级中小学心理健康教育咨询（辅导）中心，以教育部每两年一次的中小学心理健康教育特色校活动为契机，加快推进克拉玛依市中小学心理健康教育工作;营造和谐、安全、高品质的校园,为克拉玛依市的和谐稳定和健康发展打下扎实稳定的健康心理基础。

参考文献:

[1] 赵冬梅.儿童早期心理创伤对人格发展的影响[J].教育导刊(下半月),2010(2):22-25.

[2] 李颖辉,杨兆山.论"育人为本"及其内在意蕴[J].基础教育,2017(2):14-24.

[3] 陈仁,周国斌.生命理解与价值启蒙:一种走向"美感生活"的生命价值教育[J].基础教育,2017(2):25-33.

[4] 戴璐.倾听"学生的声音"——J校校本课程开发的案例研究[J].江苏教育研究,2017(29):67-71.

[5] 周广东,杨海波,白学军.心理学专业"实验心理学"本科教学现状的调查与分析[J].心理与行为研究,2017(3):424-432.

[6] 吴霓,郑程月.从高考政策变迁看我国人才培养模式的演进趋向[J].教育学报,2017(4):71-78.

[7] 廖青.新加坡和中国香港地区打造区域教育枢纽的比较研究[J].比较教育研究,2017(11):16-25.

[8] 李冲锋.教师如何做课题[M].上海:华东师范大学出版社,2013.

[9] [英]Ian Menter,等.教育科研实用指南[M].刘常庆,邱超,译.上海:华东师范大学出版社,2015.

赵卓，克拉玛依市教育研究所英语教研员，克拉玛依市第二届、第三届特级教师，首届、第三届全国中小学外语名师，全国教育科学“十二五”规划教育部重点课题优秀实验区负责人，全国英语教育科研标兵。新疆中学英语教师现场课大赛主评专家，新疆师范大学外国语学院中学英语教师国培项目示范课专家，新疆生产建设兵团中小学英语教师“国培计划”培训项目示范课专家，新疆维吾尔自治区“线上教学”初中英语学科专家组成员，初中英语南疆大型组团式系列送教活动优秀送教专家。克拉玛依市首届教育行业拔尖人才，首届卓越教师工作室主持人，首届名师工作室主持人。主持 5 项课题荣获克拉玛依市科技成果进步二、三等奖。主编 70 余本中小学英语课堂教学课程资源和课题研究成果集。

基于教研员专业引领下的教研活动设计与实践

克拉玛依市教育研究所　赵　卓

【摘要】新课程改革过程中,教研员的专业引领是基于理论对实践的指导,是理论与实践的有效结合,是课程专家与一线教师的交流与互动。教研员的专业引领作用对课程改革成功起到关键性作用。因此,在组织每一次的大中小型学科教研活动时,教研员有必要了解不同层次的教师专业需求,精心策划活动主题、形式和内容,使课程改革与教学得到很好的统一。发挥好教研员在课程改革中的专业引领作用就显得十分关键和重要。

【关键词】专业引领;组织教研;活动设计;活动流程

在上海市师资培训中心和长宁区教育学院跟岗学习期间,笔者参加了市级、区级、校级诸多类型的由各级教研员设计实施的丰富多彩的学科教科研活动,充分体现了教研工作是将理论与实践相结合,是课程改革与教学的统一。教研员在课程改革中专业引领是否到位,与学科教师结合是否紧密,引领作用是否显著,都直接关系到课程改革的成败和教师专业成长。教研员是课程与课堂教学的桥梁,在课程与课堂之间发挥着沟通、协调的纽带作用。那么,教研员如何引领一线教师转变教育理念,了解教育教学发展目标和教学任务,推广教学成果,介绍优秀经验,带领一线教师不断反思,提升专业发展的科研之路呢?笔者认为教研员专业引领下的教研活动内容设计尤为重要。上海市教研员开展的教研工作给我们提供了很好的实践范式。本文以上海市课改30年初中学段经验总结综合展示活动设计、市级英语学科教研活动设计、市级英语课题展示活动设计和长宁区英语教研中外籍教师合作研究课活动设计，分别呈现四种不同类型和范围的教研活动设计，阐述教研员在专业引领下的活动设计对学科教师专业成长的影响和学术指导。

一、上海市课改30年初中学段经验总结展示活动设计

市、区、校教研转型的实践探索活动按照校本教研、区级教研、市级教研划分为三个板块，以“转型”为主线，较为全面地展示了三级教研在转型后各自的任务环节、开展形式以及经验汇总。此活动是由上海市教委教研室领导出席，市教研员主持的自上而下的活动设计，具体操作流程分为展示和点评两大环节。

（一）展示环节

1. 校本教研转型

• 学校英语教研组成员现场展示教研活动。教研组聚焦“促进学生学习方式的转变”，运用听评课工具，从学生互动、组织形式、学习方式等维度对课堂活动进行观察，通过任务分工，分析观察结果，开展基于实证和教研相结合的评课活动。

• 学校教学主管做了主题为“发扬针尖精神，深化实证教研”的发言，介绍学校经验与实证相结合的校本教研，从而让研究的问题更聚焦，目标更明确，从“讲堂”进一步走向“学堂”。

• 学校领导介绍教研合作共同体的开展。多所学校共同加入项目研究，不仅形成了研究合作共同体，研究的内容也由单纯的学科教研向“学科教研＋教学管理研究”纵深推进。

2. 区级教研转型

来自四个不同区域的学科专家以沙龙的形式，围绕“从课堂到课程的教研指导”展开讨论。

• 专家1分享了多维举证和多元互证的实证调研，的确可以帮助了解教学的真实情况，从而发现问题，印证假设。

• 专家2围绕“建立规范教学的诊断和改进流程”，提出了“质量调研”“专题

确立”“方法寻找”和“行为调整”四步的循环机制。

- 专家3交流了“理念充实＋实践体验＋反思改进”的区教研组长课程领导培育项目，着力提升教研组长的课程思想力、课程规划力、课程执行力和课程评价力。
- 专家4交流了自己所在区域初中学段在聚焦作业研究方面的三项举措：作业研究、作业设计和作业管理。研究先行，而后设计和管理跟进，三者并行互促。

3. 市级教研转型

市级教研员介绍了自下而上提炼基层学校经验的做法，即如何从纷繁复杂的现象中探寻内在机理，教研员如何运用工具去发现提炼，如何在发现经验后建构模型，辐射经验。

（二）专家点评

由上海市高校专家对活动进行专业指导和提升引领。专家认为教研转型的目的是提高教研质量，主要在两个方面：一是要依据学生发展、学科发展、社会发展；二是要看是否针对本校本地区的问题，学校借助工具有方向性地开展教研活动，重点是关注课堂。教研要转型，首先是因为教育在变化，保障质量的教研无疑也要跟着改变。教研转型的具体内容从实践来看有工具、实证、共同体，有课堂到课程，有经验的提炼，以及有经验与实证的整合。

（三）活动流程

学科教研展示—学校特色教研展示—访谈式教研沙龙—专家点评。

（四）评述设计

在教研体现循证完善的过程中，这样的活动设计具有引领、示范和阶段总结作用，包括专家和一线教师的互动。在区域整体评价过程中，需要经验和工具的互动。展示活动围绕教研转型话题，侧重初中学段，在办人民满意的教育的大环境下具有重要的意义。教研员承担着理论与实践相结合的工作，从理论指导实践，从实践总结经验，再上升到理论。不同层面的教研发挥着各自的作用。自上而下在一定程度上可以帮助教师解决实践中遇到的问题。同时，教师在实践中产生了自己的经验，教研员将这些经验进行归纳提炼，甚至上升为一定的理论，以适用于更广范围，这就是自下而上。开展各层级的教研，要充分考虑问题导向、目标导向、需求导向、结果导向这四个方面的关系，处理四方面的关系常用的办法就是相结合。此次活动在自上而下和自下而上相结合的过程中，呈现了技术、工具、方法，并体现了共同体协同发展的作用。

二、“单元视角下的学情分析”市级初中英语教研活动设计

初中英语“合理确定教学内容”系列主题教研活动之“单元视角下的学情分析”是由市级教研员组织策划的。活动由专题发言、说课与课堂教学、专家点评与总结三大板块组成。具体内容设计呈现如下：

（一）专题发言

1. 区域引领“单元视角下的学情分析”项目研究

区级骨干教师团队成员做“区域引领下的‘单元视角下的学情分析’项目研究”的专题发言，介绍“单元视角下的学情分析”这一区域研究项目的研究背景，提出三个研究任务，即工具开发、案例积累和团队建设。针对上述研究任务，通过查阅文献、问卷调查以及案例研究的方式了解研究的现状，确定工具开发的要素，以此作为项目研究的过程与方法。通过一段时间的研究，取得了项目研究的初步成果，形成区域范围内的报告，开发了《单元视角下的学情分析属性表》。该项目作为区级课题在区域内进行推广和辐射，引领区域教师更好地运用新版《教学基本要求》和《单元教学设计指南研究》进行单元视角下的学情分析，从而科学地制定教学目标、合理确定教学内容和准确把握教学的重难点，积累丰富的课堂教学实践案例。

2. “单元视角下的学情分析”综述

围绕“单元视角下的学情分析”实证研究进行说明。基于问卷与访谈进行实证研究，通过调查发现，由于缺乏统一的维度和科学的标准，目前的学情分析存在实施困难，在内容、方法、时间等方面都具有随意性。从文本分析背景、材料信息、

分析视角、分析数据结论和文本分析的思考五个方面，对如何进行实证研究的文本分析进行解读，提出文本分析应当帮助研究项目确定研究内容和呈现方式，厘清学情分析与教学的关系。

3. “单元视角下的学情分析”实证研究：问卷与访谈＋文本分析

就“单元视角下的学情分析”进行综述、定义与建模，形成单元视角下学情分析的规格以及规范单元视角下学情分析文本的撰写，在建模时梳理单元的起点和单元的难点，在此基础上分析学习的内容和学习的条件，确立学习的目标，并对学生在学习时可能存在的问题提供有效的策略支持。

4. “单元视角下的学情分析”工具开发

“单元视角下的学情分析”工具开发过程中，制定流程图、开发属性表和确定问题导向的工具开发路径。通过使用属性表，帮助教师发现学生应达水平和实际水平之间的差距，发现问题并制定有效的教学解决策略。

（二）说课与课堂教学

1. 单元课题 7A U6 Different places 说课

在专题发言之后进行说课与课堂教学环节。就《英语（牛津上海版）》七年级第一学期第六单元 Different places 进行全英语的说课。说课内容包括四个方面：单元分析、学习难点分析、教学目标以及教学设计中的三个亮点。说课分析了这节课的学习难点是学生在表达时更关注内容而忽视语言的准确性。另外，文本话题搬家后的变化，学生之前少有此类生活经历，在进行学情分析后，设计了一些教学活动帮助学生解决语言表达的困难，并把文本话题进行了延伸，鼓励学生关注到他们学习生活中方方面面的变化，在真实的语境中达到语用的目的。

2. 单元课题 6A U8 The food we eat 说课与现场教学两个环节

本节课的教学内容是《英语（牛津上海版）》六年级第一学期第八单元 The food we eat 的 Listening & Speaking：Buying different food。基于学情分析的教学目标和学习活动确定教学，指出教学目标的确定应该基于“单元视角下的学情分析”以及《英语教学基本要求》的解读，并进行适当的删减、降低难度和调整。通过创设情境、为学生提供相关学习经历来化解学习难点，达成教学目标。

现场教学以听说课型展示，在导入环节，教师通过一张自己购买食物的图片入手，引导学生谈论他们购买食物的经历。随后，通过读图和阅读文本，引导学生自主比较总结购买食物的地点和区域并阐述理由。在听的环节，培养学生提取并记录关键信息的能力；在说的环节，学生在操练重点句型巩固所学后，通过小组讨论，分享购物偏好，并在真实的语境中进行对话操练。

（三）专家点评与总结

在课堂教学后，三位专家对专题发言和课堂教学进行点评，肯定了“单元视角下的学情分析”的重要性，清晰地说明如何确定单元目标和课时目标，在处理文本方面能基于学情对教学目标进行删减、降低标准和调整分析，为单元教学服务。对于课堂教学过程指向教学目标，具有针对性，能帮助学生化解学习难点。教师在授课的过程中能够创设情境，帮助学生有效运用语言知识进行表达，达到了预期的教学目标。该项目研究能够指导广大教师从单元的视角进行学情分析，引导教师分析单元教学的起点，通过使用“单元视角下的学情分析”属性表，对教学内容的重难点进行清晰的梳理并为教学解决策略提供了依据。引导学生自主发现探究，鼓励组内互助，以达到在教学中培养学生核心素养的目标并给出一些建议。

（四）活动流程

校长致辞—专题发言—说课与课堂教学展示—专家点评。

（五）评述设计

学校的教研活动通常是以课时为单位的备课、观课和研课活动，忽视课时与课时之间的关系，较少开展以单元、主题、模块为单位的结构化研究与实践。而单元是依据课程标准，围绕主题（专题、话题、问题、活动）进行结构化组织的学习单位，单元向上承接课程目标，向下统领单元的课时目标、内容、活动、作业、评价、资源。“单元”是一个简单而又复杂的热词，“学情分析”是一个熟悉又陌生的热名，“单元视角下的学情分析”是提高教学效益的前提。活动充分地展示了英语教师在教研员的学术专业引领下积极探索、擅于研究、勇于实践的精神风貌。教研员设计的活动其目的是以单元教学为抓手，为一线教师搭建学术交流的平台，加快教师专业成长的步伐，更好地服务于教学，让更多的学生受益。教研员不但要引领一线教师从事学科教研，还要在参与教师队伍建设过程中，将教研活动的成果转化为教师教育课程，促进教师专业发展。

三、“基于学生自主阅读习惯与能力培养的泛读课程设计与实施”研讨活动设计

阅读能力是英语学科学习能力的重要表现之一，其重点是培养中学生养成自主阅读习惯与能力。探究泛读课课堂教学模式，阐明自主学习课内指导的意义，解析以学习策略指导、阅读兴趣与能力培养、语言能力发展三位一体的课堂教学指导模式。此教研活动设计由课堂教学、专题发言和专家点评三大板块组成。

（一）课堂教学

在课堂教学环节较好地呈现了自主阅读教学的理念，学生借助阅读工具进行自主阅读。阅读工具的设计中包括了以下元素：Anchor Chart（以思维导图的形式理清文章脉络结构），Unknown Words（对文本中生词的猜测），Puzzles（对文本中的难点或者困惑，提出自己的问题或质疑）。学生自主选择阅读策略，教师在课堂教学中起引导和协助的作用，体现了尊重学生的教学态度。学生在自主阅读的过程中，对文本形成自己的理解，通过思维导图梳理文章结构与要点，让隐性思维显性化。课堂上，学生借助 Anchor Chart 梳理 Brett's Boot Camp 中的关键信息；整理 Roswell Incident 的时间、地点、经过来了解事件过程，并摸排出目击者所述信息中的关键点。对于学生所绘制的 Anchor Chart，鼓励学生简要说明如此设计的理由。同一篇文本不同 Anchor Chart 的比较，不仅可以帮助清晰文本脉络，还可以开拓学生的思维。学生完成自主阅读之后，教师有意识地鼓励学生提出自己阅读过程中发现的困惑，挖掘文本的深度，使内容更加丰富，提升学生的思维品质。通过质疑文本、质疑作者观点，形成自己的文体意识。在此过程中，学生思维的深度和广度都得到训练和提升。

（二）专题发言

在专题发言环节，主讲教师做了“课外自主阅读反拨课堂阅读教学的思与行”主题交流，分享了学校在项目组引领下所进行的两个阶段的探索。主讲教师指出在“课内阅读教学延伸到课外自主阅读”阶段主要进行了教师有效指导、学生自我管理、教学环境支持三方面的实践，而在“课外自主阅读反拨课堂阅读教学”阶段则是进一步研究“借助阅读工具推进自主阅读”和“通过提问质疑培养文体意识”两项内容。

（三）专家点评

专家从“教师教”和“学生学”的角度对第一节课进行点评，一致认为该堂课主要有三个亮点：第一，教师将课内和课外材料的整合使学生自主阅读习惯和能力培养具有可能性。学生阅读材料的丰富增进了学生的阅读体验并且丰富了他们的阅读积累。第二，教师的阅读活动设计使学生的自主阅读习惯和能力培养具有可操作性。学生同伴阅读和教师陪伴阅读是自主阅读课堂中必不可少的组成部分。第三，教师提问使学生自主阅读习惯和能力培养更具有可行性。学生在回答问题时也能够体会到阅读的价值所在。

专家从“有效突破难点”的视角对第二节课进行点评。教师引导学生合理使用阅读工具对文本信息进行有效的梳理与整合，教师“会放手、敢放手”。学生在完成阅读工具的过程中自主把握了文本脉络，阅读工具的使用也使原本不可见的学生阅读思维可视化，促进了学生阅读学习方式的改变。建议在让学生自主阅读时应进一步思考教师在活动中介入的问题，从而更有效地指导学生进行自主阅读。

（四）活动流程

课堂教学课例 1—课堂教学课例 2—专题发言—专家点评—活动总结。

（五）评述设计

每次活动需要精心设计，既要突出活动目的，实现活动效果，又要完成活动目标，集实用性、科学性、借鉴性、有效性、专业性于一体，使教师学有所获，学有所思。本次活动设计的着眼点是以课题研究的形式呈现研究过程。教研员从活动背景、研究内容、研究方法、研究过程、研究成果、反思与展望等角度系统回顾项目历程，引领学科教师关注课题研究的基本程序和主题内容。项目研究已形成了包括工具、课例、论文在内的诸多成果，指导项目组的老师在下阶段可从以下三个方面进一步思考：第一，进一步将已有的课外阅读成果反拨课内阅读教学；第二，进一步探索从自主阅读到自主写作的迁移研究；第三，进一步打造“自主”“探究”“合作”的阅读课堂和英语课堂。同时，在实践研究的过程中要注意处理好三对关系，即“自主与引导”“课内与课外”和“过程性评价与纸笔测试”的关系。通过教研员组织的主题教研活动内容设计，有针对性地引领教师关注课题研究，提升自己的研究能力。

四、“合作·提高——中外教师英语教学研究课”长宁区初中英语教研活动设计

延安初中英语教研组与外籍教师合作融通，教学相长，搭建平台提升教师专业素养、拓宽教师国际视野。外籍教师发挥着重要的作用，与中国教师常态化开展形式多样的教研活动。中外教师在合作过程中取长补短、相互促进。此次教研活动是呈现阅读与写作合作教学的一次大胆尝试，旨在进一步探索如何提升七年级学生思维品质及读写能力的途径。

（一）中方教师讲授阅读课

展示课的文本是一篇题为“Burke and Wills: Across Australia”的泛读材料。泛读课的教学目的是将阅读技能训练融合于阅读过程之中，通过对文本内容的理解，激发学生的学习兴趣，为学生今后的自主阅读奠定基础。文章叙述的是一个真实的历史事件，是第一批欧洲殖民者探索澳洲内陆的探险故事。其信息非常丰富，在故事发展过程中，时间、地点、人物都在发生变化，让学生在一节课的时间里把握文章各种细节信息是很难做到的。教师帮助学生通过抓取关键信息理解全文，找到两条线索：第一，故事的发展过程；第二，过程中遭遇的问题。借助流程图来帮助学生梳理故事的发展，让学生始终带着问题阅读文本“Did all the people in

Burke's team stay together? What happened to each of them?"，目的在于启发并帮助学生理清思路。课堂最后环节，让学生找出团队遇到的问题，帮助他们更好地理解故事的发展并为后续的写作做铺垫。

（二）外籍教师教授写作课

外籍教师备课思路和中方的授课方式有很多差异，在给学生搭建脚手架、扫除写作障碍、借助思维工具来帮助学生梳理整合信息方面，外籍教师做了积极的探索。引导学生理解文章中 Burke 和 Wills 的探险发生了什么，遇到了什么困难，有怎样的态度，从而生成语言的发散思维；如果再次探险，可否做更完备的计划来规避困难，应该怎么做等。写作是一个漫长的过程，很少会在一节课中教师完成写作指导，学生完成写作任务。在批阅学生的作文中，教师更多关注的是写作的内容，基于文本是否有学生自己的思辨。

（三）专家点评

中方教师和外教合作共同完成读写课的教学，目标很完整。为了共同完成一个教学目标，要在阅读的基础上完成写作的任务。从两节课的观察可以看到紧紧围绕目标来做阅读，要让学生搞清楚文本中的路线、遇到的困难、途中发现的问题。而写作是在阅读的基础上让学生想象一百多年前假如碰到同样的困难，自己会做些什么。从教学的过程可以看到，两位教师是从共同的教学目标、不同的角度在努力，给大家打开了一个思路。外教之前以教学听说为主，而本节课是以写作为主，也是对外教的挑战。外教在阅读和写作教学方面有很大优势，今后可以在这方面进行尝试。因为他们从小就是用英语进行阅读、写作，而中方教学是学着教写作，这样的合作可以为我们的教育更好地利用外教资源开了一条新路。中外教师的合作教学对双方都是一个很大的挑战，在共同讨论、相互观课、共同商议中解决教学中的问题。经过这样的过程，我们体会到这种教学观念、方法的交流、交融，感受到文化的交流是欣赏。学生表现出来的活跃的思维、积极的投入，给大家很大的惊喜，教师应该做更多工作去发挥学生的潜能。

（四）活动流程

中教阅读课—外教写作课—两人说课—教研组特色展示—专家点评。

（五）评述设计

长宁区教育学院英语教研员设计此次教研活动具有创新性，也是一次积极的探索和尝试，非常值得研究。之前，外教基本上是承担学校听说课教学任务，中方教师承担阅读课、写作课教学任务，从文本解读的角度看彼此没有交集。而此次展示课，同一个班级的学生在中方教师设计的阅读课教学之后，又一次接受外籍教师设计的写作课教学，两种思维方式的传授与碰撞，也让学生感受到了中外思维方式的差异和文化的交融，能从两位教师提供的教学设计呈现中看出差异。教研因需而研，这样的课是教师需要的，也能给予教师实践的内动力。此次教研员对教研活动的设计和思考目标明确，站位超前，创新力强，是一个很有启发性的典型教学范例，对教师的专业引领具有示范和指导作用。

五、结束语

每一次大型教研活动都邀请了资深的、有建树的专家进行点评，营造了浓厚的学术氛围，对教师的专业提升和发展具有积极的指导作用。在新时代教育转型背景下，基于教研员专业引领下的活动设计是否科学、有效，直接影响到活动效果。因此，教研员应该努力提升自身学科专业综合素养，捕捉教师专业需求和课堂教学的盲点、热点、难点、亮点和关键点，避免活动的随意性，开展有针对性的教研活动，不断提高自身教研设计能力，使活动更有指向性、实效性和科学性。如何引领学科教师设计出高效的教研活动，对教研员来说具有很大的挑战性。教研员要浸润式深入一线教师的课堂，通过听课、评课、磨课，开展命题研究、课题研究、做主题讲座，解决学科教学中的问题，探索多元教研形式，提高教研活动实效，组织开展切实有效的面向不同层次、不同需求的学科教师的主题教研活动，研究解决学科重难点问题，设计实施区域性主题教研，加强校际联动教研活动的计划性，关注学科教研方式方法，加强“自下而上”的研究路径，以教师的问题与需求为导向，以区域教师的教学实践为资源，加强教研的针对性和活动设计的科学性，总结与传播学科教学的经验，培养优秀教师和优秀教研组，提高教研品质，努力打造学科教学的高地。

赵科鞅，克拉玛依市教育研究所美术教研员，高级教师，市卓越教师工作室主持人，市美术名师工作室主持人，市民间文艺家协会主席，市美术家协会副主席。教育创新成果连续在第四届、第五届中国教育创新成果公益博览会上展出；作为全国优秀教研员代表，在第二届全国优秀中小学教研员讲坛做主题演讲；获"华文杯"首届中小学生书法大赛辅导教师特等奖；编写的课例编入义务教育阶段（人美版）美术教材；出版著作《恒者行远——党的群众路线教育实践绘本》《赵科鞅讲和田玉》《和田玉鉴定与收藏宝典》。

沪克中小学美术课程设计与实施的观察与思考

克拉玛依市教育研究所　赵科鞅

【摘要】《上海市中长期教育改革和发展规划纲要(2010—2020 年)》明确提出,未来上海教育改革和发展,要以育人为本,把“为了每一个学生的终身发展”作为核心理念。这和克拉玛依市提出的“创办适合每一位学生发展的教育;让所有的孩子接受更好的教育,让所有的孩子享受幸福的人生;崇尚一流,追求卓越”的教育核心价值观非常契合。结合实际,克拉玛依市提出了在选课走班背景下,中小学美术课程“模块+整合”的设计思路,探索解决课程构建中存在的小学段课程整合与中学段模块设计和实施的问题。通过课程整合和开展多样化、个性化的课程开发,促进教学品质提升,促进学生个性发展。上海市教委教研室将课程研究目标聚焦于单元教学设计,提出中小学美术课程开发“把握单元重点,关注理解与运用”的设计要求,对教学内容做了“结构化”的处理,将课程标准中的课程目标逐层分解,转化为年级、单元、课时教学目标,将课程目标贯穿于备课、上课、活动、作业、评价等各教学环节,在课程的研究、设计和评价等方面形成了较为成熟的经验和成果。比较上海市和克拉玛依市在中小学美术课程设计与实施上的异同,寻找和梳理可借鉴的做法,并从中总结经验、发现规律,为后续课堂教学研究和实践提供基本思路。

【关键词】中小学美术;课程整合;单元设计;评价;观察比较

课堂教学是落实改革理念的主阵地,在中小学美术教学中增强学生在学习过程中的实践和体验,开展以单元、模块为单位的结构化研究与实践,加强对课程内容与要求的整体把握和结构化处理,发展学生的学科核心素养,成为沪克两地广大教师和教研员的共识。经过对上海市中小学美术教育三个月的浸润式访学，在调研听课的过程中，有侧重地从中小学美术课程设计与实施的视角进一步进行分类和记录，并结合对两地美术教材教法分析、目标设计、活动设计、作业设计、评价设计、资源设计等的比较，将有助于提炼经验或发现问题。

一、在背景分析中发现美术课程设计实施的基础与瓶颈

课程背景是学校课程所依存的“土壤”，对课程的发生、发展、变化起着重要的支持作用。沪克两地在美术课程实施的基础、实施的资源以及实施的困难等方面都存在诸多差异。存异中求同，梳理各自课程中的相似或相关课程基础与实施经验，分析学生的学习需求、风格与经验基础等，明确了本地区美术课程实施的基础、方向和重点。

在调研中，观察上海市实施美术课程的物理环境，包括相关硬件设施设备、活动场地、校园自然环境等，分析支持学生立足校园展开艺术实践、体验与探究，支持学生能够玩中学、做中学；分析美术课程实施的家长资源、社区资源，支持学生有更多的艺术实践机会并融入社会；分析可利用的场馆资源，支持学生生活经验拓展并埋下好奇的种子等课程实施资源，并从中梳理和总结，寻找共同点，为克拉玛依市美术课堂教学研究和实践提供了许多有价值的思路。

在调研中，笔者感到沪克两地中小学美术课程实施的困难重点均是学校活动场地、空间给课程实施带来的挑战。阻碍课程顺利有效实施的因素还包括教师对课程的认识理解偏差、教师课程实施能力不足、缺乏课程实施基础与经验等问题。这些问题与困难应当在实施保障中予以应对和解决。

二、聚焦学科核心素养，提升美术课程实施的品质

随着课改的深化，学科核心素养的提出为课堂教学带来了新的挑战。克拉玛依市美术学科从学科育人价值研究到学科核心素养研究，大致经历了三大阶段。从第一阶段的“学科本位”到第二阶段的“三维目标”“育人价值研究”，再到第三阶

段的“核心素养”的提出，这既是国际课改的大趋势，又是课改深化的自然发展。

在中小学美术学科核心素养的建构与内涵方面，上海市与克拉玛依市中小学美术学科核心素养均指向了学生的未来，指向了学生逐步形成的适应个人终身发展和社会发展需要的必备品格和关键能力，从而实现从学科本位、知识本位到育人本位、学生素养发展本位的转型，使美术育人的内涵获得前所未有的发展。

上海市中小学美术学科关键能力矩阵中对于文化理解的阐述如下：在传承与弘扬我国优秀民间美术文化的基础上，学会尊重并理解世界美术文化的多样性。如要求：(1)能分析不同时代、地区和文化对美术作品所产生的影响；(2)能主动了解当代艺术与当代社会之间的关系；(3)能从文化的角度对动漫、广告等进行分析、评价；(4)能在周围环境中，探究中国民族元素在生活中的应用。

在基于核心素养的美术教学设计方面，上海市把握单元内容，整体规划单元。单元教学强调对单元整体以及单元所在主题的结构性设计，关注学生通过单元学习持续形成和发展学科能力的针对性和有效性，以单元规划、内容、目标、活动、评价及资源的连续性和一致性，来提升美术课堂教学品质，保障学科核心素养落地。

克拉玛依市在选课走班背景下，美术教学实施“模块＋整合”的课程设计。小学段整合教学与上海市的单元教学设计有着异曲同工之处，都是在整体规划与系统实施的前提下，整合课时和教学内容，避免了碎片化的状态，循序渐进，达成教学目标。其同时有利于教师整体思考同单元内容之间的联系，重视结构化地设计教学，将分散的知识建立联系，并有效形成对教学重点与教学难点的突破方法，也加强了不同单元、不同学段之间纵向关联的研究，提升了美术教学的系统性和有效性。

沪克两地基于核心素养的美术教学均是坚持以学生为本的教学理念，重视教学过程和教学方法的改革，创设以学生为主体的活动情境，为学生提供自主探究、实践创作、合作交流等多样化的学习方式，加强教学过程中的师生互动与生生互动，使美术课堂成为学生获得知识、养成能力、形成美术学习价值观的独特经历。

三、教学结构设计的针对性和多样化成为课堂教学研究的重要抓手

在选课走班背景下，克拉玛依市根据课程标准将美术课程分为基础型课程、

拓展型课程、探究型课程三种类型，针对美术学科不同的教学内容或学生对象，或者针对同一批学生的不同学习阶段，教师需要灵活采用不同的教学策略，形成不同的教学结构，提高教学结构的针对性，促进教学结构的多样化。在大量实践积累的基础上，对不同课型的教学结构进行梳理和总结。

上海市依据教学内容与学生美术学习能力，设计活动情境，营造生动、活泼的学习氛围，创设丰富、具体、形象的学习情境，配合直观的教学手段，引导学生体验感悟。通过欣赏名作、学习技法、搜集素材、构思构图、动手创作、展示交流等美术活动，提高每位学生的视觉感悟能力与表达能力。例如，在小学高年级段，教师组织学生进行中外画家作品比较，引导学生欣赏中国画家朱耷的《荷花翠鸟图》和法国印象派画家莫奈的《睡莲》，观察、比较同一主题作品中创作意图、工具材料、表现方法（如构图、空间、色彩）与创作方式的不同，感受中外画家的不同绘画样式、表现风格与情感表达方式。在初中阶段，教师引导学生探寻美术发展脉络，采用游戏或竞赛方式，引导学生按照时代顺序进行排列，或是让学生根据时代顺序，自己寻找有代表性的美术作品图片进行排列，根据排列的顺序，鼓励运用描述、分析、解释、评价的方法介绍自己喜欢的流派及其代表性作品等主要信息。在此过程中，激发学生主动学习的兴趣，促使学生在游戏情境中逐步掌握美术欣赏的步骤与方法，提高审美判断能力。

教学结构设计的针对性和多样化研究已成为帮助教师提升美术教学质量的重要视角。通过调研可以发现，教学方式、教学结构与课堂教学效果之间具有较高的相关性，可以成为我们进行课堂观察和教学研究的切入点，也可以成为教师反思教学的重要视角，尤其对于年轻教师矫正自己的教学设计和教学行为具有重要意义。从这两个角度切入来研究和提升教学，还可以带动教师课堂应变、师生关系、教学逻辑、语言表达等其他教学基本功的提升。

四、倡导过程评价和综合评价，促进学生发展

美术课程要实施促进学生发展的评价，就要注意加强评价的全面性、过程性

和激励性，要体现学生对美术学习不同内容和不同层次的学习收获；要实行日常课堂学习、作业练习、期末评价相结合的方式；要采用学生自评、师生互评、多级多维激励性评价手段，发展学生的美术兴趣和个性特长。

上海市中小学美术单元评价的要素包括评价目的、评价内容、评价观测点、评价标准、评价工具和评价反馈等，充分体现了“以学生发展为本”的核心理念。

在克拉玛依市教育转型的趋势下，经过几年的探索实践，中小学美术学科传统的教育思维、人才培养、团队建设、评价考核，局部或整体发生了一些显著的变化，已初步形成了与我市中小学美术教育发展适合的、相配套的评价体系。

例如，克拉玛依市第一中学玉石鉴赏与雕刻课程评价表，过程性和终结性评价结果都会在学校 OA 平台上完成并发布。

基于标准的教学与评价需要一定的技术路径加以保障。沪克两地在美术教学评价方面上接课程标准，下接课堂教学，使教学评价在整个课程目标中处于承上启下的关键地位。

五、教研活动主题式与课程化的设计与实施

教研活动是市、区、学校三级组织内常设的学术性活动，在这种介于正式与非正式的学术环境和场合中，既有宽松也有规则，教师既享受着专业性话语表达的尊严，也需要恪守教师职业的自律，十分有利于教育改革措施的顺利推行和柔性落地。

为了促进教师专业进一步发展，克拉玛依市在区级教研层面开展“美术学科教研活动课程化”的实践探索。教研活动课程化作为一种创新的教研方式，旨在重构教研内容，实现教研活动和教师培训两方面的有机结合，为参与培训的教师带来新的体验，解决教师在教学实践中普遍遇到的具有针对性的问题，从而有效提升教师的专业能力。

教研活动课程化对传统的教研活动进行了创新设计。教研活动和教师培训是促进教师专业发展两种常见的形式，但两者关注点不同。教研活动注重解决教

师在教育教学过程中遇到的问题；教师培训注重培训内容，教师以现成的学科背景接受学习任务。为此，克拉玛依市中小学美术学科对传统的教研活动进行重构设计，确定教研活动培训课程，通过专家讲座、技术实操、课堂实践等方式，让每位教师经历参与式、互动式培训。教研活动课程化实现了教研活动和教师培训两方面的有机结合，两者取长补短，相互融合。很多教师在经历了培训课程之后，问题需求得到较好解决，课堂教学有了明显改进。这些改变和成效为创新教研模式提供了具有实践指导意义的策略和方法。

美术教研活动课程化在给教师专业发展提供机遇的同时，也给课程的组织者和开发者带来了巨大挑战。它客观上要求广大教师、教研员、培训授课教师、培训场地、培训材料与设备等形成一个共同体。整合区域教学资源成为课程发展的必要，将区域零散型、碎片化的教研活动集合成为培训课程的优良素材，这将积极有效地推进教研活动课程化的进程和系统建设。

上海市中小学美术学科围绕单元教学设计开展主题式教研，将课程研究目标聚焦于单元教学设计。单元是依据课程标准或课程纲要，围绕主题（专题、话题、问题）或活动等选择学习材料，并进行结构化组织的学习单位。单元向上承接课程目标，向下统领单元内的课时目标、内容、活动、作业、评价、资源等。上海市提出中小学美术课程“把握单元重点，关注理解与运用”的设计实施要求，对教学内容做了“结构化”的处理，将课程标准中的课程目标逐层分解，转化为年级、单元、课时教学目标，将课程目标贯穿于备课、上课、活动、作业、评价等各教学环节。上海市围绕单元教学设计开展的主题式教研在课程的研究、设计和评价等方面积累了较为成熟的经验和成果。

六、风会记得花的香

经过三个月对上海市中小学美术教育的浸润式访学，笔者比较深切地感受到沪克两地在中小学美术课程构建方面尽管存在诸多差异，但都较充分地关注到了学生多样化、个性化的发展。面向未来，终身发展的教育理念在两地美术课程设计与实施上也呈现出广泛的共识并得到了较充分的体现。从研究教材到研究课程，从关注"怎么教"到注重"怎么学"，从专注本学科到跨学科教研，从"独门独户"到"广交朋友"，沪克两地美术学科聚焦教育话题，聚焦课堂，聚焦学生，变差异为资源，让"不可能"半径缩小，让"可能"的边界放大。未来，我们对课程充满信心，对学生的发展充满信心，并满怀期望。

前行的方向除了道路还有内心，风会记得花的香。

参考文献：

[1] 上海市教育委员会教学研究室. 中小学美术单元教学设计指南[M]. 北京：人民教育出版社，2018.

[2] 上海市教育委员会教学研究室. 上海市初中美术学科教学基本要求[M]. 上海：上海书画出版社，2020.

葛新，克拉玛依市篮球教学与训练名师工作室主持人，克拉玛依市篮球协会副秘书长；十次获得克拉玛依市中学生篮球比赛冠军，自治区第十三届运动会篮球比赛亚军。克拉玛依市 2007—2009 年及 2010—2012 年体育工作先进个人；七次获评自治区优秀教练员；2018 年沪克访学教师优秀学员；现任克拉玛依市业余体校篮球教练。

克拉玛依市中学体教结合培养模式探究

——以克拉玛依市第十三中学为例

克拉玛依市第十三中学 葛 新

【摘要】本文以克拉玛依市第十三中学篮球项目为个案研究对象，对克拉玛依市体教结合培养模式进行研究分析，就克拉玛依市中学体教结合培养模式现状与教育发达地区进行对比分析，提出推动克拉玛依市学校体教结合工作的开展对策。

【关键词】克拉玛依；体教结合；培养模式

一、体教结合的意义和实施模式

"体教结合"是指体育与教育两个系统通过整合资源，提高合作效能，共同培养出优秀的竞技体育后备人才。其更深层次理解为：以教育系统为主导，利用资源优势，加强与体育系统的合作，培养出学习成绩和运动成绩兼优的学生运动员。[1]"体教结合"模式经过近30年的实践探索，在一定程度上缓解了体育和教育事业发展中存在的问题，但依然是"治标不治本"。体育和教育结合的弱化、虚化，体育在教育中的功能削减问题突出，"体育在教育体系中应该扮演的角色没有受到重视，体育的作用被很多教师和家长所低估"。基于克拉玛依市"创办适合每一个学生发展的教育"的核心价值观，如何在中学阶段解决学训矛盾，让更多具有体育特长的学生能够"学习""训练"两不误，探索创新体教结合培养模式并加以推广，为学生升学和未来职业规划提供服务，更好地发挥体育的育人功能，是摆在我们面前的现实问题。

二、克拉玛依市体教结合培养模式

目前克拉玛依市体教结合模式根据项目特点，按照不同的主管主体可以分为四种主要模式：(1)以教育部门管理为主体。如男子篮球项目，克拉玛依市业余体校把男子篮球项目布局到克拉玛依市第十三中学，队员的日常管理、训练、上学，由学校负责。每年由学校篮球队代表体校参加比赛，体校承担部分训练比赛经费。(2)以体育部门管理为主。业余体校把部分项目布局到学校，学生的学习、训练日常管理由学校负责，体校派教练到学校，负责学生的训练和比赛，如摔跤、乒乓球、速滑、轮滑等项目。(3)由体校和学校联合管理为主。部分对场馆器材要求比较高的项目，学生到业余体校去训练，如射击、射箭项目，主要采用学校和体校联合的模式。(4)社会化模式。有些项目完全交由俱乐部按照市场化运营，优势互补共同发展。如跆拳道、武术、女篮项目由俱乐部承担学生的课余训练和比赛。

三、克拉玛依市第十三中学体教结合成功经验及成果

（一）篮球课程开设

克拉玛依市第十三中学在篮球课程开发上积极探索，形成了金字塔式的三级课程，为每一个学生提供了课程选择：(1)篮球专项课程。初中生每周三节体育课开设一节篮球课，高中生开设篮球模块课供学生选择。(2)篮球校本课程。初一至高三每个年级每周开设一节篮球校本课程，供有进一步需求的学生选择。(3)篮球队专项训练课程。学校把有一定篮球特长和爱好的学生选拔进入学校的初高中男、女篮球队，满足学生特长发展和高考升学需求。同时学校每年定期组织全校篮球比赛。通过班级篮球比赛让学生学习运用篮球知识技能的同时，感受篮球比赛挑战、竞争、对抗的运动魅力。

（二）篮球课程管理

学校高中男篮自 2016 年吸引了来自周边地区的外地篮球特长生来十三中就读，做到了文化和体育的平衡发展。为了不耽误文化课的学习，学校在有体育特

长生的班级分层走班选课时，尽量不在训练时间安排高考科目。如有比赛，学校统一安排，尽可能少地耽误学生的学习，外出比赛过程中如有耽误课程，比赛结束后各年级安排教师进行专门的辅导。学校对篮球队学生文化课教育目标、训练目标、思想政治目标做到分工明确。如发现体育特长生在学习、生活、行为举止等方面出现问题时，学校相关负责的教师都会第一时间开展教育。班主任、科任教师、生活教师等在发现及处理问题的同时，将问题及时反馈给主训教练，教练再针对体育特长生出现的问题进行深入了解，真正做到“无缝管理”。为了做到思想工作、学习、训练一体化管理，学校建立各种制度和措施，将体育特长生训练和文化学习纳入班主任工作考核内，定期检查队员们的文化课学习，对于文化课学习达不到中等水平的学生，停止训练，令其补课。篮球队总教练定期召开篮球队教练组会议，收集问题及时处理，真正做到让体育特长生的体育专业训练和文化课学习及政治思想共同提高。2011 年开始克拉玛依市业余体校和学校进行合作，第十三中学成为业余体校篮球训练基地，承担男子篮球的训练及比赛任务。篮球项目也成为学校的体育特色和品牌项目，形成了以篮球为传统项目引领，辐射带动田径、足球、健美操等项目全面发展的局面，为高等院校输送了大批优秀的篮球人才。

四、现阶段体教结合发展中存在的问题

（一）现有的体教结合招生配套政策需要完善

学校应通过组建运动队、代表队、俱乐部和兴趣小组等形式，积极开展课余体育训练，为有体育特长的学生提供成才路径，为国家培养竞技体育后备人才奠定基础。克拉玛依市也提出了“创办适合每一位学生发展的教育”的核心价值观。教育部在高招录取时，对体育类人才文化课考试是区别对待的。然而按照克拉玛依市目前的普通高中招生录取政策，体育特长生在专业测试合格的情况下，文化课成绩必须达到中考最低录取分数线。对体育特长生没有相应的优惠政策，我校初中篮球队经过多年培养的体育特长生失去了上高中的机会，人才严重流失，导致小学—初中—高中—大学的培养模式提前中断。

（二）教育系统的优质资源没有得到充分利用

长期以来，受我国顶层制度设计的影响，体育和教育两个部门彼此拥有独立的组织管理体系和自主的资源配置体系，并形成各自封闭的人才培养体系和明显的利益分割。[2]目前我市业余体校有13个项目，目前的训练模式为克拉玛依培养了大批的体育人才，也取得了辉煌的成绩。“体教结合”是指在教育的大环境下，教育部门为主，协同体育部门，充分利用优势资源，合理安排竞技体育运动，为国家培养出复合型竞技体育后备人才。[3]因此我市目前由教育部门主导的体教结合模式所占比重太少，教育系统的优质资源没有得到充分利用。

五、对策和建议

（1）建议由教育和体育主管部门成立“体教结合工作领导小组”统一制定《克拉玛依市中小学体育传统项目管理办法》；命名一批克拉玛依市级“体育传统项目学校”，并按照《体育传统项目学校命名办法》每年进行考核；对于工作开展突出的学校由“体教结合工作领导小组”推荐申报“自治区级体育传统项目学校”和“国家级体育传统项目学校”；给予市级以上传统项目学校中考相应的招生政策优惠条件，打通体育人才小学—初中—高中—大学的人才培养渠道。

（2）扩大由教育主导的体教培养模式。体育主管部门利用人才资源优势帮助传统项目学校，推广项目普及、运动会建设，帮助传统项目学校以项目为引领，推动全体学生体质健康发展，真正实现体育的育人功能。

参考文献：

[1] 虞重干，张军献.“体教结合”与高校高水平运动队建设[J].体育科学，2006(6)：79－84.

[2] 陈丛刊，王永安，等.论构建“体教结合”模式的基本原则[J].北京体育大学学报，2014(7)：31－37.

[3] 户帆，毛隆坤.“教体结合”的理性审视[J].当代体育科技，2015 (20)：119－121.

吴立平，高级教师，毕业于浙江师范大学历史系，现任克拉玛依市教师继续教育中心负责人，从事教师培训、干部培训、人才培养等工作。曾任市教委普教科科长、中学校长、克拉玛依市教育学会副会长。撰写发表过《教师专业视野下的教师继续教育》《少数民族教师双语培训模式与方法的实践研究》《阅读成就名师》等专业文章。

上海智力援克背景下教育人才援助和培养的实践研究

克拉玛依市教育局　吴立平

【摘要】开展智力援克工作是党中央、国务院建设新疆、发展新疆的重要战略举措，“民生为本、人才为要”是上海智力援克的工作方针。为进一步探索上海智力援克的服务平台与工作抓手，提高人才援助与培养的工作成效，本文以克拉玛依市基础教育领域沪克教育人才援助与培养实践工作为研究对象，以上海和克拉玛依市相关政策为指导，以客观数据为支撑，组织上海援克教师、管理干部，克拉玛依市赴上海学习挂职的教师、校长个别访谈、集体座谈，在此基础上通过定量与定性分析，形成专题论文。

【关键词】智力援克；教育人才；援助与培养

人才成就未来，办好人民满意的一流教育，关键在人，关键在人才。克拉玛依市基础教育在改革和转型中不断创新发展，基本实现了教育现代化，但由于历史与现实种种条件的制约，仍存在高品质教育人才紧缺、优质教育资源缺乏、教育科研薄弱等亟待解决的“短板”。引进和培养一定规模的高素质教育人才队伍，带动教师队伍专业化水平和综合素质的提高成为克拉玛依市“十四五”期间教师培训、人才培养工作面临的紧迫任务。

上海是中国教育现代化的先行者、中国教育改革的领跑者。2015 年 8 月，中组部确定上海市对口支援克拉玛依市，主要是上海对克拉玛依市开展干部人才支援工作（简称“上海智力援克”）。其基本任务是帮助当地培养各类人才；基本内容是“坚持人才支援和当地人才开发并重，为对口地区可持续发展提供智力支撑。

根据对口地区实际，选派一定规模、素质过硬的干部人才援助队伍，逐步增加专业技术人才比重，通过来沪挂职、来沪轮训、当地培训、专家指导、远程教育等方式，帮助受援地培养基层党政干部、专业技术人才、企业经营管理人才，组织各类志愿者参与对口帮扶”。

新疆几乎所有的地方，包括生产建设兵团，援疆工作都是以落实援疆资金和援建项目作为基本工作内容，只有上海对口支援克拉玛依市是进行人才和智力支援。由于没有援建项目的硬指标，很难打造一些辨识度高的物理空间，比如工业园区的建设、富民安居房的建设、道路和场馆的建设等，没有可供参考及遵循的现成途径和模式，上海智力援克的服务平台与工作抓手如何设计？没有具体的援建项目，如何让克拉玛依的干部群众感受中央对新疆的关爱，体会到上海对口支援克拉玛依市的努力？

教育是民生之基，教育援疆是对口援疆工作的重要组成部分，更是“文化润疆”“长期建疆”的基础性工程。上海援克干部认真贯彻落实习近平总书记关于新疆工作和对口支援工作的一系列重要指示精神，按照上海市委、市政府的部署要求，秉持“援克不做客，援疆做干将”理念，向克拉玛依市辐射上海教育改革与发展的重要成果，为克拉玛依市教育转型与发展提供了智力支持和方向引领。

一、实践与路径

1. 请进来

2016 年至 2018 年，上海市教委先后安排上海市长宁区、青浦区 22 名优秀管理干部和骨干教师赴克援教。援克教师先后进驻克拉玛依市实验中学、第二中学、南湖中学、第六中学，主要承担学科教学和教师培训工作，整体提升受援学校教学水平和育人管理能力。

2016 年至 2018 年，上海市特级教师联谊会的特级教师分四批来克拉玛依市开展教育公益活动，上海教育名家名师徐淀芳、陆伯鸿、余安敏、刘友霞、叶佩玉、应彩云等都在克拉玛依市举办了高品质的学术讲座。讲座以提高教师学科专业素养为目标，聚焦我市教育转型中的实际问题和教师迫切需求，以上海市教育改革与发展的深厚积淀和先进的教育理念、优秀的教育实践成果，为我市教育转型提供指导与借鉴。

同一时期多次召开"沪克两地名校长教育思想交流活动"，有力地促进我市校长队伍专业能力的提升，为深入推进我市教育转型、提升教育品质提供有力的干部保障。

2. 走出去

2016 年至 2018 年，克拉玛依市组织各类优秀教师、校长赴沪跟岗培训。

一是开展我市校(园)长赴上海挂职培训学习，共选派六批次优秀校(园)长赴上海市长宁区基础教育名校开展为期两个月的"影子校长"培训。培训摒弃了走马观花式的学习模式，以全透明、全覆盖的方式让挂职培训的校(园)长通过长期深入跟岗，近距离感受学习长宁地区基础教育阶段丰富的教育教学及管理工作经验，形成了"影子校长"培训长效机制，为沪克两地搭建了良好的教育互通平台。

二是制定实施"克拉玛依市基础教育骨干教师专业提升培训计划"，市级特级教师、学科带头人、骨干教师按计划分批分科赴上海市师资培训中心开展学科专业提升培训(培训者培训)。三年选派 118 名中小学语文、英语、数学学科骨干教师赴上海市师资培训中心参加专业提升培训。

三是克拉玛依市教育系统遴选 56 名政治素质好、业务水平精、创新能力强的专业骨干人才和后备力量参加市委组织部实施的"沪克访学教师研修项目"，赴上海市师资培训中心和长宁区基础教育名校进行为期三个月的挂职研修。通过参与接收学校的研究课题、项目，在指定导师的指导下进一步了解和掌握本学科领域的学术前沿动态和发展趋势，提高教育管理水平、教学科研能力。

3. 沪克学校间结对共建

2016 年至 2018 年，克拉玛依市艺术幼儿园、雅典娜小学、第三中学、实验中学、青少年科技中心先后与上海市长宁区儿童世界基金会幼儿园、天一小学、上海延安初级中学、天山中学、长宁区青少年科技中心结为友好单位，建立了交流互助的平台。

4. 开通“上海援克专题教育网”

经上海援克指挥部协调，上海市教委与克拉玛依市教育局等多方协作，由上海市电化教育馆负责援建，上海援克专题教育网在克拉玛依正式落地。上海市中小学专题教育网为克拉玛依教育网提供特色网络课程69门，涉及法律与道德、安全与防范、民族与文化、环境与健康、综合与实践五大方面，集情景化、趣味性和互动性于一体，具备实时交互和身临其境的教学优势。

5. 成立“上海研究院(克拉玛依)基地”

2017年8月，在克拉玛依市政府举行了以上海大学为依托的上海研究院与克拉玛依市人民政府战略合作协议签约暨上海研究院(克拉玛依)基地揭牌仪式。“上海研究院(克拉玛依)基地”下设的上海研究院(克拉玛依)研究中心、上海研究院(克拉玛依)学生实践中心、上海研究院(克拉玛依)培训中心，将为克拉玛依推进城市转型和国际化区域中心城市建设提供人才和智力支持。

二、方法与策略

1. “1+2+3+X”援克模式

在全国19个省市对口支援新疆的大环境下，通过短时间的沟通和磨合，上海援克指挥部提出了“民生为本、人才为要”的工作方针，设计了“1+2+3+X”的工作重点，以点带面，全面推动克拉玛依市转型发展。

“1”的关键词是交流。克拉玛依市各方面工作在全疆是比较领先的，但和上海比尚有差距，需要与上海加强对接和交流。2015年10月，克拉玛依市党政代表团至上海交流学习，上海市委书记、市长亲自接待，表示在支援克拉玛依市工作中，要以教育和医疗为重点，加强交流合作，为克拉玛依培养人才，助力城市转型。上海市教委领导到克拉玛依市考察调研工作，克拉玛依市委书记、市长以及各级领导都亲自接见和参加座谈会，虚心听取上海教育界领导与专家的意见和建议。

“2”是教育和卫生。上海援克聚焦于教育和医疗两大民生领域，第一批选派的15位人才中，有10位是教育和卫生方面的，通过“对口帮扶”和“组团式”的模式开展智力援克工作。援克教师主要承担学科教学和教师培训工作，整体提升受援学校教学水平和育人管理能力；管理干部主要从事市区教育局管理工作，推动受援地区提高教育管理水平。

“3”是三大新兴产业。克拉玛依市面临着城市转型，把金融、信息、旅游三大新兴产业作为未来发展重点。在我们的联系下，上海经信委、光大证券、张江高科、锦江集团等在克拉玛依市投资、建厂、设园。我们还牵头将当地与金融相关的一些招商、扶持政策进行重新修订，吸引了一些股权投资类企业。

“X”是什么？援克团队去克拉玛依没有带项目、没有带资金，但只要是当地提出来的、他们能做的，都尽可能做，例如民政社区建设、农牧业合作、城市管理、政法方面，很多领域都签订了双方交流协议，就有了这个“X”。

2.“组团式”援助当地少数民族教育

2017 年至 2018 年，上海市长宁区、青浦区六位教师组成上海市第九批援疆干部教育团队进驻克拉玛依市民汉合校——第二中学，开展“组团式”援疆。援疆教师均为数学、物理、化学学科的高级教师，援教目标是“打造一支有较高专业水准和指导能力的少数民族理科教育核心团队，提高少数民族理科教师的教学能力”。克拉玛依市教育局成立了“上海援疆名师工作室”，上海教师在受教学校带学带教，均为毕业年级主课教师；以带教为主，采取“点面”结合的方式，面上采取观摩学习、专题报告、交流研讨、论坛沙龙等形式开展教师全员培训；点上采取导师制，即一位援疆名师带教一至两位本地青年教师为培养对象，以培养对象的专业发展为导向，定制青年教师每学期的研修方案，切实解决学员短板，提升教学能力。

上海援疆名师工作室主持人顾悦原为上海市第三女子初级中学副校长，进疆后为克拉玛依市第二中学副校长，一方面积极发挥带队领导的协调作用，另一方面通过建章立制的工作提高学校教育管理水平，在学校管理层面辐射发挥上海教育文化的影响。

民族团结是各族人民的“生命线”。习近平总书记指出，要像爱护自己的眼睛一样爱护民族团结，像珍视自己的生命一样珍视民族团结，像石榴籽那样紧紧抱在一起。上海援克团队积极开展与少数民族师生结对认亲活动，参加“民族团结一家亲”活动和“三进两联一交友”活动。学校为每一位援克教师牵线搭桥，与校内少数民族教职工结队，与校园里的同学们结成好朋友。援克教师和自己的少数民族亲人、朋友打成一片，走进教室，走进家庭，感受新疆人的热情、少数民族的好客，在体验不同文化的同时，也为少数民族教师和学生提供专业上的指导与学业方面的帮助。

上海市第九批援疆干部教育团队进驻克拉玛依市二中，实施“可实现、可持续、可评价”的“组团式”援疆模式，以“援克不做客、援疆当干将”的工作精神，通过导师制、带教制等方式，启动“优秀人才培养”“紧缺人才培养”培养方案，实现由“输血”到“造血”的转变，为克拉玛依市第二中学留下了一支“带不走”的人才队伍。

3. 对口帮扶学前教育

2017 年初，克拉玛依市全面实施学前三年免费教育。为切实提升学前教育教学质量，确保教育惠民“1 号工程”政策的落地实施，上海援克指挥部受克拉玛依市政府委托，会同市区两级教育局业务人员在全市幼儿园就幼教课程开设、教材使用及师资情况开展专项调研，形成调研报告。

针对调研中发现全市学前教育教材不统一、幼小衔接不顺、公办和民办园质量差异大等问题，积极引进上海优质幼儿园校本教材等教学资源。2017 年 7 月，上海特级教师联谊会幼教专家赴克开展“全市幼儿园教师专业培训”，克拉玛依区、白碱滩区、乌尔禾区 570 余名园长、幼儿教师在现场参加了培训，独山子区 190 余名幼儿教师通过网络收看了视频直播。

2017 年 10 月，克拉玛依市学前教育教研人员、幼儿园园长和教学骨干赴上海长宁区、宝山区、杨浦区幼儿园进行为期两个月的跟岗学习，在实践中汲取先进的教育理念，掌握创新的课程体系，全面提升克拉玛依学前教育水平。

2018 年 1 月，克拉玛依市启动了“学前教育上海课程本土化落地”实践项目，聚焦克拉玛依市教育短板，凝神聚力、精准帮扶、持续发力，使克拉玛依学前教育走上了提升发展的快车道。

4. 沪克合作实施教育部“1+11 教育互助成长”项目

“1+11 基础教育互助成长”行动计划是上海市教委贯彻国务院和教育部要

求，为充分发挥上海基础教育改革和发展经验的示范辐射作用、促进中西部基础教育内涵发展而实施的为期三年的重大合作项目。

2016 年 9 月，上海市教委领导赴克指导工作，沪克双方达成教育合作共识，签订《基础教育互助成长计划合作协议》。沪克两地共同实施“1＋11”基础教育互助成长计划，开展“智障学生综合训练教育”“中小学教育质量综合评价改革实验的实践研究”和“区域推进小学作业效能监测工作的实践研究”三个合作项目，通过项目汇报和交流，引领提升克拉玛依教科研水平，实现了区域性教育综合改革项目的合作交流。

5. 实施“银龄”人才工作计划，做好柔性引才工作

积极鼓励上海市部分退休的高级、特级教师以及特殊人才，来克拉玛依进行为期三个月至一年的学术、专业交流活动，秉持“不求所有，但求所用”的人才观念，吸引和用好上海高层次人才，为克拉玛依提供智力支持。

三、成绩与发展

2016 年克拉玛依市教师继续教育中心全年完成培训是 6038 人次，2017 年是 16735 人次，2018 年是 12065 人次。

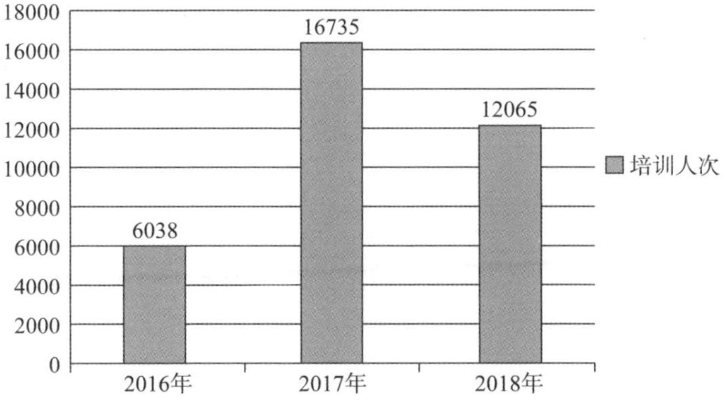

图 1　克拉玛依 2016—2018 年培训人次

2016 年沪克教育交流项目培训教师、培养干部 717 人次，2017 年是 1368 人次，2018 年是 1420 人次。

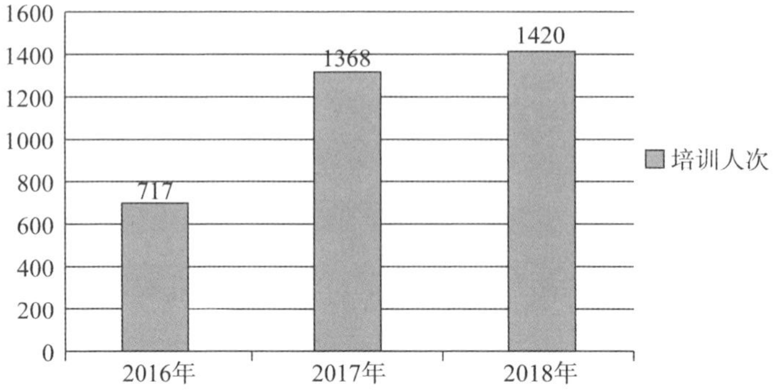

图 2　2016—2018 年沪克教育交流项目培训人次

沪克两地坚持深入贯彻落实中央第二次新疆工作会议及对口援疆工作精神，认真谋划和推进对口援疆工作。在上海援克分指挥部的协调下，上海市教委与克拉玛依市教育局坚持创新驱动、合作共赢，先后完成了《2016 年上海对口支援克拉玛依教育对接计划》《2017 年上海对口支援克拉玛依教育对接计划》《2018 年上海对口支援克拉玛依教育对接计划》，涉及教育改革与发展、培训与学习、教研与科研三大方面的一系列合作项目，通过涵盖中小幼、高校、职教、社区和校外机构在内的各层次教育单位点对点式的交流，向克拉玛依市辐射上海教育改革与发展的重要成果，为克拉玛依市教育转型与发展提供了智力支持和方向引领。

克拉玛依市牢固树立培养和引进人才的战略意识和长远眼光，利用上海智力援克的历史契机，采取“走出去、请进来”方式，与上海高校、教师培训机构和基础教育名校建立合作关系，为我市教育的发展提供人才支持、知识贡献和文化引领。

上海智力援克坚持“民生为本、人才为要”的工作方针，聚焦人才引进和培养、创新服务平台与工作抓手，用足资金、技术、人才、信息等方面的优势，用好改革创新、先行先试的成果，为加快解决克拉玛依经济社会发展对人才需要与教育培养能力不足的矛盾、人民群众期盼良好教育与优质资源相对短缺的矛盾，做出了巨大贡献，也在智力援疆、柔性援疆方面进行了积极探索。

图书在版编目（CIP）数据

我眼中的上海教育 / 克拉玛依市教育局编. — 上海：上海教育出版社，2021.11
ISBN 978-7-5720-1238-9

Ⅰ. ①我… Ⅱ. ①克… Ⅲ. ①地方教育 – 教育研究 – 上海 – 文集 Ⅳ. ①G527.51-53

中国版本图书馆CIP数据核字(2021)第233339号

责任编辑　茶文琼
封面设计　王　捷

我眼中的上海教育
克拉玛依市教育局　编

出版发行　上海教育出版社有限公司
官　　网　www.seph.com.cn
地　　址　上海市闵行区号景路159弄C座
邮　　编　201101
印　　刷　上海颛辉印刷厂有限公司
开　　本　700 × 1000　1/16　印张 18.25　插页 1
字　　数　258 千字
版　　次　2021年11月第1版
印　　次　2021年11月第1次印刷
书　　号　ISBN 978-7-5720-1238-9/G·0971
定　　价　68.00 元

如发现质量问题，读者可向本社调换　电话：021-64373213